银川的桥

银川市档案馆　银川市地方志研究室　编著

黄河出版传媒集团
宁夏人民出版社

图书在版编目（CIP）数据

银川的桥 / 银川市档案馆，银川市地方志研究室编著. -- 银川：宁夏人民出版社，2023.4
ISBN 978-7-227-07812-8

Ⅰ. ①银… Ⅱ. ①银… ②银… Ⅲ. ①桥梁工程－建筑史－银川 Ⅳ. ① U44-092

中国国家版本馆 CIP 数据核字（2023）第 080477 号

银川的桥 银川市档案馆 银川市地方志研究室 编著

责任编辑 陈 浪
责任校对 白 雪
封面设计 张 帆
责任印制 宋 华

黄河出版传媒集团 宁夏人民出版社 出版发行

出 版 人 薛文斌
地 址 宁夏银川市北京东路 139 号出版大厦（750001）
网 址 http://www.yrpubm.com
网上书店 http://www.hh-book.com
电子信箱 nxrmcbs@126.com
邮购电话 0951-5052104 5052106
经 销 全国新华书店
印刷装订 宁夏银报智能印刷科技有限公司
印刷委托书号 （宁）0026211

开本 880 mm × 1230 mm 1/16
印张 29
字数 420 千字
版次 2023 年 5 月第 1 版
印次 2023 年 5 月第 1 次印刷
书号 ISBN 978-7-227-07812-8
定价 108.00 元

编 委 会

编 辑 部

编写说明

1. 本书正文所收录的桥梁，以银川市区（兴庆区、金凤区、西夏区）为主，兼采“两县一市”（永宁县、贺兰县、灵武市）个别典型桥梁。

2. 本书所收桥目，有部分“桥梁”因城市交通建设，已由原桥梁结构改造或建设为涵洞结构，但民间仍习惯称其为桥，本书亦作为桥梁收录。

3. 本书所涉及的桥名以已公布命名的标准地名为准，未正式命名或名称未考者，均以“路名+所跨水系名”等描述性名称指称。

4. 本书桥梁数据、概况资料，主要来源于宁夏及银川交通与市政管理等机构，部分来源于志书、专著、口述等，一般不注明出处。

5. 本书采取章节体结构，主体以桥梁所跨水系、沟渠为脉络进行梳理、介绍述说。立交桥、过街天桥、园林景观桥则依类型划分，另辟章节叙述。

6. 因撰写时间、统计资料、书籍容量等情况所限，本书收录桥目，并非所涉及区域内的全部桥梁。

目录

概述

壹·大河有大桥

贰·湖城有湖桥

叁·新水有新桥

肆·渠桥有故事

伍·沟桥映今昔

陆·立交展新姿

柒·街市有天桥

捌·公园多丽桥

概述

桥梁，是指道路上跨越江河湖海、沟渠峡谷的人工构造物。现代交通兴起后，又引申为跨越其他道路、峡谷沟壑等不良地质结构的人工构造物。银川，与桥有缘，而且这种“缘分”与众不同。

银川市位于黄河中上游宁夏平原中部，西依贺兰山，东部有黄河穿境而过。市区地形分为山地和平原两大部分，西部、南部较高，北部、东部较低。地貌类型多样，自西向东分为贺兰山地、山前洪积扇、洪积冲积平原、冲积湖沼平原、河谷平原、河漫滩涂等。银川主要气候特点是四季分明，春迟夏短，秋早冬长。年平均日照数2800~3000小时，是中国太阳辐射和日照时数最多的地区之一。年降水量193.0~202.7毫米，市区多年平均蒸发量为1546.86毫米。雨雪稀少，蒸发强烈，气候干燥，属中温带干旱气候区。

依此气候条件来看，银川与水应该“缘悭分浅”，也自然与跨水行空的桥梁不会有太多的交集。然而，事实恰恰相反。

一切，只因为黄河。这条被我们称为“母亲河”的河流，对银川这片身处她臂弯里的“绿洲”而言，“母亲”这个字眼再妥帖不过。

2017年10月，宁夏引黄古灌区被列入世界灌溉工程遗产名录，黄河主干道上产生了第一处世界灌溉工程遗产。宁夏依黄河而生，因黄河而兴。自秦汉以来2200多年悠久厚重的引黄灌溉实践，生成、演绎和承载着宁夏历史发展的进程。宁夏引黄古灌区位于黄河上游河套地区的西套，灌区以青铜峡为界，以南为卫宁平原，以北为银川平原，黄河纵贯宁夏397公里，引水灌溉条件得天独厚。

银川市占尽“天下黄河富宁夏”之地利。位于贺兰山与黄河之间，因黄河冲积而成的银川平原，沟渠纵横，田连阡陌，有唐徕渠、汉延渠、惠农渠、西干渠、秦渠、东干渠（后二渠入灵武市）六大灌溉渠系引黄河水溉田，又有完善的排水系统。农业发达，无旱涝之虞，盛产稻、麦、玉米及各种瓜果菜蔬，素有“塞上江南”之美称。

历史上黄河经历多次改道，加之地势构造、灌区开发等原因，银川平原上湖泊湿地密布，古时即有“七十二连湖”之说。银川湿地主要分布在黄河冲积平原和洪积冲积平原，分布密度大、范围广、数量多，在西部干旱地区实属少见。银川市有湿地面积5.31万公顷，其中湖泊0.97万公顷，河流2.17万公顷，沼泽0.43万公顷，人工库塘1.74万公顷。全市有自然湖泊、沼泽200个，其中面积在100公顷以上的湖泊、沼泽20多个，故银川又有“塞上湖城”之美誉。

黄河浩荡，沟渠纵横，湖泊众多，独特的地理地貌与灌区历史，也让银川与桥结下了不解的缘分。

银川自古多桥梁，贺兰桥（今西门桥），是银川最早的古桥之一，位于银川古城西门外的唐徕渠之上，始建于唐代前期。清代乾隆年间，官方改定的“朔方八景”中的“西桥柳色”，即称道此处。此桥也有“唐徕渠第一桥”之称。银川古城的清和门（东门）之外，有跨红花渠的赤栏桥（今东门桥）；南薰门外有建于明代的跨红花渠的石拱桥——永通桥（今南门桥），不仅建造精美，而且运用了“腰铁连接法”工艺，标志着宁夏建桥技术在当时已经达到很高的水准。此外，在今永宁县境内，还有以人名命名的王元桥（今望远桥）；跨汉延渠的官桥（今大观桥），明代“宁夏八景”之“官桥柳色”即指此桥……时至今日，在银川还有一些与桥相关的地名深入人心，比如西桥巷、南桥巷、北桥巷等。

进入当代，银川桥梁建设的步履逐渐加快，在一步步的前行中，一个属于银川桥梁的前所未有的精彩大幕徐徐开启。

公路桥梁方面，银川市沟渠纵横，又有黄河贯穿市境，故桥梁对交通影响极大。1970年以前，银川市境内（含今灵武市）没有跨黄河大桥，跨黄河交通极为不便。此外，许多农村公路上的桥都是简易便桥，随毁随修。1970年建成第一座黄河大桥——叶盛黄河大桥。20世纪80年代后，各种便桥、危桥全部改建为永久式桥梁。“八五”期间，银川市交通局在三区县乡公路上共新建公路桥梁7座，总长280米；修建涵洞164道，总长1740米。

2000年全国公路普查时，银川市三区有桥梁170座，总长5258.8延米。其中特大桥1座，大桥1座，中桥34座，小桥134座。此后5年，属自治区公路局管养的桥梁增加33座，其中特大桥1座（银川黄河辅道桥），绕城高速立交桥9座、大桥3座、中桥10座、小桥10座；属银川市交通部门管养的桥梁增加13座，其中，大桥1座，中桥2座，小桥10座。至2005年底，银川市三区有公路桥梁203座（不含城市道路所建桥梁），其中，特大桥2座，大桥5座，中桥46座，其余为小桥。同时，由银川市公路管理处养护管理的县道、乡道桥梁54座，包括101县道10座，102县道8座，103县道3座，104县道8座，106县道1座，101乡道11座，102乡道3座，104乡道4座，051乡道6座。其余高速公路、国道、省道上的桥梁，则由自治区交通部门养护管理。

2005年至今，银川的公路和桥梁建设更是发展迅猛，无论是建造技术还是桥梁数量上，都得到长足的进步。以黄河大桥为例，黄河自灵武市苦水河一带与银川邂逅，至贺兰县永乐沟一带出银川境，途经灵武市、永宁县、兴庆区、贺兰县4个县区，全长83.8公里。

其中，不乏突破性的“之最”创举。2010年建成的太中银铁路黄河大桥，是当时国内第一座简支钢桁结合梁结构的大桥；2016年4月建成通车的银川滨河黄河大桥，不仅是国内首座三塔组合梁自锚式悬索桥，也是国内跨径最大的三塔自锚式悬索桥；2016年9月建成通车的永宁黄河大桥，是当时黄河上游段及宁夏第一座跨越黄河的双塔双索面斜拉桥；2017年建成的银西高铁黄河大桥，在国内首创主桥钢桁梁“三同步”施工工艺，结束了宁夏不通高铁的历史；2018年建成通车的新叶盛黄河公路大桥，则是宁夏首座、当时西北最大的波形钢腹板预应力混凝土连续箱梁桥。

城市桥梁方面，中华人民共和国成立前，银川市区范围内的排灌沟渠上修建有很多简易便桥，桥面狭窄，承载能力低，且易腐蚀损坏。1950年后，逐步翻建原有简易桥梁，并随着城市道路的发展，新建一批钢筋混凝土结构的中小型永久性桥梁。为密切当时新、老城之间的联系，1953年动工建设老城西门外跨越唐徕渠的西门桥，1954年建成，为当时市区最大的桥梁。1974年修建银新北路（今属北京路）时，建成唐渠桥，后称“兴隆桥”，此后在建设新南环路（今正源南街）时，又建成保伏桥，使市区跨越唐徕渠的桥梁增加到3座。20世纪70年代初，新市区（今西夏区）一些工厂企业建成后，新市区和新、老城之间的交通运输量急剧增加，致使包兰铁路与纬六路（今属北京路）平交道口交通严重阻塞。为此，1973年开始筹建公铁立体交叉桥，1974年动工建设，1975年9月建成通车后，彻底改善了这一路段的交通状况。

至1985年，银川市区共有钢筋混凝土桥梁10座，分别是西门桥、唐渠桥、三一支沟桥、旧三一支沟桥、西干渠桥、良田渠桥、四二干沟桥、郭家庄桥、保伏桥和铁路立交桥。1988年后，银川市又先后建成北京路西干渠桥，黄河路四二支沟桥，银古路红花渠桥，胜利街二排沟桥，宝湖路红花渠桥，银古路口桥，六盘山高级中学桥，赛马桥，国控桥，黄河路景观水道桥、电信桥、陈家圈沟桥，新华街红花渠桥，宝湖路二排沟桥、西大沟桥，北京路红花渠桥、联通桥，大团结北环环道二排沟桥、四二干沟桥，上海路景观水道桥，长城中路景观水道桥，唐徕渠（上海路北）桥，贺兰山中路桥，亲水北街北桥，贺兰山路跨越北塔湖桥、唐徕渠桥、景观水道斜拉索桥、三一支沟桥、公铁立交桥。至2005年底，银川市城市桥梁达40座，其中立交桥2座。

2005年至今，银川市城市桥梁的修建更是突飞猛进，无论技术、数量、造型和种类等都称得上是前所未有、蔚为大观。

城市因水而兴，因水而美。近年来，银川市以打造“河畅、水清、岸绿、景美”的水环境为目标，实施了河湖连通整治等一系列工程，做活水文章，做优水生态，构建一城活水生态网，在银川大地铺展开了一幅湖光山色的美好画卷。

位于贺兰山路的地标性建筑——朔方桥，为四跨连续独塔双索面部分斜拉桥，塔梁墩固结体系。桥面总宽60米，是当时世界上已知建成通车的单幅桥面最宽的矮塔斜拉桥；银川人钟情的“网红打卡地”——七子湖桥，所采用的预应力后张法拱形变截面连续梁桥的施工工艺，当时在西北地区尚属首次；2018年建成的凤凰桥，“金凤展翼”的宏伟造型，不仅让“凤凰城”的美丽传说具象落地，更成为一道独具特色的靓丽地标景观……

如果说一座座横跨湖水、渠流之上的景观桥，是城市越来越注重生态发展的写照，那么一座座拔地而起的宏伟立交，则是城市现代化、立体化快速发展的生动折射。1975年，银川建成的新城纬六路公路、铁路分离式立交桥，不仅是银川，也是宁夏第一座立交桥。1999年后，随着宁夏第一条高速公路——姚叶高速公路贺兰至叶盛段通车，该高速公路银川境内段沿线建成多座互通式立交桥。2008年，银川市绕城高速公路全线贯通，沿线的15处互通立交，将城里城外的要道编织成快捷的城郊一体大交通。2019年，京藏高速公路（宁夏境）改扩建工程银川过境段全线完工，沿途设望远、掌政、北京路、贺兰山路、四十里店南互通立交5座，分离式立交21座。

2020年，银川市首条快速通道沈阳路正式通车，东起京藏高速，西至新小线，沿线一座座立交桥拔地而起，计互通式立交6座、分离式立交5座。从最早的纬六路公铁立交桥，到如今的沈阳路各立交桥。银川立交桥的建设与发展，不仅是银川交通事业发展的缩影，也折射着这座城市一路走来的巨变。

银川的桥，不仅是地理上的跨越，而且已升华为经济社会发展的跨越。从社会层面看，桥梁构架了人与自然地理和谐相处的纽带，人们的社会活动不再受大江大河的局限。从经济发展看，一座大桥，可以优化一个地区的经济环境，改变其经济发展规划，如当年银川黄河大桥的修建，不仅打通了银川东向出口通道，使河东国际机场、宁东能源化工基地，以及银川黄河以东更多地区的经济开发成为可能，而且从更大范围看，它打通了银川东西向交通的动脉，为加快宁夏与东部沿海城市的经济往来开辟了一条快速通道。此外，从直接经济效益看，银川桥梁建设创造的价值也是十分可观，比如，叶盛黄河大桥未建之前，宁夏跨越黄河的南北交通全仗渡口，不仅耗时费力，而且夜间不能渡、流凌封冻不能渡、洪水及大风到来也不能渡。改渡为桥后，交通便捷度大为提高，行程用时大大缩短。银川黄河大桥建成之前，银川向黄河以东出行的道路需绕行叶盛、灵武，银川到盐池原先为 176 公里，大桥建成后为 132 公里，减少了 44 公里，且不说交通便捷带来的经济联结与效应，仅减少燃油消耗一项，就创造了巨大的经济效益。

“地因水而灵，水因桥而秀。”银川的桥梁各有风姿，造型优美的桥梁横亘于大河、渠流、碧水之上，为水域和周边增添美丽风韵之外，更是构建便利交通网络的重要环节。除了上面所说的几类桥梁，本书还涉及了部分近年来随着城市快速发展，而日益增多的人行过街天桥，以及公园里作为园林景观而存在的婀娜多姿的桥。它们，一同构成了银川缤纷多彩的桥梁风景。长桥卧波，小桥流水，立交恢宏……跨唐徕渠桥，跃典农河桥，架快速路立交桥……银川的桥，是湖城水色的点睛之笔，是日新月异发展的有力见证，是银川城市特色的鲜明元素。

本书是第一部专门记载银川桥梁的地情类图书。在有限的撰写时间和篇幅内，收录了银川市古近代桥梁和现存的各类桥梁。对每座桥梁的地理位置、建造年代、桥型结构及建筑材料等方面做了简要介绍，重点记述了桥梁的沿革、故事及诞生过程，部分桥梁还记述了其工艺、功能及技术特点。希望读者在阅读之际，一睹各具风采的银川桥梁，走进厚重而生动的银川历史，进而了解我们脚下这片土地的前世今生。因撰写时间、统计资料与篇幅容量所限，加之水平有限，尽管我们在编纂过程中力求科学完善，但仍会有疏漏和不妥之处，敬祈广大读者不吝指正。

壹

银川滨河黄河大桥—— 一桥跨东西

大河有大桥

黄河从黑山峡奔流而出，自中卫南长滩进入宁夏境内。流经宁夏数百公里，水流平稳、缓和，因此才有了闻名天下的引黄灌溉工程，才有了“塞上江南”的连绵沃野。而这穿境而过的浩荡大河，也见证了一座座黄河大桥的诞生。

“天下黄河富宁夏”。母亲河在慷慨哺育着宁夏人民的同时，也成为横隔在两岸百姓间的一道天堑。在很长的历史时期里，人们没有能力用修桥的方式来跨越这座天堑，只有借助于船渡或趁冬日坚冰封河时方能艰难通过。

直至1959年，宁夏境内才出现了第一座半永久式的跨黄河桥梁——青铜峡黄河铁桥。由此至今，与时代发展的强劲脉搏同步，60多年来，宁夏境内一座座黄河大桥陆续建成。从此，天堑变通途；从此，一方水土不再封闭；从此，大河两岸，走出去的人越来越多，到来的人也越来越从容；从此，人们的生活与视野，越来越丰富与广远……

黄河由西南至东北流经宁夏397公里，自灵武市苦水河一带与银川邂逅，至贺兰县永乐沟一带出银川境，黄河银川段途经灵武市、永宁县、兴庆区、贺兰县4个县区，全长83.8公里，占宁夏境内黄河总长的21.1%。在这80多公里的大河之上，自1970年建成“宁夏自主设计施工的第一座黄河公路大桥”——叶盛黄河大桥至今，已有各类黄河桥梁9座。

叶盛黄河大桥

桥梁概况

叶盛黄河大桥为宁夏第一座永久式黄河大桥，因位于当时宁夏最繁忙的公路渡口——仁存渡上游 5 公里处，青铜峡市叶盛镇东南（今桥东属灵武市地域，桥西属青铜峡市地域），故名。1969 年 10 月开工建设，1970 年 12 月 26 日竣工通车。大桥主桥长 452.7 米，共 10 孔，每孔跨径 40 米。设计荷载为汽 -18 吨、挂 -80 吨。桥面宽 10 米，其中，行车道宽 8 米，两侧人行道各宽 1 米。设计洪水频率 1/300，抗震设防烈度为 8 度。桥下净空未考虑通航标准，拱顶净高为 4 米，属碍航建筑，但无桅杆的木船、小船仍可通过。整个工程除主桥外还包括：西河桥，长 138.4 米；包家河桥，长 54.4 米；引道 6.19 公里；沥青路面 14.5 公里。

叶盛黄河大桥桥碑

叶盛黄河大桥——宁夏人自主设计、施工的首座黄河大桥

桥梁故事

20世纪60年代以至之前的漫长时光里，仁存渡口是这一带通行黄河两岸的必经要津，过河的人群、马匹、车辆，需要在渡口处排着长龙等候，其不便与费时费力程度可想而知。

为结束宁夏南北交通被黄河阻隔、有渡无桥的情况，修建一座黄河公路大桥迫在眉睫。最终，大桥的桥址选在了连接宁夏南北交通的一处枢纽地——叶盛镇。黄河出青铜峡后，分成东河、西河，中间形成3个大的冲积滩，自上而下为中滩、陈袁滩、唐家滩，桥址即在东西河汇合点上游4.5公里的唐家滩上。桥名源自明代军事屯堡“叶昇”，本是军屯堡长官姓名，当代改作叶盛堡。

叶盛黄河大桥由当时的宁夏回族自治区交通局公路处设计，下部为钢筋混凝土灌注桩基础，柔性墩。上部为钢筋混凝土双曲拱，其优点是线型优美，在保证过水断面的前提下，可以节省大量材料，减轻桥梁自重。

大桥于1969年9月5日开始筹建，时在宁夏回族自治区革命委员会领导下成立“宁夏黄河公路大桥修建指挥部”，10 月开工建设。施工以自治区交通局公路处为主，另调集建工部七局八公司及十公司、自治区建筑公司、煤炭部八十工程处、冶金部二冶指挥部参加主桥基础工程的“会战”。由于是首次建造跨黄河大桥，经验不足，施工设备十分简陋。在钻孔灌注桩施工时，采用“木笼筑岛围堰”的办法，即在黄河封冻后，将建好的木笼在冰面上滑行就位，然后爆破冰层，使木笼下沉就位，再围堰筑岛作为施工平台。水下为 40 米钻孔灌注桩，钻孔采用重 1.4~2.5 吨的自制冲击锥和冲抓锥交替冲击、取渣，最慢的 50 天成孔，最快的 9 天成孔。上部混凝土构件在岸上预制，安装时浅水处搭木制排架，深水处以空中索道运输就位。最重的肋拱分 3 段预制，每段长 14 米，重 3.5 吨。整个施工工艺都是因陋就简，采用土办法，没有大型吊装及架桥机等先进设备，但工程只进行了一年零两个月，而且质量甚佳。

1970 年 12 月 26 日，宁夏自主设计、施工的第一座宁夏段黄河上的永久式桥梁——叶盛黄河大桥竣工通车。大桥建成，改渡为桥，连接了国道 307、211、109 线及当时的省道 2801 线，将银川经济区和吴忠经济区联为一体，昼夜交通量超过 2000 车次，方便了两岸群众的出行，提高了经济效益。大桥的建成改变了几千年来宁夏南北交通被黄河阻隔、有渡无桥的局面，是宁夏桥梁建设史上一个重要的里程碑。渡口夜间要停渡，原来从银川到吴忠、灵武，60 公里行程，要用整整一天；到宁夏中部及南部山区各县，要用两三天。如遇凌汛、洪水、大风，则断绝交通。大桥通车后，行程用时大大缩短，比如，银川至灵武、吴忠，一个多小时即可到达。

叶盛黄河大桥设计寿命为 40 年。数十年之后，已服役多年的叶盛黄河大桥，因通车时间长，原设计荷载无法满足现交通荷载等级等方面因素，已越来越无法满足和肩负交通主动脉的重任。2013 年，叶盛黄河大桥首次进行大修，在不破坏桥梁结构的前提下，按始建原样恢复，维修恢复后仅限小型车辆通行。在其下游另建新桥（新叶盛黄河大桥），其他车辆通行如故。

历经岁月沧桑，如今的叶盛黄河大桥，已不复当年“辉煌”，但它的身上已深深烙下了时代的印记，它见证着宁夏黄河桥梁建造的从无到有，见证着宁夏大地的伟大变迁，承载着宁夏人民沉甸甸的情感与记忆。

新叶盛黄河大桥

桥梁概况

新叶盛黄河大桥位于老叶盛黄河大桥下游1.1公里处。桥东属灵武市地域，桥西属青铜峡市地域。系西接国道109线和G6京藏高速，东连G85银川至昆明高速公路和已建成的灵武南环西延线的跨越黄河之公路桥，是国道211和京藏高速公路之间一个重要的连接线，也是宁夏沿黄经济区的重要交通纽带和咽喉要道。大桥于2015年开工建设，2018年9月8日正式建成通车。包括主桥、西引桥、东引桥和滩地引桥4个部分共计21跨。桥梁上部结构采用波形钢腹板预应力混凝土连续箱梁，是宁夏首座波形钢腹板预应力混凝土连续箱梁桥，也是西北地区最大的一座波形钢腹板桥。大桥及连接线工程全长10.5公里，其中灵武境内4.3公里，全线采用一级公路标准建设，设计速度每小时80公里。大桥主体长1.3公里，桥面宽31.5米，采用双向六车道；两岸连接线长9公里，采用双向四车道。

桥梁故事

1970年12月建成的叶盛黄河老桥，历经数十年的使用，随着交通需求的日益提高，交通流量不断增大，其荷载等级已满足不了要求，经修复后只允许人行、低荷载的小车辆通过。为解决其他车辆通行问题，2015年，在与老桥相隔1.1公里的地方，新的叶盛黄河大桥及连接线项目投入建设。

2017年7月21日，随着大桥两侧施工人员浇入最后一斗混凝土及主桥钢梁末根纵梁到位，作为宁夏回族自治区“十三五”交通重点工程项目的新叶盛黄河大桥，顺利实现合龙。

2018年9月8日，新叶盛黄河大桥正式建成通车。桥梁最大跨径达120米，采用波形钢腹板结构，自重比较轻，抗震效果好。大桥主桥桩基有250根，其中114根变截面桥桩的施工难度在当时堪称“宁夏之首”。

新叶盛黄河大桥建成后，成为黄河东岸的灵武市与黄河西岸的青铜峡市、银川市永宁县等地之间的主要过河通道之一，对提升当地交通运输能力、促进经济社会发展起到了积极促进作用，尤其极大方便了周边人民群众的出行及货物运输。同时，新叶盛黄河大桥也是G85银昆高速和京藏高速公路之间的一个重要连接线，以及宁夏沿黄经济区的重要交通纽带和咽喉要道，在国家和区域路网中占有重要地位。

新叶盛黄河大桥——宁夏沿黄经济区的重要交通纽带

太中银铁路黄河大桥

太中银铁路黄河大桥——国内首座简支钢桁结合桥梁

桥梁概况

太中银铁路黄河大桥位于银川市永宁县望洪镇东河村东 1.6 公里，是太中银铁路全线重点控制工程之一，由中铁四局承建，2006 年开建，2010 年建成。太中银铁路黄河大桥西起永宁县，东至灵武市，总长 3.94 公里，共 85 个墩台，设计为简支钢桁结合梁结构，由 48 孔 32 米简支 T 型梁、23 孔 48 米简支现浇箱梁以及 13 孔 96 米下承式简支钢桁结合梁组合。该桥是当时国内第一座简支钢桁结合梁结构的大桥。

桥梁故事

时间回溯至 2006 年 7 月 6 日上午 9 时，太中银铁路黄河特大桥开钻第一桩，标志着这项浩大的桥梁工程正式开工。

太中银铁路全长 944 公里，是我国中长期铁路网规划中西北至华北新通道的重要组成部分。该铁路线路东起太原南站，西达包兰线中卫站、银川站，跨越山西省西南部、陕西省北部、宁夏中北部地区，横穿 23 个市县（区），三跨黄河，在宁夏境内约 420 公里。太中银川铁路于 2006 年 5 月开工建设，永宁黄河特大桥是该线路中重点工程之一。

太中银铁路永宁黄河特大桥的建设，技术含量高，施工难度大，前后经历了 4 年多的时间。2008 年 4 月 22 日，在新华网的报道中这样描述当时的建桥场景："连续阴雨天气没有阻挡施工人员的劳动热情，两辆 70 吨的吊车正在黄河中间的浮桥上紧张作业，近百名工人加紧安装大桥的简支钢桁结合梁……"报道中提到的"简支钢桁结合梁"，创造了一个纪录——在国内铁路桥梁设计中首次采用简支钢桁结合梁结构。这种桥梁设计，在当时代表了我国桥梁技术向高强、整体、新结构发展的方向，具有较高的科技含量。

2008 年 10 月 21 日，中太银铁路永宁黄河特大桥胜利合龙，主体工程全部完工。桥梁主跨 96 米钢桁结合梁，采用全回转悬臂吊机半悬臂拼装的施工技术，填补了国内桥梁施工技术的空白。同年 11 月 17 日，随着中太银铁路永宁黄河特大桥最后一组钢轨稳稳地落到大桥上，标志着这座国内首座简支钢桁结合桥梁所有单项工程全部完工，该桥也成为太中银铁路首座完工的特大桥。

辟路、架桥、通隧、铺轨……历经 4 年 8 个月的建设施工，2011 年 1 月 11 日，连接山西、陕西、宁夏三省（区）的太中银铁路通车仪式在山西太原、陕西绥德和宁夏银川三地同时举行。

太中银铁路正式通车运营，填补了陇海铁路以北、宝中及包兰铁路以东、京包铁路以南、同蒲铁路以西这片广阔地域内没有东西向铁路干线的空白，彻底结束了宁夏中北部、山西西南部没有铁路及太原、银川两地间没有直达火车的历史。如今，雄跨大河两岸的太中银铁路永宁黄河特大桥，正是这段历史最生动和有力的见证。

永宁黄河大桥

桥梁概况

永宁黄河大桥位于银川市永宁县鹤泉湖东1.5公里。桥梁西起永宁县，东至灵武市。起于永宁县望远镇鹤泉湖与河西滨河大道之间，向东跨越黄河、东西滨河大道、G211高速和下白公路，止于G211高速以东并与下白公路交叉。由中国铁建十六局承建。2013年10月开建，2016年9月28日通车。大桥全长3.75公里，主桥采用（110+260+110）米钻石型双塔斜拉桥，其他副桥有90米跨悬灌梁，引桥采用50米预制T型梁。桥主墩高102.15米，最大跨度260米，钢筋砼现浇箱梁，每个主墩桩基由52根直径2.2米、桩长80米的群桩组成，承台体积32.5×51.08米，相当于2个篮球场大，主跨采用斜拉索，难度大，精度高。

桥梁故事

永宁黄河大桥是黄河上游段及宁夏第一座跨越黄河天堑的双塔双索面斜拉桥，集“深桩、大跨、高墩、水深、水急、大体积承台、斜拉索、50米T型梁”等多重难度于一体。

大桥的修建获得“桥梁抗震中的防屈曲约束支撑构件”技术、“预应力锚固端封浆密封器”技术、“前支点挂篮监测系统”、“大体积盖梁自动调节高程支架”、“冬季施工悬臂保温暖棚”、“智能泥浆循环系统”6项国家实用新型专利，为我国桥梁施工积累了丰富的经验。

为解决主桥抗震和位移的问题，横向结构体系在塔梁处采用黏滞阻尼器+弹性索方

永宁黄河大桥——宁夏首座跨黄河双塔双索面斜拉桥

案，该方案在国际系首次成功采用；桥梁抗震采用防屈曲约束支撑，让大桥抗震级别达到9级，此技术当时为国内第一次使用；制备了不仅能满足钻孔和混凝土灌注过程的护壁需求，还能使泥浆中悬浮的细沙36小时不沉淀的高性能泥浆，此技术也为国内首创；主墩围堰尺寸34.8×54米，选用自身强度和刚度能满足要求的拉森四型钢板桩围堰，这也是当时宁夏黄河段采用钢板桩进行围护的最大断面的围堰；主墩承台封底混凝土施工，单体5637立方米水下封底混凝土创跨黄河桥梁基础的第一；墩承台长51.08米，宽32.5米，厚5.0米，为整体哑铃型，单个承台混凝土7216立方米，是当时西北地区跨黄河桥梁施工承台之最；主塔总高102.15米，也属当时宁夏境内第一高桥。

永宁黄河公路大桥建设项目，是宁夏首次采用BOT（建设—运营—移交）模式运作的项目。该项目由中国铁建十六局集团有限公司与宁夏宁东开发投资有限公司、永宁县欣荣城乡发展有限公司组成联合体成功中标，3家按约定的出资比例设立中铁建宁东路桥投资发展有限公司，具体负责项目的投资建设及运营管理。

永宁黄河公路大桥南距叶盛黄河公路大桥约24公里，北距银川黄河公路大桥约13公里，属于银川综合交通规划第二绕城通道的重要组成部分之一，也是灵武市与永宁县、银川市区的第二过河通道，分担了银川黄河大桥即青银高速的通行压力，并兼具银川市南二环和永宁县城北环的功能。大桥全线通车后，从永宁县城去往隔河相望的银川河东机场仅18公里，极大地方便了人们的出行。

大桥的建成通车，成为连接宁东能源化工基地、河东国际机场、银川国际空港物流中心、银川综合保税区、望远工业物流园区、银川经济技术开发区、银川铁路货场西站和内蒙古阿拉善盟等地之间的便捷通道；亦是连接贺兰山旅游区、白芨滩国家级自然保护区、水洞沟遗址旅游区等地之间的文化旅游通道，进一步加快了宁夏地区社会经济的发展步伐。

银西高铁银川机场黄河特大桥

桥梁概况

银西高铁银川机场黄河特大桥位于银川河东机场西侧。系银（川）西（安）高速铁路跨黄河、京藏高速公路等道路及灌溉渠之特大桥。2017 年建成。大桥西起银川市河东机场，向西跨越黄河至银川南部，全长 13.814 公里，主桥长 1200 米，孔跨布置为一孔 96 米简支钢桁梁 +2 联（3×168）米连续钢桁柔性拱 + 一孔 96 米简支钢桁梁。总用钢量 24774.3 吨。全桥共 11 处连续梁，最大采用（60+2×100+60）米连续梁。该桥由中国铁建大桥工程局承建。作为银西高铁重要控制性工程，大桥在国内首创主桥钢桁梁“三同步”施工工艺，使主桥合龙日期提前了近 1 年。

2016 年 12 月 29 日，银西高铁银川机场黄河特大桥主桥第一节钢桁梁被稳稳吊起，调整定位后被精确安装到第 14 号至 15 号墩中间的指定位置，距离地面高度 18 米。这也是银西高铁全线的首节梁。此次钢梁架设开工，也标志着银西高铁银川至吴忠客专工程建设又突破一个新的工程节点，使这一黄河特大桥工程如期转入线上铺架施工阶段，是银川至吴忠客专工程建设的重要里程碑。

银西高铁银川机场黄河特大桥，主桥最显著的特点为首次采用三孔一联等跨度连续钢桁柔性拱结构，主河槽多跨等跨布置满足了防洪要求，很好地适应了黄河主槽位置经常发生左右摆动的情况。主桥中墩处采用了 V 撑加劲，而当时国内建成的大跨度钢桁柔性拱结构均为主跨加拱、边跨为平行弦钢桁 T 结构。

银西高铁银川机场黄河特大桥——见证宁夏迎来“高铁时代”

银西高铁银川机场黄河特大桥由中国铁建大桥工程局承建。承建方在黄河大桥中标后，多次组织专家论证优化施工方案，在保证安全品质的前提下，在引桥施工中进行方案优化和工艺创新，将全桥建设总工期由原来的 45 个月优化为 14 个月。

银西高铁银川机场黄河特大桥的建设施工直接关系到整条银西铁路能否按期完工。为了又好又快建设这座铁路特大桥，服务银西高铁银吴段建设总工期，中国铁建在国内首创主桥钢桁梁“三同步”施工工艺，即桥墩中间搭设临时施工平台实现钢梁架设与桥墩同步施工、主桁梁架设与柔性拱架设同步施工、连续梁架设与简支梁架设同步施工，这将大桥钢桁梁架设由原设计 4 个工作面，增加至 8 个工作面，使主桥合龙日期提前了近 1 年，创造了国内钢桁梁架设施工的“宁夏速度”。

2017 年 9 月 30 日，银西高铁银川机场黄河特大桥举行主桥落梁仪式。至此，大桥主桥施工圆满结束。大桥的顺利成桥，为当年 10 月 31 日前大桥全部完工提供了先决条件，更为银西高铁 2020 年底全线通车打下了坚实基础。

银西高铁 2015 年 12 月开始修建，2020 年 12 月底全线通车，是国家高速铁路网的重要组成部分，跨宁夏、甘肃、陕西三省（区），连接关天经济区、陇东地区和沿黄城市带，南北向穿越黄土高原中部。对宁夏来说，修通至西安的高铁，意味着宁夏正式联入国家“八纵八横”高铁网中，且为重要节点和枢纽——向东联系长三角经济区方向，向南联系川渝以及珠三角经济区方向，向西联系兰白经济区，向北联系京津冀经济区方向。时空距离的变化，必将对宁夏经济社会发展产生巨大推动作用。高铁全线通车后，从银川至西安车程由之前的 12 小时缩短至 3 小时左右，极大地方便了沿线人民出行。对加快宁夏内陆开放型经济试验区开发开放，振兴陕甘宁革命老区，促进沿线地区经济社会发展，深化国家“一带一路”建设具有重要意义。

此外，作为银西高铁重要控制性工程的银西高铁银川机场黄河特大桥，桥址距银川河东机场不到 2 公里，处于银川市的门户地带，是银川对外展示城市新形象的窗口。建成后的大桥，造型优美，新颖亮丽。大西北辽阔的蓝天白云之下，银川平原浩汤流淌的黄河水之上，大桥长长的蓝色桥身，宛如一抹画笔下连绵起伏的壮美线条，为银川市的东大门增添了一道亮丽的风景线。

银川黄河大桥

桥梁概况

银川黄河大桥位于银川市区东南 14 公里横城南侧，系青银高速跨越黄河之公路特大桥。该桥 1994 年建成通车，桥长 1220 米，时居三门峡以上黄河桥首位；宽 23 米，亦为当时全部黄河桥之冠。1994 年建成时，系银古一级公路（现属青银高速段）跨越黄河之枢纽，共四车道，中央设分隔带，两侧设防护栏，来往车辆分道行驶。下部为钻孔灌注桩基础。上部主跨系多孔 90 米预应力混凝土 T 型结构，其余为简支 T 型梁。桥两端有大型雕塑各一组：东组为骏马腾飞，西组为凤凰造型，寓意“银川腾飞”。建桥工程于 1991 年 12 月破土，1994 年 7 月竣工通车。大桥由左、右岸引桥工程和主桥工程三部分组成，主桥下部结构为承台墩，引桥为柱式墩。设计寿命 50 年，设计荷载汽 -20 吨、挂 -100 吨，抗震设防烈度 8 度，通航标准 5 级，设计洪水频率 1/100，设计洪水流量 7412 米 ^{3}/ 秒。

桥梁故事

对宁夏人来说，1994 年 7 月 18 日，是一个历史性的时刻。这一天，银古（银川至古窑子）一级公路暨银川黄河大桥，历经三年多的建设，终于竣工通车，实现了宁夏高等级公路“零”的突破，打通了银川向东的出口通道。

20 世纪 90 年代初期，宁夏公路建设发展迅猛，但具有理想运输效益的出境快速通道却难得见到。当时，银川境内黄河东岸，有探明储量丰富的灵武煤田等待开发，还有颇具

1994 年 7 月 1 日，银（川）古（窑子）一级公路上的银川黄河大桥建成通车

旅游开发价值的古长城、水洞沟等人文景观。但当时的现状却是，银川的东出口只有一条沙砾路面的三级公路通到黄河渡口。没有快速的通道，没有飞架的大桥，银川自身发展和与外界的联通发展都受到极大的制约。出于这些迫切之需，银古一级公路暨银川黄河大桥建设，被提上了日程。

大桥由宁夏公路勘测设计院和交通部第一公路勘察设计院联合测设，1990 年 6 月 23 日至 9 月 25 日，完成初步设计。

1990 年 7 月，时任交通部部长的钱永昌来宁调研交通工作，和自治区党政领导商讨、踏勘了公路走向、大桥桥位，共同决定，路、桥均按一级公路标准建设。此后不久，自治区计划委员会批准银古公路、银川黄河公路大桥工程正式立项，并将其列入自治区和交通部“八五”重点工程。

1991 年 11 月，银川黄河公路大桥正式开工，由宁夏公路工程局桥梁工程队和黑龙江路桥公司共同中标承建。

施工中，宁夏交通厅委托设计单位——交通部第一公路勘察设计院，对银川黄河公路大桥实行全面监理，签订了监理合同，成立了监理办公室，实行设计、监理一条龙。这在宁夏公路施工中尚属首创。全面监理，不仅提高了施工队伍的质量意识，而且从根本上保证了工程质量。

1994 年 4 月 20 日，银川黄河大桥胜利合龙。同年 7 月 1 日，大桥正式竣工。时任中华人民共和国主席的江泽民题写了“银川黄河大桥”桥名。

银川黄河大桥及银古一级公路的建成，具有非常重要的意义。首先，作为全国公路主骨架之一的中路东西大通道——青岛至银川公路的一段，它的建成通车，打通了银川东西向交通动脉，为加快宁夏与东部沿海城市的经济往来开辟了一条快速通道。其次，它使银川长久以来的跨黄河交通得以解决。曾经，银川西花园机场因地方狭窄，又常被贺兰山山洪漫淹而停航。自 20 世纪 80 年代就开始多次选择机场新址，但都不理想。随着银川黄河大桥的建设正式立项，机场选址难题也就迎刃而解，河东国际机场建设随之确定。不仅如此，在河东建设宁东能源化工基地，也随之提上议事日程。此外，银川黄河大桥的建成也带来了很直接的经济效益：大桥建成之前，银川向黄河以东出行的道路需绕行叶盛、灵武，银川到盐池原先为 176 公里，大桥建成后为 132 公里，减少 44 公里；银川至灵武，则减少了 14 公里。

2003 年，修建青岛至银川高速公路同时，银川黄河大桥也进行了一次改造，将桥面原来两侧的人行道加固变为行车道，机动车道数也随之由原先的四车道变为六车道。改造通车后的银川黄河大桥，成为国道主干线青（岛）银（川）高速公路宁夏境内银（川）古（窑子）高速公路的重要枢纽。青岛至银川公路是国家“五纵七横”道路主干线中的一条重要干线，也是宁夏、甘肃、青海、新疆、内蒙古等省（区）通向华东、华北地区的快速通道。它自西向东连通宁东煤田、长庆油气田及山西煤田三大国家重点能源基地，对促进西北地区经济发展、加快西部大开发进程具有重大意义。

2010年，在中华人民共和国成立60周年公路交通勘察设计经典工程技术交流暨表彰大会上，银川黄河大桥获评公路勘察设计60年经典。为宁夏交通做出巨大贡献的银川黄河大桥，不仅坚固实用，而且重视桥梁美学。每当由此穿行黄河两岸，远远望去，群山的衬托下、翠绿的原野中，大桥似一条银带自天而下，飞越黄河。西桥头3个不锈钢圆球象征黄河明珠，下面的凤凰正好与银川凤凰城之说遥相呼应；东桥头一匹飞马振翅欲飞，象征宁夏各族人民团结向上，为宁夏的发展拼搏努力、昂扬奋斗。

银川黄河大桥建成时，在桥东头立有高10米、宽5米石碑一方，以花岗岩刻有《建银川黄河大桥记》碑铭，由鲁人勇撰文，胡介文书丹。当时该桥为一级公路，车辆可停，行人可驻足赏阅碑铭。2003年将此段公路改建为双向六车道高速公路，桥面加宽，只得将此碑拆除。现将碑铭全文照录：

银川黄河大桥（左）——宁夏高等级公路“零的突破”

建银川黄河大桥记

横城扼银川东大门,西夏于此置怀州渡,辟驿路以通宋都,修直道而达辽国。明、清改称横城渡,渡运繁忙,兴盛一方。康熙挥师北征噶尔丹,往返驻跸于此,并为出征将士壮行。越民国,渡口衰落。当代改机动渡,运量日增。自改革开放以来,宁夏经济起步腾飞,东向交通,长期受掣于河,区区渡船,难载商旅洪流。强国富民,交通为先。改渡为桥,乃必然选择。鉴此,自治区人民政府决定建此桥。1991年11月破土,1994年6月竣工。桥长1220米,宽23米。引桥为预应力T型梁桥,主桥为90米预应力T型刚构。来往车辆,分道而驰。

宏桥贯通,循同期竣工之银古一级公路而东,规划有国家公路主干线经太原而抵济、青。规划实现,则宁夏与沿海、内地交通称便。一方冠盖连京津,四面辐辏通齐晋之夙愿,将指日可待矣!

壮哉!宏桥与山河相辉映,气势如虹,蔚为壮观;西岸绿原秀色,一望无际;东岸大漠风光,浩瀚无垠;九曲黄河,奔腾北去;万里长城,蜿蜒西来;东北遥指,评说蒙恬之故塞、横城之古堡;东南翘望,浮忆宁河之高台、水洞沟之先民。塞北江南,又添一旅游景观。

伟哉!宏桥促经济发展,增人文景观,予人民方便,当颂决策之明、建设之功,是为之记。

宁夏回族自治区交通厅

一九九四年六月

银川黄河辅道桥

桥梁概况

银川黄河辅道桥，俗称“银川黄河二桥”。它位于银川市区东南 14 公里横城南侧，南距银川黄河大桥 400 米。系银川至横城公路跨黄河大桥，是连接银川市区，兴庆区掌政镇、通贵乡，灵武市临河镇等地的重要通道。2002 年，因银川黄河大桥纳入青银高速公路，故另建此辅道桥，2003 年 10 月建成通车。

银川黄河辅道桥跨径组合为 6×16 米 ×3+5×30 米 +30.2 米 +4×30 米 +60+5×90 米 +60 米 +30.2 米 +2×30 米，全长 1254.4 米，双车道。上部结构为预应力混凝土连续箱梁，主桥桥墩采用带破冰体的薄壁实体式桥墩，钻孔灌注桩基础；引桥桥墩为柱式墩，下部构造基础为钻孔灌注摩擦桩。主孔跨径 90 米，桥下按五级航道设计。桥梁设计荷载等级为汽 -20 吨、挂 -100 吨；桥面总宽 12 米，其中行车道 11 米，两侧各 0.5 米防撞护栏。

银川黄河辅道桥历经拓宽改造，由双向两车道变为双向六车道。2017 年 3 月，银川黄河辅道桥进行了桥梁维修加固，同年 8 月维修工程完工。

银川黄河辅道桥——银川黄河大桥的“兄弟桥”

滨河黄河大桥

滨河黄河大桥——国内首座三塔组合梁自锚式悬索桥

桥梁概况

银川滨河黄河大桥位于银川市兴庆区东部，北京东路延长线跨黄河特大桥。跨径组合为（88+218+218+88）米，全长6587米，桥面宽41.5米，是宁夏境内最大的黄河大桥。采用一级公路兼城市快速路标准，设计时速80公里，双向八车道，荷载标准公路-Ⅰ级。银川滨河黄河大桥由主桥、三座桥塔、悬索、吊索、引桥及立交匝道组成，主桥路段呈西北至东南方向。引桥西端与北京路连接，东端设互通立交桥与S203省道相连，在永通路、长河大街设互通式立交。主跨两孔，跨径均为218米，桥下满足五级航道标准。主桥上部结构采用三塔四跨双索面钢混叠合梁自锚式悬索桥，主桥共设两根主缆悬索和264组垂直吊索，单根主缆长678米，直径347毫米，重407吨。大桥2014年1月开工建设，2016年4月28日通车。

桥梁故事

银川滨河黄河大桥的修建，是2014年北京路延伸及滨河黄河大桥工程项目的重要组成部分。该项目起点顺接北京东路，位于北京东路与友爱街交叉口东300米，向东跨越京藏高速、汉延渠、惠农渠及黄河后终点接京河大道，路线全长20.287公里，含北京路东延伸工程和滨河黄河大桥工程，其中北京路东延伸工程长13.7公里，滨河黄河大桥长6.587公里。其中，北京路东延伸工程含长9.3公里的高架桥，该高架桥是宁夏第一座城市高架桥，在实现快速通行能力的同时，保护了工程沿线的湿地湖泊，减少了建设征地，保留了地面原有路网结构，充分体现了绿色、环保、快捷通行的设计思路。

工程于2014年1月正式开工建设，并于当年被自治区政府列为全区50个重点工程项目之一。由于银川地区昼夜温差大，桥址处于黄河上游宁蒙河段，易发生冰塞、冰坝等险情，加上建设材料不能借助水上运输，必须采用栈桥运输，施工高峰期存在大量的同步施工等情况，都给施工带来了较大的难度和挑战。

要克服这些不利因素，在保证安全质量的基础上加快施工进度，就要在技术上大胆创新。在银川滨河黄河大桥建设过程中，承建方中铁大桥局的建设团队，针对钻孔桩头凿除施工采用整体断桩头、整体吊桩头的方式，提高凿桩效率；在承台施工中创新性地采用大体积承台砼施工技术，通过合理布置冷却水管及测温元件，调节冷却水流速调节混凝土内部温度，达到对承台砼水化热控制的目的。此外，还在大跨度多塔连跨钢混叠合梁自锚式悬索桥施工成套技术、大跨度曲线组合钢箱梁施工成套技术、钢筋智能数控钢筋自动弯箍机应用塔身、利用冻土栈桥快速施工技术、智能张拉压浆技术的应用等新技术、新工艺方面进行了研究，并得到了良好的实践。

银川滨河黄河大桥主桥采用三塔四跨双索面超宽断面钢混叠合梁自锚式悬索桥结构型式，主梁采用新型智能步履式顶推施工技术安装就位。在银川滨河黄河大桥建成前，国内已建成的最大跨度的三塔自锚式悬索桥为福州螺洲大桥，该桥的主梁采用钢箱梁结构。早在还未动工时，银川滨河黄河大桥项目组就充分考虑到银川地处严寒地区，温差较大，如果也使用钢箱梁结构，那么桥面的铺装质量不易保证。经过项目组专家集思广益，决定在滨河黄河大桥主梁设计中，创新性地采用组合结构型式，以保证桥面的铺装质量。同时，通过对桥面板安装方案进行比选优化，研究确定大跨径多塔多跨钢混叠合梁自锚式悬索桥吊杆张拉的合理顺序和体系转换的最优步骤。

此外，银川滨河黄河大桥还采用了多个技术创新，包括：采用新型横向金属阻尼器替代传统的抗风支座，提高了大跨度桥梁的横向抗震能力；主缆采用锌铝合金镀层钢丝，提高了悬索桥寿命周期；主缆采用缠包带技术防腐，此为当时国内首次在自锚式悬索桥上应用缠包带技术。

2014 年 3 月 16 日，银川滨河黄河大桥进行首个承台的开挖工作。2015 年 4 月 20 日，大桥完成主桥钢梁合龙工程；8 月 2 日，大桥完成东引桥最后一片 T 梁架设工作，大桥全线贯通；12 月 22 日，大桥完成主桥主体建设工作。2016 年 4 月 13 日，大桥完成桥面沥青铺设工作；4 月 20 日，银川滨河黄河大桥工程竣工。

2016 年 4 月 28 日，历时 28 个月的建设，大桥比原计划提前 63 天建成通车。建成的银川滨河黄河大桥，不仅是国内首座三塔组合梁自锚式悬索桥，也是国内跨径最大的三塔自锚式悬索桥。在桥梁建造技术方面，银川滨河黄河大桥做设计时践行创新技术应用，注重细节构造，景观造型紧密结合地域特色，解决了西北寒冷地区冬季施工难题，在保证质量的同时缩短了工期，获得了良好的社会经济效益。该桥的设计研究和成功实践拓宽了组合结构的应用范围，结构的布置参数、约束体系、特色技术等为之后同类桥型的设计、施工提供很好的借鉴。

2019 年，银川北京路延伸及滨河黄河大桥工程，荣获全国公路交通行业最高工程质量奖——李春奖。

银川北京路延伸及滨河黄河大桥工程，是银川主城区通往河西区域的快速通道。该工程的建设实施将进一步放大黄河的综合效应，为银川以黄河为轴，两岸同时快速发展提供动力保障。项目的实施，优化和完善了银川市城市路网结构，拉大城市框架，完善路网布局，形成“银榆鄂”区间快速通道，对促进宁夏向东与宁蒙陕甘毗邻地区经济文化交流，加快沿黄经济带发展起到积极作用。

此外，滨河黄河大桥主桥采取国际领先的三塔四跨叠合梁自锚式悬索桥，不仅技术先进，而且外观造型设计精心、美观，注重将银川的地域特色与桥梁文化相结合。远眺银川滨河黄河大桥，让人不仅为桥本身的雄伟壮丽所吸引；置身其上，这里还是欣赏周边美丽湿地、大漠风光，领略长河落日之美景的上佳地点；夜幕降临后，桥梁的亮化工程和七彩水幕美丽动人，又是一番不同的风韵。大桥自建成后便吸引着众多市民和摄影爱好者前去赏景采风。大桥通车后，先后在“环青海湖国际自行车赛”“‘丝绸之路’宁夏国际马拉松赛”“2016 如意 · 新丝路世界模特大赛”等多项国际赛事中亮相，受到中央电视台等多家媒体的报道关注。

兵沟黄河大桥

桥梁概况

兵沟黄河大桥位于兴庆区东北部，西距通贵乡政府约 3 公里，南距银川滨河黄河大桥约 12 公里，系贺兰山东路延长线跨黄河公路大桥。大桥按一级公路技术标准设计，长 4053 米，宽 31.5 米，双向六车道。主桥上部采用 18 孔 80 米预应力混凝土变截面连续箱梁，下部为混凝土灌柱桩基础，两岸引桥采用 40 米跨径装配式部分预应力混凝土连续 T 型梁。主桥主梁为双幅单箱单室断面，共划分为十三种梁段，采用节段法施工工艺。2014 年开工，2016 年 6 月 27 日通车。

桥梁故事

兵沟黄河大桥及连接线工程项目全长 28.818 公里。建设内容包括 4053 米跨黄河特大桥 1 座，跨汉延渠、二排沟和惠农渠中桥 3 座，双向四车道一级公路 24.765 公里。该项目于 2014 年 5 月开工建设，是兵沟黄河大桥及连接线工程项目中的关键控制性工程。

一座宏伟大桥的诞生，人们的目光往往只聚焦在它落成的那一刻，而之前漫长与繁复的建造过程，外人一般很难也不会去了解。尤其，当这些故事发生在深夜之中。

2014 年 7 月 15 日，本次工程参建方之一的湖南联智桥隧技术有限公司发布了一条简讯，通讯员用细腻的笔触，再现了当时大桥连夜施工的一幕：

银川的夜格外干净，有的只是月亮与星星点缀着夜空，它们似乎是怕黑夜太过寂寞而出来陪伴，也仅仅是静静地陪伴……

突然间地面上“轰隆”的机械声打乱了寂静！随声音看去，黄河边繁忙的施工景象与寂静的夜空形成了鲜明的对比。这一“静”一“动”并没有显得不协调，各种施工机械的声音交相呼应，像是在给黑夜谱奏着一篇动人的乐曲。

夜已深，湖南联智桥隧技术有限公司银川兵沟黄河公路大桥中心试验室检测人员接到现场灌桩工作电话后第一时间驱车赶往施工地点，沿着便道行驶，一路过往的施工车辆将整条施工便道变成了不夜路。机械声隆隆，满载混凝土的自卸车源源不断地向施工现场运送材料，各种作业机械来回穿梭，施工人员挥汗作业，正在紧张有序的忙碌着，到处都是一片繁忙的景象。

2014 年 10 月 3 日，兵沟黄河大桥首片 T 型梁浇筑完成，宣告兵沟黄河大桥上部构造的开始。2015 年 11 月 22 日，兵沟黄河大桥主桥连续梁混凝土施工全部完成，成功实现主桥合龙，标志着兵沟黄河大桥取得了突破性进展，大桥“化零为整”连接成一条跨越大河的长龙……

2016 年 6 月 27 日，历经两年多的建设和努力，银川兵沟黄河大桥正式通车。一座矗立在银川之东、横跨于黄河之上的地标性大桥工程，从此走进银川人的生活。

兵沟黄河大桥及连接线道路，不仅让银川人东向出行更加顺畅，比如，前往附近的兵沟旅游区和黄沙古渡景区就比之前更近、更便捷。更重要的是，它将银川市、内蒙古阿拉善盟和鄂尔多斯市连成一线，加强了三地之间的经济社会联系，还将宁东能源化工基地、鄂尔多斯能源化工基地等紧密地连接起来，使之形成世界级的煤化工能源产业聚集区，成为银川市向东通向内蒙古、陕西、山西、北京、山东和其他东部沿海省区的一条重要通道。同时，还为银川综合保税区、宁夏现代纺织产业示范园等园区的建设和发展提供了可靠的交通保障。

此外，值得一提的是，兵沟黄河公路大桥及连接线是国内第一条完全按照 PPP 模式投资、建设和运营的经营性收费公路，也是国内第一条运用互联网科技优势，创新收费运营技术的互联网收费公路，采用互联网无人收费技术，引入微信、支付宝等互联网支付手段，提高车辆通行效率。

兵沟黄河大桥——“一桥飞架，连通三地”

湖城银川

湖城有湖桥

银川是中国西北地区重要的绿洲城市。黄河水的哺育，孕育了富庶的银川平原，也造就了这里湖泊广布、湿地众多的地理地貌，昔日“七十二连湖”的盛况，今天“塞上湖城”的美称，都是对这片土地最生动的概括。

“湖城”的历史，也有过波折的经历。20世纪前期，银川还是湖泊广布，但在50年代以后，由于气候干燥、围湖造田、改湖建塘和城市建设等因素，银川的湖泊面积急剧减少，湿地生态系统退化严重。20世纪90年代末，国家实施“西部大开发”战略，把生态建设作为西部大开发的切入点，银川市开始实施湿地生态保护和建设。进入21世纪后，银川市委、市政府确立了“生态立市”战略，打造“城在湖中，湖在城中”的“塞上湖城”。自2002年以来，对阅海、鸣翠湖、宝湖、北塔湖、鹤泉湖等湖泊进行了湿地恢复与保护建设，实施了典农河水系、银川西水系等水系连通治理工程、退田（塘）还湖工程、清淤疏浚工程、植被恢复等建设，对改善生态环境、建设宜居城市、提高人民生活质量等方面起到了良好的作用。

今天的银川，湖泊星罗棋布，水清苇绿，碧波荡漾，“塞上湖城”“水韵银川”之美名，实至名归。众多的湖泊，连绵的湖水，也造就了一座座美丽的“湖桥”。它们横跨于湖水之上，穿行于碧波之中，或壮观，或小巧，或雄阔，或婉约，自有特色，各具风采，以实用功能和美丽身姿，服务于人们的交通出行，扮靓着城市的多彩风韵，成为湖城银川一道道美丽的桥之风景。

阅海湖

阅海湖位于银川市金凤区，总面积近2667公顷，是银川市面积最大、原始地貌保存最完整的一处湖泊湿地。

昔日的银川平原，湖沼密布，素有“七十二连湖”之称。如今的阅海区域，昔日主要分布的湖泊为体量硕大、连绵延续的西湖，西湖按连绵区域分别称池子湖、金陵湖等，民间俗称大西湖、小西湖等。时光变迁中，银川人与湖泊的相处，经历过一个“向湖要田”的过程，湖泊数量和面积一度急剧萎缩。大、小西湖自然也经历过这种曲折和变迁。

自20世纪90年代后期起，这片水域开始发生较大的改变。当时，这里还属于贺兰县辖区范围，贺兰县着力改造此处，在这里打造西湖水上乐园。

2002年，是银川市湿地生态发展一个标志性的年份。这一年，“塞上湖城”的构想正式拉开序幕。当年，实施32处湖泊、沼泽湿地的保护工程，保护与恢复湿地面积12000公顷，新增湿地面积2261公顷。前身为大、小西湖的阅海，便在其列。阅海湖先后实施了清淤除坝、退池还湖、阅海典农水系连通等工程。

2004年，阅海湖湿地公园一期工程完工并向社会开放。2006年，被国家林业局评定为国家级湿地公园。2015年，西湖阅海连通扩整工程竣工……在银川人与湖水的新篇章里，阅海是一个绝佳的注脚与缩影。

碧波荡漾，蒲苇吐翠，水鸟飞鸣……如今的阅海，让银川人不出城就能与湖水、与自然亲密对话，切身体验到湿地生态建设所带来的绿色之福。

一城有如此一片广阔碧水，与之相伴相生的自然少不了一座座勾连通行的桥梁。因阅海而诞生的桥有大有小，大者如跨湖长桥，体量绵延数百米，小者如公园小桥，可用精巧玲珑形容。但无论大小，阅海的桥有一个共同点——美。城市新地，千顷碧水，绿意园林……穿行其中的桥梁，设计之时，美观度就是一个当然得考虑到的重要指标。

让我们前往生机盎然的阅海，走近一座座各具风韵的阅海桥吧。

悦畅桥

桥梁概况

悦畅桥位于宁安北街与贺兰山中路交叉口向北420米，宁安北街跨阅海湖处。该桥所在道路等级为城市主干道。2007年6月竣工通车。桥梁长223.7米，总宽42.5米，行车道宽36米，八车道。为拱桥，桥上部采用十七孔不同跨径连续半圆拱桥，最大孔净跨径12米，边孔最小净跨径6.4米，上部结构类型为钢筋砼拱圈。外部采用仿石装饰，栏杆采用汉白玉石材。桥梁限载吨位20吨，抗震设防烈度8度。施工单位为银川市第一建设有限公司，管理、养护单位为银川市市政工程管理处。曾名金水桥，2019年6月更现名。

桥梁故事

2006年，作为银川市新规划修建的15条城市道路之一，宁安北街（时称万寿路）开工建设。2007年6月4日，宁安北街跨阅海桥——悦畅桥竣工通车，是当时银川市最大的一座景观桥。大桥两岸碧绿的湖水相连，鸟儿在广阔的湖面上自由飞翔，美景宛若江南。

这座全长200多米的桥梁，将银川人和阅海湖的距离进一步拉近。银川对阅海湖的建设，始于2002年。这一年，阅海湖先后实施了清淤除坝、退池还湖、水系连通等工程，建设过程十分不易。当地老人回忆起阅海湖建设之初的情景：好几十台挖掘机、推土机在工地上日夜忙碌，拉土的车也有上百辆。那时候的阅海湖周边，别说八车道了，连一条像样的路都没有。

如今站在悦畅桥上，放眼望去，交通四通八达，阅海湖水域宽阔。夜幕降临后，七色的灯光效果从这座十七孔拱桥身上滑过，与阅海融为一体的悦畅桥，就像是飘在阅海湖上的一条彩带，渲染着阅海的夜晚。悦畅桥西侧是阅海湾水上公园，公园

悦畅桥——湖映长桥，美景宛若江南

内的亭台楼阁在夜晚灯光映衬下璀璨夺目，一起装点着这里旖旎的夜色，尽显“人在城中，城在湖中”的生态美景。

阅海湖

七星桥

桥梁概况

七星桥位于宁安北街与贺兰山路交叉口向北380米路东侧，跨阅海湖桥。所在道路等级为城市次干道。2006年修建，2007年9月命现名。桥梁长125.46米，宽9米，两车道。为拱桥，全桥共七孔，最大孔径15米。基础类型为重力式。上部结构类型为混凝土拱圈。限载吨位20吨。抗震设防烈度8度。管理、养护单位为银川市市政工程管理处。

桥梁故事

位于悦畅桥东侧的七星桥，是阅海湖中一座东西向呈弧状走势的桥梁，桥身由7个拱洞组成，故名七星桥。该桥通往阅海湖中一处四面环水的小岛，因宁夏体检康复保健中心等机构坐落于此，故也俗称“康复中心小西湖桥”。

七星桥所在水域，昔日为一处名为“陈家湖”的湖泊，位于西湖东南侧，今已连通同为阅海水域。昔日的陈家湖，坐落于唐徕渠西，与渠东的塔湖（今北塔湖）呈左右对称状，水域规模亦与塔湖相当。陈家湖的形成与存在，与唐徕渠有密切关系，昔日此处附近曾有一条名为“低渠”的小支渠，由唐徕渠引水向西伸展，渠尾汇入的水域即为陈家湖。沧桑巨变，谁会想到当年这郊野间的湖沼上，如今会架起这么一座美轮美奂的湖中“玉带”呢。

七星桥（下）——美轮美奂的水中“玉带”

观澜桥

桥梁概况

观澜桥位于亲水北大街与大连路交叉口向南 740 米，亲水北大街跨阅海湖处。所在道路等级为城市主干道。2006 年竣工，2007 年 9 月命现名。桥梁跨径组合 7×29 米，总长 208 米，总宽 42 米，行车道宽 29 米，八车道。为空腹拱桥，上部结构类型为拱肋 + 钢砼板，板式橡胶支座，重力式桥墩，钻孔灌注桩基础。限载吨位 20 吨。伸缩缝类型 GQF-C40，抗震设防烈度 8 度。管理、养护单位为银川市市政工程管理处。

桥梁故事

观澜桥南北纵跨于阅海之上，处于阅海前身大西湖与小西湖的连接地带，此处水域宽广，风景悦目。“观澜”之名用于此处，可谓贴切。

事实上，观澜桥的修建，也见证了银川城市建设中一段堪称波澜壮阔的历程。

2002 年前后，银川市启动“大银川”发展战略，城市各方面的打造和建设也进入一个全面提速的阶段。道路交通方面，2003 年北京路的改建通车，标志着银川城市建设“大动脉”的开始。2004 年，银川市南环高速公路及十车道亲水大街等 22 条城市干道建成通车，形成银川环城高速公路及城市主干道路东西六纵和南北十六横的路网基本框架，使银川市建成区面积扩大到 89.2 平方公里。

亲水大街，也是当时的一个代表性工程——当时银川市中部唯一一条贯穿南北的交通大动脉、第二条十车道马路。不过，此时的亲水大街还没达到今天的体量，只是南起宝湖路，北接贺兰山路，全长 4.98 公里。它与今天的阅海，还没有“相遇”。

观澜桥的诞生，不仅是因为道路建设，也与这一时期的城市湿地建设息息相关。

2004年6月，阅海公园一期工程竣工通航。阅海公园旧称大西湖，位于宁夏农垦西湖农场，总面积2000多公顷，水域面积1000余公顷，芦苇面积500余公顷，是宁夏平原上一块不可多得的集沼泽、苇湖、草甸为一体的湿地资源。每年有数十万只鸟儿在这里栖息。阅海公园一期工程从2002年11月2日开工建设以来，完成扩整湖面、挖航道、生态绿化及旅游开发的景区道路、基础设施建设，初步具备了对外开放、接待游客的条件。

2004年10月，小西湖与阅海公园连通段工地上，施工机械和运输车辆往来穿梭，热闹非凡，建设者们正在紧张奋战。小西湖与阅海公园的水系连通工程对于改善银川市生态环境和首府的人居环境、提升城市景观水道品位、打造塞上湖城具有十分重要的意义。

与此同时，亲水大街向北延伸的脚步也踏上征程。2005年，阅海公园与小西湖实现连通，浩渺碧波连成一片。至2006年7月，横跨大、小西湖连通地带水域的观澜桥（时称亲水北街景观桥），也已进入最后的完善阶段。一座长200余米的七孔景观大桥，从一片广阔碧水上越过，穿行其上的亲水大街，向北伸展的脚步也更进一步。以北京路、亲水大街等为重点的“六横十六纵”城市路网体系，使当时银川市的城市面积比原来扩大了近1倍，城市建成区面积达到104平方公里，“大银川”的城市框架也日益形成。

观澜桥（下）——观碧水之澜，忆壮阔历程

悦心桥

桥梁概况

悦心桥位于尹家渠北街与贺兰山中路交叉口向北 50 米，尹家渠北街跨阅海湖处。所在道路等级为城市次干道。2014 年竣工。桥梁跨径组合 5×27 米，总宽 31 米，行车道宽 21 米，为六车道。为空腹拱桥，上部结构类型为钢筋砼拱圈，板式橡胶支座，钻孔灌注桩基础。限载吨位 20 吨。伸缩缝类型 GQF-C40，抗震设防烈度 8 度。桥梁建设单位为银川市市政建设综合开发公司，施工单位为银川市第一建设有限公司，管理、养护单位为银川市市政工程管理处。

桥梁故事

悦心桥北端连着宁夏最大的居民住宅区——阅海万家，南端连着横贯银川市区的贺兰山路，绵长伸展的尹家渠街从桥上穿过。悦心桥的故事，与它们有着千丝万缕的联结。

2010 年，阅海万家工程开始建设。今天的悦心桥北端所连接的，即为 A、B、C、D 区。其中，与悦心桥最靠近的阅海万家 A、D 区，昔日这里坐落着一个村庄，名叫金家寨子，俗称金家庄。与今天高楼林立的面貌截然不同，当时这里是一片农田、湖沼和树林。比对 20 世纪 80 年代的银川地图，以金家庄为中心，南面是马家寨子、陈家湖（今连通典农河），西面小西湖，西北罗家湾，北面农田、湖沼散布其间，东北方向（今阅海万家 F 区一带）是王家庄、王家湖，东边是余家寨子和农田。还有一些没有名字的大小湖泊，散落四周。

金家庄一带从事农业生产历史悠久，辈辈相传自唐代开凿唐徕渠不久，这里即开挖支渠名曰马家渠，引唐徕渠水灌溉附近农田。周边还有尹家渠、杨召渠等，4条支渠大都2公里。其中的尹家渠，即为如今穿过悦心桥的尹家渠街地名源头。

中华人民共和国成立后，银川郊区划区管理，金家庄一带区划为丰登乡。1958年成立了人民公社，叫良田公社丰登大队，后来称为银新公社丰登大队。1976年，由丰登大队析出银丰大队，金家庄属此辖域。1983年，银新公社改制为乡，银丰村、丰登村均属银新乡辖域。2010年阅海万家工程开始后，这一带被划分成若干社区。

随着阅海万家居民区的建设，通畅人们的出行成为必然需要，悦心桥和尹家渠街便应运而生，成为当年银川市路网建设中重要的一环。

尹家渠街之所以有此名称，与咱们前面提到尹家渠密不可分。这条昔日蜿蜒穿行于此地的支线渠流，也有着较久的历史。在1935年《宁夏水利专刊》所附的《宁夏全省渠流一览图》中，尹家渠所在方位标识着一条名叫“荫家渠”的小渠，从唐徕渠西侧引水，蜿蜒流向西北，末端汇入西湖（今阅海）旁的一个小湖泊。这条渠，就是尹家渠。

尹家渠的得名是因为附近的尹家庄，尹家庄位于金家庄的正南方，大致在今上海路南侧附近。尹家庄因清初尹姓居民居于此处而得名，属曾经的尹家渠村。今天，已住进城市小区的昔日尹家渠村人，还记得这条渠的样子。当年尹家渠沿途浇灌的田地里有小麦、水稻、蔬菜等。每年开闸放水的时候，可以在这条宽约5米的水渠里玩水、捞鱼，也是村里孩子们最开心的时候。

20世纪70年代中期之后，随着城市道路建设，最初的尹家渠被逐渐填平并最终消失。这一带田地的灌溉，改由从拓宽后的杨召渠引水的两条南北向支渠，替代原先尹家渠的作用，村民们习惯上还是将这两条支渠称为尹家渠。1999年后，随着城市的建设发展，这两条支渠连同杨召渠都渐趋消失。尹家渠虽已不在，但尹家渠这三个字，却一直都在——渠水附近一条20世纪60年代始修的田间小路，在城市的不断发展变迁中，于2008年被命名为尹家渠街。

2012年，阅海万家跨典农河桥梁工程开始实施。2014年，随着六盘山路上的“七孔桥”，新华西街、湖滨西街跨唐徕渠桥梁，以及尹家渠街至阅海万家的跨典农河大桥的先后建成，这些城市新桥梁的命名工作也开始启动。其中，尹家渠街至阅海万家的跨典农河大桥和六盘山路上的七孔桥，是在向社会公示过程中，由市民投票选出，

悦心桥夜景——丽桥碧水，万家灯火

分别命名为“悦心桥”和“七子湖桥”。

如今，据在阅海万家居住的老人们回忆，早年间，金家庄一带农业生产落后，农民种田用水只管灌溉，不管排水，任其自流到低洼处，逐年淤积，致使土壤盐碱化日益加重，还由此形成众多大小湖泊；到了冬季早春时节，湖水结冰，大地一片白茫茫的盐渍，成为银色的世界。

如今，阅海万家旁悦心桥下碧水清流，美丽的典农河景观水道穿行其间，一旁的大、小西湖连通为浩渺的阅海，丽桥、碧水、人家，构成一幅动人的塞上水意画卷。

阅海湖

阅海大桥

桥梁概况

阅海大桥位于银川绕城高速公路西北段，高速公路跨阅海国家湿地公园处。2005 年 9 月 28 日开工建设，2008 年 8 月 2 日全线完工并通车，时为银川绕城高速公路上主桥跨径最大的一座桥梁。2018 年 5 月，大桥曾进行加固维修。阅海大桥跨径组合为 11×30 米 +30 米 +3×80 米 +30 米 +17×30 米，其中主跨桥跨径组合为 30 米 +3×80 米 +30 米，总长 1150 米，共三十三跨，桥面宽 26 米。主桥采用五孔中承式钢管混凝土系杆拱。引桥上部为 3×30 米 +2×（4×30 米）和 2×（4×30 米）+3×（3×30 米）先简支后连续装配式箱梁，下部为双柱式桥墩，桥台为肋板式桥台，墩台基础均为钻孔灌注桩基础。桥面双向四车道，行车道宽 23 米。车辆荷载等级公路 - Ⅰ级，限载吨位 20 吨，设计行车速度为主线 100 千米 / 时。

阅海大桥——阅海之上一颗璀璨“宝石”

桥梁故事

夜晚，沿着亲水北大街向北走，过了环阅海公路，远远地就能看到一条东西绵延的灯带。灯带上，三颗连缀在一起的璀璨“黄宝石”格外引人注目。这条灯带，是银川北绕城高速公路两边的路灯，而这三颗“宝石”，便是位于银川北绕城高速公路跨阅海处的阅海大桥。

阅海大桥是银川绕城高速的重要组成部分，于2005—2008年建设，随着银川绕城高速公路的完工，正式通车。

阅海大桥东西横跨宽广的阅海，桥位处湖面宽约300米，水深2米。因桥梁穿越阅海湖国家湿地公园，故对桥梁景观也有较高的要求。

大桥上部结构设计中，主桥采用三肋五孔中承式钢管混凝土系杆拱桥。采用钢架结构体系，为自平衡飞鸟拱。拱肋为钢管混凝土，截面为哑铃形。拱肋采用三道，中央分隔带处设一道，使得道路上、下行线位于中肋两侧。该桥型能充分发挥混凝土材料的抗压强度，用环氧喷涂钢绞线拉索作为系杆拉至边跨端横梁处，锚固于端横梁外侧，以此预应力平衡拱的水平推力。主桥中孔较大，边孔较小，从美观方面看取得了良好的效果。拱肋采用三道，有利于道路的横向布置，同时增强了结构的稳定性和抗震性。

下部结构设计中，承台采用钢筋混凝土，承台顶面设四棱台拱座，横向做成整体式。每个承台下设12个钻孔灌注桩。分隔墩采用柱式墩，盖梁横向做成整体式，墩柱采用3根，承台横向做成“王”字形，采用钢筋混凝土，每个承台下设6个钻孔灌注桩。

针对阅海特大桥工程施工中的关键部位，为消除工程质量的通病，技术人员采取了一系列行之有效的措施，效果良好。

针对混凝土外观质量比较差的问题，首先控制不用粉煤灰做掺加剂生产的粉煤灰硅酸盐水泥，采用添加煤矸石的矿渣硅酸盐水泥，保证混凝土色泽均匀；其次控制粗集料、沙子，从定产地、定规格、定颜色入手，重视粗集料的清洗和细集料的筛滤工作；采用大块件拼装模板，减少接缝数量。

针对钢管拱桥拱座（超大体积），混凝土内外温差过大产生的裂缝问题，埋设降温冷却管，采用冷却管循环降温技术，用PVC管代替钢管做冷却管，既能起到预期效果，又能大大节省成本，缩短安装时间。针对孔道压浆质量难以保证问题，全线桥梁预应力孔道全部使用了真空压浆技术。此外，为了防止钢管拱焊接缺陷，采用埋弧自动焊技术，不仅焊接缺陷少，而且大大缩短焊接时间，仅一个环缝的焊接时间从2天缩短到15分钟。

阅海大桥的建成及所在银川绕城高速的贯通，连接起了G6京藏高速公路和G20青银高速公路，将银川与全国高速路网连通，完善了全国主骨架公路网和宁夏干线公路网，改善了城市交通环境，对促进银川市甚至自治区社会经济发展具有十分重要的作用。

对于银川市民来说，这座桥更体现在他们的生活的细微处。大桥建成后，从西夏区去往贺兰县，如果想避开市区内车辆高峰期的拥堵，可以选择从绕城高速的阅海大桥上通过，十几分钟就能到达贺兰县。

阅海大桥建成后，因其亮丽壮观的造型，很快便成为银川城北一座地标性的建筑。当你远途归来，晚上开了较长时间的车，有点累，但远远看见这座灯光璀璨的桥，感觉人一下子就精神起来了——看到它，就知道家不远了。

阅海湾中央商务区

银川阅海湾中央商务区，坐落于阅海湖之畔，是一个以三产服务为主的服务业园区。作为自治区、银川市对外开放的重要窗口，该园区布局建设了数字经济产业园、科技服务产业园、人力资本产业园、金融信息集聚区“三园一区”，产业发展初具规模。园区先后被评为自治区现代服务业集聚区、自治区创业孵化示范园区、自治区及银川市级创业孵化示范基地。

商务区占地面积约7278亩，园区内与阅海连通的U型水系上，桥梁众多，桥型美观，兼具通行与景观功能，共16座，建造于2011年7月至11月间。

阅海湾中央商务区

晴虹桥

桥梁概况

晴虹桥位于商务区内的南海路西段，在新丝路西段与阅海路西段之间。桥梁走向为东西向。建于2011年10月。钢筋砼人行、车行单跨板桥，跨度17.44米，长25.1米，桥面宽18米。

晴虹桥

阅海湾中央商务区

余庆桥

桥梁概况

余庆桥位于商务区中海路西段，新丝路西段与阅海路西段之间。桥梁走向为东西向。建于2011年10月。钢筋砼人行、车行单跨板桥，跨度14米，长22米，桥面宽32米。

余庆桥

通河桥

通河桥

桥梁概况

通河桥位于商务区大连路，新丝路西段与阅海路西段之间。桥梁走向为东西向。建于 2011 年 11 月。钢筋砼人行、车行单跨板桥，跨度 17.44 米，长 25.45 米，桥面宽 50 米。

阅海湾中央商务区

龟兹桥

桥梁概况

龟兹桥位于商务区团结路南线，新丝路西段与阅海路西段之间。桥梁走向为东西向。建于 2011 年 10 月。钢筋砼人行、车行单跨板桥，跨度 14.44 米，长 32 米，桥面宽 16 米。

龟兹桥（下）

楼兰桥

阅海湾中央商务区

楼兰桥

桥梁概况

楼兰桥位于商务区团结路北线，新丝路西段与阅海路西段之间。桥梁走向为东西向。建于 2011 年 10 月。钢筋砼人行、车行单跨板桥，跨度 14.44 米，长 32 米，桥面宽 16 米。

阅海湾中央商务区

宁静桥

桥梁概况

宁静桥位于商务区凤临街，新丝路北段与阅海路北段之间。桥梁走向为南北向。建于 2011 年 10 月。钢筋砼人行、车行单跨板桥，跨度 13.62 米，长 21.12 米，桥面宽 18 米。

宁静桥

厚德桥

阅海湾中央商务区

厚德桥

桥梁概况

厚德桥位于商务区双子街，新丝路北段与阅海路北段之间。桥梁走向为南北向。建于 2011 年 10 月。钢筋砼人行、车行单跨板桥，跨度 14 米，长 22 米，桥面宽 32 米。

阅海湾中央商务区

致远桥

桥梁概况

致远桥位于商务区凤舞街，新丝路北段与阅海路北段之间。桥梁走向为南北向。建于 2011 年 10 月。钢筋砼人行、车行单跨板桥，跨度 13.62 米，长 21.12 米，桥面宽 18 米。

致远桥

尚贤桥

阅海湾中央商务区

尚贤桥

桥梁概况

尚贤桥位于商务区新丝路，秀水街与西湖街之间。桥梁走向为45° 南北向。建于 2011 年 10 月。钢筋砼人行、车行单跨板桥，跨度 17.44 米，长 23.6 米，桥面宽 18 米。

阅海湾中央商务区

崇德桥

桥梁概况

崇德桥位于商务区后海路，秀水街与西湖街之间。桥梁走向为东西向。建于2011年10月。钢筋砼人行、车行单跨板桥，跨度11.5米，长20.1米，桥面宽32米。

崇德桥

弘志桥

弘志桥

桥梁概况

弘志桥位于商务区团结路北线，新丝路东段与阅海路东段之间。桥梁走向为东西向。建于 2011 年 10 月。钢筋砼人行、车行单跨板桥，跨度 14.44 米，长 32 米，桥面宽 16 米。

阅海湾中央商务区

弘毅桥

桥梁概况

弘毅桥位于商务区团结路南线，新丝路东段与阅海路东段之间。桥梁走向为东西向。建于 2011 年 10 月。钢筋砼人行、车行单跨板桥，跨度 14.44 米，长 32 米，桥面宽 16 米。

弘毅桥

会弘桥

会弘桥

桥梁概况

会弘桥位于商务区新丝路东段，团结路北线与团结路南线之间。桥梁走向为南北向。建于 2011 年 10 月。钢筋砼人行、车行单跨板桥，跨度 15.22 米，长 21 米，桥面宽 18 米。

阅海湾中央商务区

通泰桥

桥梁概况

通泰桥位于商务区大连路，新丝路东段与阅海路东段之间。桥梁走向为东西向。建于 2011 年 11 月。钢筋砼人行、车行单跨板桥，跨度 17.44 米，长 26.99 米，桥面宽 50 米。

通泰桥

明德桥

阅海湾中央商务区

明德桥

桥梁概况

明德桥位于商务区中海路，新丝路东段与阅海路东段之间。桥梁走向为东西向。建于 2011 年 10 月。钢筋砼人行、车行单跨板桥，跨度 14 米，长 22 米，桥面宽 32 米。

阅海湾中央商务区

亲仁桥

桥梁概况

亲仁桥位于商务区南海路东段，新丝路东段与阅海路东段之间。桥梁走向为东西向。建于 2011 年 10 月。钢筋砼人行、车行单跨板桥，跨度 17.44 米，长 24.74 米，桥面宽 18 米。

亲仁桥

七子连湖、华雁湖、北塔湖

七子连湖

七子湖桥

桥梁概况

七子湖桥位于六盘山中路与正源南街交叉口向东 1.3 公里，六盘山中路跨七子连湖处。所在道路等级为城市主干道。2012 年 6 月竣工。桥梁跨径组合 25 米 +5 × 35 米 +25 米，总长 228.6 米，总宽 48 米，行车道宽 32 米，为八车道。上部结构类型为变高度连续梁，板式橡胶支座，重力式桥墩。荷载等级公路 - Ⅰ级，限载 20 吨。伸缩缝类型 GQF-C40，抗震设防烈度 8 度。桥梁设计单位为泛华建设集团有限公司 - 中国市政西北设计研究院有限公司联合体，建设单位为银川市市政建设综合开发公司，施工单位为银川市第一市政工程有限公司，管理、养护单位为银川市市政工程管理处。

七子湖桥——金光穿洞

桥梁故事

七子湖桥，是银川城区南部一座非常有特色的景观桥梁、一处银川人钟情的“网红打卡地”，其优美壮丽的造型，堪称城南地标。

银川自古多湖泊，有些湖泊在不同的时期，受自然因素、人为因素等影响，经历湖域、名称等各种变迁。七子湖桥所跨越的这座七子连湖，就是一个比较典型的例子。

七子连湖所在位置，昔日为丰盈堡和宁城之间一带区域。这一带无论是在清代志书的记载里，还是民国时期的地图中，都分布着连绵众多的湖泊。1935 年的《宁夏全省渠流一览图》所示，这带有一处南北绵长的巨大湖泊，名称即为“七子连湖”，不过面积要远远大于今天我们所称的七子连湖，其北端一直到今保伏桥一线，然后往北勾连绵延与同样巨大的西湖（今阅海湖）相接，形成真正意义上的规模浩大的“连湖”盛况。在 1936 年的《夏朔两具各渠退水沟道形势图》里，这座湖泊又被标注为“银水湖”。

20 世纪 80 年代的银川地名图里，这处浩大的湖泊已经无从看到，今七子连湖所在区域，有一处名为“七十二连湖”的湖泊，南侧是被第二排水沟斜穿而过的亮水湖。《银川市地名志》对“七十二连湖”这处湖名是这样介绍的：原为纵贯今永宁县、银川市、贺兰县域湖泊的总称。古已有之。今银川市城区南 1.2 公里、金凤区良田镇内尚有其存留之一泓，仍沿用此名。

2013 年，银川市实施了扩大湿地水域面积挖湖工程，将此处原先分散的几个湖泊连接到一起，形成 2.48 平方公里水域的七子连湖。与 20 世纪 80 年代的地图比对，今天的七子连湖主要是当时七十二连湖靠南一部分的留存，与南侧的亮水湖汇通后形成的水域。

七子湖桥所在的六盘山路，在最终东西贯通银川市区前，经历了不同时期各路段的修建。2012 年 6 月，当时东、西两端还分别为丽景街和亲水大街的六盘山路，全段实现建成贯通，不仅填补了银川市城市南部无主要干道的空白，还与东部丽景街、北部贺兰山路、西部宏图街形成当时银川的城市主干环路，对于缓解市区交通压力，完善市区路网骨架，方便群众出行，促进城市发展起到了重要作用，为兴庆区及金凤区南部的进一步开发建设提供了良好的条件。

当年六盘山路贯通的意义重大，而作为这条道路建设中重要连通节点之一的七子湖桥，便是在这一时段诞生。七子湖桥设计采用人字形纵坡，竖曲线顶点位于桥梁中部。桥梁纵向采用连续梁桥体系，全桥七孔一联布置。基础为钻孔灌注桩，实体墩台主梁采用∏形截面，变高度连续梁，支点梁高 6 米，宽度 1 米，跨中梁高 1.5 米，后张法施工完成。主梁桥面宽 48 米，结构横向分为 3 幅，其中边幅宽 7 米，中幅 33.96 米，中、边幅之间设 2 厘米构造缝；主梁沿纵向由跨中向桥墩每隔 4 米设一道隔板，隔板厚 25 厘米，距梁底 0.2 米，中横梁和相邻隔板在底板连为一体。

建成的七子湖桥，其主梁具有超宽超重、深梁薄壁、棱角多、层次感强的特点。桥梁所采用的预应力后张法拱形变截面连续梁桥的施工工艺，当时在西北地区尚属首次。同时，该桥将现代的桥梁技术和古典桥梁造型和谐统一，具有很好的景观效果。

2012年9月，七子连湖治理工程也彻底完工，主要在七子湖桥以北300米处设置一处水位落差0.9米的溢流堰，连接上游湖水，并将大桥以南约100米至大桥以北约300米范围清淤、开挖。工程的实施使景观大桥两侧湖面互通连接，既美化了道路景观，又提高了湖泊的蓄水功能。随后，七子连湖的补水工程也彻底完工，湖区保留原生态自然景观，造就碧湖绿苇、莺飞草长和“湖融于城中，城纳于湖中”的美景。

而跨湖而过的七子湖桥，更是完美融入这一生态美景之中，成为银川城南一处地标性建筑。夏日时节，湖中芦苇青青、波光粼粼，七子湖桥横跨其间，夜晚时灯光璀璨，已成为银川人观光休闲的新景致。

七子湖桥

华雁湖

宁安桥

桥梁概况

宁安桥位于宁安大街与宝湖中路交叉口向北250米，宁安大街跨典农河处。所在道路等级为城市主干道。2003年建。桥梁跨径组合2×28米，长48米，总宽60米，行车道宽30米，为八车道。桥梁类型为桁架拱桥，上部结构类型桁架拱片＋微弯板，薄壁式桥墩，钻孔灌注桩基础。荷载等级汽-20吨、挂-100吨，限载吨位20吨。抗震设防烈度8度。桥梁设计单位为银川市规划建筑设计研究院有限公司，建设单位为银川市城市建设投资控股有限公司，施工单位为宁夏水利水电工程局，管理、养护单位为银川市市政工程管理处。

桥梁故事

宁安桥从华雁湖中部连接水系处穿过，将湖域一分为二，笔直宽阔的宁安大街从桥上穿过，一路伸展向远方。

华雁湖湖域西靠亲水南大街，东至宁安大街东侧美高街，南临宝湖中路，北近凤悦巷，是典农河水系穿越银川市区段的一个重要组成部分。华雁湖之名，推由古时“化牙湖”演变而来。清（乾隆）《宁夏府志》记载：“……化牙湖……皆在丰盈堡。”即今华雁湖所属地域（华雁湖在原良田乡盈南村辖域，盈南村因位于古丰盈堡南而得名）。1936年《宁夏省水利专刊》所附《夏朔两县各渠退水沟形势图》中所示，此处

宁安桥——一座平安之桥

地域有“化一湖”一处，其与南侧银水湖（今七子连湖），北侧罗家湖、王家湖均相互连通，再往北，王家湖亦与金陵湖和池子湖（今二湖皆属阅海湖）相接，湖水绵延连通，同属“七十二连湖”盛景之列。

在当地人的记忆中，早年间华雁湖还是一处郊野之中的“野湖”，芦苇丛生，湖周边是连片的稻田。后来“围湖造田”盛行，华雁湖大面积萎缩，水域面积越来越小，湖泊中的芦苇也消失了。

21 世纪初，银川提出“塞上湖城”的规划构想。2002 年，银川市实施了 32 处湖泊、沼泽湿地的保护工程，保护与恢复湿地面积 1.2 万公顷，典农河水系连通工程就此开启，连通的众多沟道、湖泊中，就包括华雁湖。2015 年，作为银川市政府当年为民办“十件实事”之一，华雁湖景观再次得以提升。栽种绿植，新建亲水平台广场、沙滩……

从 2017 年开始，随着银川市妇女儿童活动中心落户华雁湖周边，又实施了华雁湖儿童公园段景观提升工程，新建园林建筑小品，配备艺术秋千、跷跷板等儿童游戏设施……昔日默默无闻的华雁湖，成为城市中一处宜居、宜游的美景之地。

与华雁湖的变迁历程相伴相随的，还有如今穿过这片湖水的宁安大街，也是从无到有，开拓建设，一路伸展。有人曾这样描述宁安大街：只有站在这条大街上，才能最真切地感受到银川的雄浑与灵秀。以这条街道为轴线，往东 20 公里是黄河，往西 20 公里是贺兰山。山水之间，它居其中，可谓豪婉并重。

宁安大街建成于2003年10月1日，是当时银川市向国庆献礼的城市四大工程之一。此街道的改造及打通工程长 1.74 公里，道路宽 60 米，纵贯银川高新技术开发区并与新区相连接，与银川市行政中心和人民广场形成一条新的城市主轴线。大街取名“宁安”，寓意宁夏平安、祥和。而身在此街的宁安桥，也是桥因路名，寓意吉祥。

这条街道不仅名寓吉祥，而且充满蓬勃生机。大街的北端，坐落着自治区、银川市各级行政机构，以及宁夏科技馆、宁夏博物馆、宁夏图书馆等地标性文化场所；往南行，在宁安大街沿途分布着银川经济技术开发区、紫荆花商务中心、小巨人机床公司……这里作为银川科技创新的重要基地，拥有着“国家高端装备制造示范基地”“国家双创示范基地”“国家行业标准试点”等一个个重要平台，成为全国科技开发区发展中的新兴力量。

一路向南，过了长城中路不远，就是位于宁安大街与宝湖路交会处的华雁湖，宁安桥即坐落于此。宽阔雄壮的桥体纵跨风光旖旎的华雁湖，路与桥，桥与湖，融为一体，构织出一派生机盎然的水意美景。在城南一家科技公司上班的一位年轻市民说，每天上下班他都会从宁安桥上经过，有时会特意停下来在桥边、湖畔散散步，这一带是很多有志青年创业的造梦空间。近几年，宁安桥旁变化巨大，宁夏儿童医院、银川市妇女儿童活动中心、iBi 育成中心都落户于此。这些，都吸引着人们在这里工作、安家。

宁安街上的宁安桥，宁安桥边的华雁湖……一个个祥和而富有生机的名字，就这样串缀在这片蓬勃发展的土地上，与生活在此的人们一起抚今追昔、见证未来。

宝塔桥

桥梁概况

宝塔桥位于贺兰山东路与天平街交叉口向东740米，贺兰山东路跨北塔公园水系处，属景观拱桥。所在道路等级为城市主干道。桥梁跨径组合3×27米，长81米，宽60米，行车道宽30米，为九车道。桥梁类型为拱桥，上部结构类型钢筋砼拱圈，板式橡胶支座，伸缩缝类型GQF-C40。荷载等级汽-20吨、挂-100吨，限载吨位20吨。抗震设防烈度8度。桥梁设计单位为宁夏交通厅设计院，建设单位为宁夏交通厅，施工单位为宁夏金龙路桥公司，管理、养护单位为银川市市政工程管理处。

桥梁故事

远观宝塔桥，有种雄浑苍劲之感，3个跨径近30米的桥拱依次相连，横跨于碧波之上。置身桥上，长81米、宽60米的体量，让人心生自我渺小之感。倚栏北望，典农河景观水系水清苇绿；展目向南，北塔湖水碧波荡漾。望北，是一栋栋现代化的高层楼宇；眺南，一座雄浑沧桑的古塔矗立远处。

宝塔桥的得名，与这座千年古塔密不可分，它就是银川人熟悉的海宝塔，亦被人们亲切地称为北塔。桥下这浩荡碧波即因其而名北塔湖，“城中福地”海宝公园亦因之而名。

海宝塔，九层十一级楼阁式砖塔，通高53.9米。虽始建年代未有史载，但据考证至少距今逾1600年，是宁夏现存修建时间最早的一座佛塔。宁夏现存最早的地方志书明《宁夏志》记载：“黑宝塔寺，旧址在城外，教场西北。”

宝塔桥

黑宝塔，即今海宝塔。这说明，至少在此时，海宝塔已经存在了。当然，这还远不是它的开端。

明万历年间(1573—1620年)的《朔方新志》中提道：“黑宝塔，赫连勃勃重修……”这是目前可知关于海宝塔修建年代最早的记载。

那么海宝塔的名称又包含着怎样的寓意?“海宝塔”一称始见于清(乾隆)《宁夏府志》。此前志书均记载为“黑宝塔”。(乾隆)《宁夏府志》及民国《朔方道志》上，又称其为“赫宝塔”。宁夏已故文史专家贺吉德曾对此进行考证，他认为此塔曾被赫连勃勃重修，所以被称为“赫连勃勃塔”或简称为“赫勃塔”是符合情理的，赫勃塔—赫宝塔—黑宝塔—海宝塔，其实是同一名称的发音演变。

“海宝塔”之称自清代见于记载，其后便广为流传。如今，它不仅是塔名，还衍生出社区、道路等名称；同时，其俗称“北塔”，也很早就衍生出北塔乡，至今还有北塔村、北塔社区等名称存在。北塔湖、海宝公园，乃至宝塔桥，都是这一古塔之名的衍生。

进入现代社会以后，散落于我们身边的古塔，早已超越了单纯佛塔的功用，被赋予更多内容，而成为一处古迹、一种景观，成为一份记忆的载体、一个地理上的坐标、一种文化上的寄寓……

宝塔桥，即是如此。

典农河水域是银川市区桥梁较集中的地方，桥上人来人往，车辆穿梭不息

新水有新桥

2002年，银川市实施了32处湖泊、沼泽湿地的保护工程，保护和恢复湿地面积1.2万公顷。典农河的水系连通工程就此开启。到了2004年，全长32公里的典农河竣工。

“十三五”以来，银川市实施银西河水系连通工程、滨河水系湿地扩整连通等一批重点水系连通扩整工程，增加水系长度近70公里，新增水域面积0.75万亩，连通滨河水系、典农河、银西河“三纵”水网，打造和谐宜居的水生态环境。

本章所称“新水”，即指以上遵循生态发展理念，在银川这片土地上诞生的新水系。以这些“新水”的诞生为标志，一个“水清、河畅、岸绿、景美”的水生态画卷，已在银川徐徐展开。本章所列举的“新水之桥”，便是点缀在这幅生态画卷上的一个个不可或缺的美丽元素。

典农河

典农河南起永宁县李俊镇西邵村的新桥滞洪区，北至石嘴山市惠农区园艺镇石嘴子公园的滨河广场处流入黄河，跨银川市永宁县、西夏区、金凤区、兴庆区、贺兰县和石嘴山市平罗县、惠农区等两市六县（区），全长 180.5 公里。

典农河主河道 2003 年开工建设，2005 年投入运行，2008 年全面建成。典农河沿途汇入第二排水沟、平二支沟、方家圈沟、三二支沟、第三排水沟等 10 条沟道，承接银西防洪 6 个拦洪库和 2 个滞洪区来水，沿途连接七子连湖、华雁湖、西湖、阅海湖、北塔湖、沙湖等湖泊湿地，形成水面近 7 万亩，是集农田排水、防洪泄洪、城市景观、生态建设为一体的重点水利工程，也是宁夏建设节水型社会的标志性工程之一。

典农河之名，取自银川市前身的北典农城。始筑于西汉元鼎五年（前 112 年），距今 2100 余年。典农是汉代管理移民屯垦开发边疆的一个农业机构，这一机构的长官叫典农都尉。典农河这一地名，反映出宁夏平原的农业开发历史悠久，也体现出了黄河文化、移民文化、塞北江南农耕文化的多元文化特色。

一道水灵动一座城，一条河串起一众桥。让我们沿着典农河绵长的步履，感知一座座跨河之桥的动人故事吧。

典农河

银盘桥

桥梁概况

银盘桥位于六盘山路与亲水南大街交叉口以西30米，六盘山路跨典农河处，长75米，宽52米。2019年6月命现名。

银盘桥——鼓帆远航，驶向未来

桥梁故事

银盘桥所在的六盘山路，作为银川城区南部的一条东西向规划主干道，在东西贯通银川市区前，经历了不同时期各路段的修建。2011 年 8 月，六盘山路丽景街至燕庆路段开工建设，道路全长 937 米，宽 60 米。2012 年 6 月，历经 14 个月的建设，全长 7.7 公里的六盘山路丽景街至亲水大街段竣工通车。与此同时，六盘山路通达街至包兰铁路段也在紧张建设中，该路段于 2012 年底建成通车。

至此，西起丽景街、东至包兰铁路线的六盘山路，只剩亲水大街至通达南街之间的一段尚未实现连通。2015 年 6 月，此段道路完成工程招投标工作，施工企业开始进场施工。而位于此段道路东起点的跨典农河桥，也早于此之前开工建设，并于 2015 年 10 月基本完工。

2016 年 8 月，六盘山路打通段（亲水大街—通达南街）建成通车。道路宽 60 米，长 2.7 公里，工程主要包括道路、桥涵、给水、雨水、路灯及交通设施等附属工程。原先止步于亲水大街处的六盘山路，由此通过银盘桥向西延伸，与之前已建成的通达街以西的路面实现衔接。作为当时银川市“七横十六纵”交通路网的主干工程，银川市区南部这条通衢大道，真正实现了东西全线贯通的目标，完善了市区路网骨架，拓展了银川市城市发展空间，为兴庆区及金凤区南部进一步开发建设创设了良好的条件。

如今，当你驱车行驶在宽阔笔直的六盘山路，一路的风景中，银盘桥一定是座让你过目难忘的桥。尤其是桥面上的悬索造型，像一双展翼向西的飞鸟之翅，又像一只潜游于典农河水中的鱼儿背鳍，更像一艘宏伟大船上的风帆，鼓帆远航，驶向银川美好的未来 。

塔渠街典农河桥

桥梁概况

塔渠街典农河桥位于塔渠街与湖畔路交叉口向北 100 米，塔渠街跨典农河处。所在道路等级为城市次干道。2013 年 4 月改造。桥梁跨径组合 7×20 米，总长 140 米，总宽 30 米，行车道宽 15 米，为五车道。简支板桥，上部结构类型为钢筋砼板，板式橡胶支座，钻孔灌注桩基础，桩柱式桥墩。荷载等级城 -A 级，限载吨位 20 吨。伸缩缝类型 GQF-C40，抗震设防烈度 8 度。2013 年在主桥三孔 20 米预应力空心板两侧修建各二孔 20 米的假孔。主桥南北两侧各建一座人行主体通道，采用钢筋砼箱型结构，主体现场浇筑，人行通道长均为 30 米，宽 3 米，高 2.7 米。管理、养护单位为银川市市政工程管理处。

桥梁故事

塔渠街典农河桥算不上宽，但却称得上长，100 多米的修长身姿，让它在这一带的典农河桥梁中，显得有些特别。桥梁南临七子连湖，东近唐徕渠，桥下水流原为三一支沟水道，现已连通于典农河水系。三一支沟为 1953 年所建排水沟，东南自银川市原郊区良田乡境内唐徕渠宁城（退水）闸起，至原银新乡吴家庄东汇入四二干沟，长约 7.5 公里。此处即位于其起始段，其东侧唐徕渠西岸有闸 1 座，即宁城闸。此闸得名，应来自 1949 年之前此地所属的宁城区划，与今北京路西原银新乡宁城村得名没有关联。

塔渠街典农河桥——湖畔长桥，见证今昔

此桥之上，塔渠街南北伸展，南端起于七子湖大桥西南，北端止于宝湖中路，向北与宝湖隔街相望。塔渠街得名于此处原有的迎塔渠，为良田渠支渠，西南至东北流向，渠尾汇入七十二连湖（今七子连湖），今已无存。

今天的塔渠街典农河桥附近，因有七子连湖、典农河、宝湖的存在，颇有水乡风貌。原先的三一支沟已汇入水色秀丽的典农河水系，昔日穿行于农田间的迎塔渠也消逝于一片片高楼林立的现代化居民住宅区之中，唯余这一处处精心治理、修浚过后的水流、湖域，呼应着当年，见证着变迁。

2022 年，在银川市实施的交通疏堵“6+N”系列工程中，金凤五路的建设，为银川市区的城南区域增添一条新的东西走向城市要道，而这条路就将从塔渠街典农河桥旁穿过。

较长时间以来，塔渠街附近的鲁银城市公元、湖映康晨、宝湖福邸、宝湖锦都等多个居民小区，数万市民每天都面临着早晚高峰单向车流汇集宝湖路后车流量大、严重拥堵等问题。人们早已期盼有一条路能够有效分流，实现该区域东西向的有效连通，让这一片区的居民出行不再难、不再堵。

规划中的金凤五路跨越唐徕渠，与凤凰街分离式立交，东西两侧分别沿星光华小区、鲁银城市公元小区南侧布设，西端最终与正源街相接。从地图上可以看到，这条路就位于宝湖路与六盘山路之间，作为一条城市干道，分流这两条道路的车流，减轻它们的交通压力。

值得一提的是，这条道路，不仅可以解决交通问题，还是一条美丽和特别的路。道路从设计理念到施工论证，体现着对生态保护的重视。一方面，道路沿线为水意盎然的七子连湖、典农河；另一方面，道路沿线原有树木生长，为了保护这些树，道路设计时特意在路中间留下了 9 米宽的绿化带，大树既可为车辆行驶提供安全隔离措施，也可为车辆和行人提供遮阳作用，而道路在坡度等方面的精心设计，也让雨水可以排到绿化带中补充浇灌，“海绵城市”理念的运用，将让生态实现良好的循环自洽。

一条碧波荡漾的河，一座风光旖旎的湖，一道即将落地的美丽的路……塔渠街典农河桥旁的明天更加令人期待。

典农河

正源街典农河桥

桥梁概况

正源街典农河桥位于正源南街与湖畔路交叉口向北370米，正源南街跨典农河处。所在道路为十车道。

桥梁故事

正源街典农河桥，其下所跨水流原为三一支沟沟道，今已融入典农河水系。桥址附近，旧有小桥1座，南北向，为乡间公路跨越三一支沟桥梁。旧时此道路，北起银新铁路线附近，向南笔直而行，沿线穿过保伏沟、三一支沟等，行经李家大庄、徐家庄、梁家庄、五里台、阎家庄、汪家庄等庄点，南端与良田渠上的魏家桥相接。此外道路沿线，原有大沙渠、高渠相伴而行，今均已无存。

梁家庄与徐家庄，分别位于昔日那座小桥的南北两侧附近。梁家庄因清初梁姓居民居此得名，聚落在高渠两侧，曾名五里台大队第七生产队；徐家庄，自清代以姓氏得名，亦称“徐铁匠庄”，聚落在大沙渠西侧，曾名保伏桥大队第三生产队。

今桥址附近的居民小区，东有保伏桥新村，西南有五里水乡、五里湖畔、五里宜居，皆为当年这一带地情地貌之反映。

今天这座正源街典农河桥的诞生，一则离不开2003年开始的典农河水系治理及连通工程，二则便是从今桥穿行而过的南北长街——正源街。

正源街，得名于银川古城的西门“镇远门”。镇者，镇服之意；远者，遥远也。明代宁夏镇城（今银川）西门外有贺兰山，山后则连荒远大漠。同时，贺兰山后就是蒙古各部落的活动范围，他们常越过贺兰山口与宁夏明军发生争战，故命名西门为镇远门，亦取对山后蒙古部震慑、威服之意。

21 世纪初，在对正源街进行命名时，因其方位与镇远门相对，当时参与命名的吴忠礼先生便提出依此门名取名的建议，并得到采纳。同时，因“镇远”有歧视意味，故音转为“正源”，取其“正本清源”之意。

而说起正源街的形成，其早的雏形为位于银川原郊区的“西二环路”。1985 年，随着城市建设的发展，银川市开始在原西环路（今凤凰街）之西，建设新西环路，即西二环路。这段路北起银新北路（今黄河路），向南延伸至今长城路处，再折向东南与保伏桥相接，就像一条“短弧”，长度不过 2.3 公里。这便是正源街最初的模样。

此后，这条短短的街道开始向南北两边不断伸展。至 2003 年，正源街已向南穿过银新专用铁路、三一支沟（今典农河），直至六盘山路一线。其今天与湖畔路交叉口以北的路段，正是昔日那条南北向的乡间道路。而我们说的这处跨典农河桥，正是在那一时期正式形成。

如今的这处典农河桥，虽然长度很短，却因正源街十车道的体量而宽阔非常。遥遥相望的两道洁白的栏杆，中间是黑色的柏油路面和规整的绿化隔离带。桥栏两侧，垂柳依依，清亮的典农河水从绿荫里穿过，静静流过宽阔的桥梁，流向这城市的更深处……

典农河

宝湖路典农河桥

桥梁概况

宝湖路典农河桥位于宝湖中路与宁安大街交叉口向东160米，宝湖中路跨典农河处。所在道路等级为城市主干道。桥梁跨径组合1×8米，长8米，宽21米，为六车道。简支板桥，上部结构类型为钢筋砼板，板式橡胶支座，钻孔灌注桩基础。限载吨位20吨。伸缩缝类型GQF-C40，抗震设防烈度8度。管理、养护单位为银川市市政工程管理处。

桥梁故事

此处桥梁所跨水流，原为三一支沟沟道，今连通于典农河水系。桥北为华雁湖，原为郊区田野间的一处“野湖”，湖域与三一支沟、洪盐沟等相连，现与典农河水系连通，成为城市中的一处美丽湖泊。四周遍布居民住宅区，银川市妇女儿童活动中心、银川市文化艺术馆坐落于北侧湖畔。

桥西南原有华雁湖庄，俗称“马家稍子”，为五里台村下辖自然村，曾名五里台大队第九生产队，以庄北华雁湖而得名，聚落在三一支沟、原洪盐沟交叉口附近，今为繁华的城市居民住宅区。

宝湖路典农河桥——华雁湖边，桥在景中

典农河

丰盈桥

桥梁概况

丰盈桥位于宝湖路与亲水南大街交叉口以西 30 米，宝湖路跨典农河处。长 100 米，宽 60 米。五跨大桥，桥下两侧各设一人行通道。桥面呈微拱形，两侧桥栏由方形水泥柱与铁质栏杆组成，美观大方。2018 年 9 月竣工通车。2019 年 6 月命名。

桥梁故事

丰盈桥所在的宝湖路，因坐落于其路南、银川人熟悉的宝湖而得名，最初修建于 1998 年，当时还叫南环二路。其后这条位于银川市区南部的东西向干道，逐渐开始向两边延伸，最终成为今天东起兴庆区塔白路，贯穿金凤区，西至西夏区银西河的绵延长路。

丰盈桥——新桥古名，往事悠悠

2017 年 8 月，宝湖路自亲水大街向西打通段开始建设。2018 年 9 月 2 日，宝湖路跨典农河大桥（即丰盈桥）及其延伸段正式竣工通车。全新的丰盈桥，就在此时展现于银川人的眼前。

宝湖路跨典农河及其延伸段全长 2.9 公里，使原先止步于此的宝湖路继续向西延伸。路段的成功打通，也让亲水大街与通达街之间又多了一条便捷的快速通道，有效缓解了周边道路的交通压力。

作为此次打通工程的一个重要节点，丰盈桥在很好地提供通行功能的同时，其造型设计与建筑风格也别具匠心，成为典农河上又一座代表性景观大桥。远观丰盈桥，大桥共五拱，每跨顶部均呈微拱形，横跨于典农河碧波之上，雄壮而大气。因地处景观水系，为便利两侧游园行人通过，这五拱的两侧又分设一行人通道，使桥体更像是多了两拱，桥身更显颀长美观。

近观丰盈桥，它最迷人之处藏在桥体之下。由行人通道入，丰盈桥桥墩的设计尤显匠心巧妙。通道临水一侧，26 个小型拱门一字排开，由小拱门望去，立于水中的四道巨大桥墩上，又各有 9 个拱门。于是，挪步行进之间，视线转移之时，丰盈桥下这 88 个大小拱门，交织掩映，互为相通，在桥下如镜碧水的映衬之下，宛若缤纷多彩的万花筒。

走在丰盈桥上，大桥不仅身长路宽，桥面的设计也考虑得比较周全。大桥桥面微呈拱形，可以很好地在雨天快速排除雨水。在桥面机动车道与非机动车道的隔离绿化带中，埋藏有许多纵横交错的管线，这些管线是路灯的穿线管和雨水收集管。收集管中的雨水可以用于绿化，也可以通过泵站提升排入水系当中，对于桥梁自身和周边环境的保护都非常有利。

如今，丰盈桥已成为银川城南一座人们熟悉而亲切的大桥。由大桥西行，或者从亲水大街路过，人们总能在桥头看到铭刻于大石之上的“丰盈桥”三字。丰盈，听着就透着一种吉祥，含着一股亲切。那么，你知道这个名称是从何而来吗？要想弄清其中真相，我们得到历史的尘烟里走上一遭。

与银川地区其他堡地名一样，丰盈堡的来历，与当年宁夏的屯堡制有着密不可分的联系。清（乾隆）《宁夏府志》记载，丰盈堡属宁朔县，在城（宁夏府城，今银川）西 20 里。但这还不是丰盈堡最早的源头。

明嘉靖年间（1522—1566 年）的《宁夏新志》记载，宁夏右屯卫，“领屯堡一十八”，包括威远堡、平湖堡、雷福堡等。成书于明后期的（万历）《朔方新志》又记，宁夏“右屯卫，属屯堡十有八：威远，今改为丰乐，平湖，改为丰乐，今废。雷福，今改为丰登”，意思就是说，在万历年间（1573—1620年），原先的平湖堡和威远堡合并，改名为丰乐堡；雷福堡则改为丰登堡。

1936年成书的《宁夏水利专刊》，附有一幅《夏朔两县各渠退水沟道形势图》。地图显示，丰盈堡位于宁夏省城西南郊，东近唐徕渠，西至湛恩渠（今新开渠）以外的西沙窝，南邻杨显堡和魏信堡，北连丰登堡。这一区域，正好是明嘉靖年间的平胡堡和威远堡的领地，即万历年间所记载的此二堡合并后的丰乐堡。

丰乐堡、丰登堡，这两处明后期的屯堡辖地均处于良田渠流域，可见这一带当时已是丰饶之地。《银川地名志》推断，丰盈堡乃是明朝末年由丰乐堡演变而来。清代地名基本沿袭明代旧制，丰盈堡成为宁朔县所辖堡寨之一。

无论是丰乐堡，还是之后的丰盈堡，这一地域均可称作“地如其名”。该地位于贺兰山东麓，四季分明，气候舒适；良田渠流经此地，也使这一带田地肥沃，粮食丰饶，当真是一处物产丰盈的生存乐土。清（乾隆）《宁夏府志》就记载了当地一位百岁老人的故事，至今看来仍是生动有趣，极富画面感。这位老人名叫王玺，是宁朔县丰盈堡人，“生于康熙十八年，现年一百岁”。虽然这么大年龄了，但老寿星依然饭量不减，行走稳健。他儿子王伏臣时年78岁，在当时亦属高寿，也是身康体健，步履轻健，经常搀扶着老父亲，一同前往宁夏府城（今银川），在当地传为佳话。

丰盈堡这一地名和区划，一直延续到民国时期。且因丰盈堡地域南北狭长，还演化出了“丰盈上”和“丰盈下”的称呼。至20世纪50年代初，在银川西郊出现了盈北、盈南两个地名。据《银川市地名志》记载，盈北村，在银新乡西北部，因辖域居明代丰盈堡（今威堡桥北，已毁）北而得名；盈南村，在良田乡西北部，因居明代丰盈堡（今威堡桥北，已毁）南而得名。

由此，丰盈堡之名逐渐淡出历史舞台，只留下盈南、盈北的“遗痕”可供追溯。进入21世纪，随着城市范围的扩展，盈南村和盈北村成为融入城市的现代社区，出现丰盈家园、盈南家园、盈北苑等一个个我们耳熟能详的居民小区。

2018年，宝湖路跨典农河大桥建成，因其所处即为盈南村地域，所临也为今天的盈南家园小区，人们将其命名为丰盈桥，使这一有着丰富历史信息的老地名得以留存，让今人、后辈都有机会了解曾经发生在这片土地上的悠悠往事。

亲水桥

桥梁概况

亲水桥位于亲水南大街与宝湖路交叉口向北 50 米，亲水南大街跨典农河处。所在道路等级为城市主干道。2004 年 9 月竣工。桥梁跨径组合 3×16 米，总长 48 米，总宽 51 米，行车道宽 35 米，为十车道。桥梁类型为简支板桥，上部结构类型钢筋砼板，板式橡胶支座，桩柱式桥墩，钻孔灌注桩基础，伸缩缝类型 GQF-C40。限载吨位 20 吨。抗震设防烈度 8 度。桥梁建设单位为宁夏回族自治区交通厅，承建单位为宁夏路桥第三工程公司，管理、养护单位为银川市市政工程管理处。

桥梁故事

典农河水系流过丰盈桥后，与东侧而来的水系穿亲水大街相连，亲水桥即坐落于两道水流的连接处。桥西侧为继续北流的典农河，东侧水道不远处就是美丽的华雁湖。而东南近旁，是与亲水桥名“异曲同工”的城市小区亲水花园。

现代化的高层楼宇，风景旖旎的典农水系，无不彰显着湖城的美丽。如果说起昔日这里的景况，就不得不令人感慨变迁之巨大。今天的亲水桥与亲水花园之间，过去曾坐落着一个老庄子，名为贾家庄。据《银川市地名志》记载，其庄名得来，是因清代有贾姓居民居住于此。曾名盈南大队科学实验站及盈南大队第八生产队，聚落在上双渠稍西侧，呈带状，有居民 25 户 120 人，耕地 316 亩。

亲水桥桥碑

亲水桥——与水相邻，亲近于水

上述记载里提到的“上双渠”，今日仍存。它是良田渠的一道支渠，引水处在距此直线距离 2.5 公里处的烟村墩桥南。上双渠自引水处起，沿今银兴路东侧一路向西北方向伸展，至贾家庄处已近渠流末端，也就是上文所说的渠稍。随着城市的开发建设，今天的上双渠渠线在伸展至亲水桥南侧不远处时，已经止步。

有“上双渠”，便有对应的“下双渠”。下双渠在上双渠之北，也是自良田渠引水，渠口西北曾有唐家庄，因清同治三年（1864 年），唐姓居民居此而得名。曾名烟村墩大队第六生产队。下双渠由渠口，亦向东北伸展，与上双渠平行，沿线经过张家庄、良田乡农具厂，穿过银新专用铁路，与迎丰沟相接。上双渠、下双渠，这两道相伴相生的渠流，就像一对“双生儿”，多年来一直润泽着这片广阔的土地，也留下一对亲切可爱的渠流之名。

城市发展的步履不断向前，如今这些老庄子、老渠流，已经日渐融入城市的怀抱。2003 年典农河主河道开工建设，河道与城市防洪体系规划相结合，形成新的治水思路，在治水中体现人与自然的和谐共处。典农河银川段水道设计宽度为 50~300 米，途中串联大小西湖、北塔湖、华雁湖和宝湖等众多湖泊湿地。2004 年，银川第二条十车道马路亲水大街正式通车。当时这条南端起点还是宝湖路的通衢大道，跨越崭新的典农河水道的第一座桥梁，即是亲水桥。

所谓“亲水”，意谓与水相邻，亲近于水。在越来越重视生态发展的当下，城市与水、水与生活便更加密切相连、相依相生了，构筑起人与自然和谐共生的城市生态环境。同时也将这种情意，凝结在一个个水意之名中，表达一份亲切，记录一种理念。浓浓的水意深情，亲水之城、亲水之街、亲水之桥……

秀水桥

桥梁概况

秀水桥位于长城中路与亲水南大街交叉口向西 90 米，长城中路跨典农河处。所在道路等级为城市主干道。2012 年 11 月改造。桥梁跨径组合 1×7.36 米，总长 8 米，总宽 54 米，行车道宽 22 米，为六车道。钢筋砼板桥，上部结构类型为钢筋砼板，板式橡胶支座，钻孔灌注桩基础。伸缩缝类型 GQF-C40。荷载等级公路 II 级，限载吨位 20 吨。抗震设防烈度 8 度。桥梁建设单位为银川市市政综合开发有限公司，施工单位为银川市第一建筑工程公司，管理、养护单位为银川市市政工程管理处。

原桥为 1×8 米简支板桥，宽 22 米，2012 年旧桥改造时，加宽两侧非机动车道及人行道并在两侧新建涵洞，北侧增加 1×3 米钢筋砼明盖板涵 1 座，南侧增加 2×2 米钢筋砼圆管涵 1 座。

桥梁故事

秀水桥的得名，自然是因为桥下这道秀丽之水。典农河从宽阔的丰盈桥流至此处，水面逐渐收束，先是穿过窄窄的银新专用铁路桥，然后再与同样不长的秀水桥相遇，穿过秀水桥，水面再度展宽，像一个纵贯南北的大型湖泊，绿地、游园交织于水畔。

到访秀水桥时，天色已近傍晚。一对散步的父女，从桥南的水畔缓缓走来。上前攀谈，问他们是否喜爱身旁这道“秀水”。答案当然是肯定的。女孩父亲说：“我们是沿着河，从丰盈桥那边一直走过来的。”看他所指的来路，典农河边一道逶迤曲折的古朴栏杆，沿着河畔一直伸展到视线的尽头。有谁会不喜爱身边有这样一道可亲近、可相依的秀丽之水呢？

秀水桥——桥跨秀水，“长城”往事

熟悉这里的“老银川”都知道，穿过秀水桥的这道秀水，曾经是三一支沟的沟道。曾经简陋的排水沟，如今却已是绿地环绕、游园遍布的景观水系，银川人茶余饭后、工作之外的休闲惬意之所，不得不令人感叹。

站在秀水桥上向北望，傍晚时分的典农河畔，下班归来的人们，三三两两地散步、闲走，不远处绿地的小径上，传来孩子玩耍嬉闹的笑声……秀水桥不长，但桥下的秀水很长很长；秀水桥很宽，承载的是这城市的一路走来与日新月异。宽宽的秀水桥面上，穿行的是一条名叫“长城”路的通衢大道。水意的桥名，古意的路名，在这里奇妙地相会。

长城路，也算是银川颇有历史的一条路了，倒不是因为它“长城”的名字。它的前身，在它东边 3 公里之外的银川“老城”一带。20 世纪 80 年代，它还叫南环路。不长的南环路，东起东环路（今清和街），西至西环路（今正源街）。

1994 年 5 月底，长城路动工兴建。东起西环路保伏桥村部，向西与银新路（今黄河路）平行延伸至新城铁东南街（今金凤区通达南街），全长 6.7 公里，路面宽 37 米。值得一提的是，这是当时银川市首条“商品路”——该路由郊区采取“贷款修路，收费还贷”的办法兴建，于 1995 年 6 月 28 日竣工通车。道路的修建方为长城房地产公司（前身为银川市郊区乡镇建设开发公司），所以建成后命名为长城路。

长城路初建时宽不过 37 米，而今天通过长城路的秀水桥面宽度已是 54 米。的确，此后的长城路又经过了多次的改造拓宽，长度也不断伸展，最后形成包含原南环路在内，东起友爱街、西至宏图街的漫长体量。而秀水桥，也在这一次次的道路改造与建设中，在从沟渠水道到典农水系的华丽嬗变中，一步步向我们走来，成为今天我们熟悉的模样。

龙门桥

桥梁概况

龙门桥位于黄河东路与亲水南大街交叉口向西 30 米，黄河东路跨典农河处。所在道路等级为城市主干道。桥梁跨径组合 1×16 米，总宽 44 米，行车道宽 28 米，为八车道。桥梁类型为钢筋砼板桥，上部结构类型为钢筋砼板，板式橡胶支座，钻孔灌注桩基础，伸缩缝类型 GQF-C40。限载吨位 20 吨。抗震设防烈度 8 度。管理、养护单位为银川市市政工程管理处。

桥梁故事

龙门桥的前身为三一支沟桥，原桥址在今天龙门桥的西侧，原三一支沟与银新南路（今黄河路）相交处。今天说起“三一支沟”这个名字，人们并不陌生，它是黄河路上一处公交站点的名称。但要说起三一支沟最初作为一条排水沟而存在，知道的人就不多了。

据《宁夏水利志》记载，20 世纪 50 年代，宁夏进行水域整治，先是将唐徕渠裁弯取直，又在唐徕渠建了宁城闸。三一支沟也是从那时起，开始出现在人们的视野当中。三一支沟于 1954 年开建，1955 年建成，由唐徕渠宁城闸起蜿蜒向北伸展，全长 20 多公里，控制排水面积 27 万亩，之后与第三排水沟干沟衔接，最终在石嘴山汇入黄河。因属第三排水沟第一支沟，故名三一支沟。1960 年，西干渠建成，排水量增大，第三排水沟沟道过长，负担过重。1961 年将三排沟上段截入四排沟，称为四二干沟。由此，银新路（今黄河路）之北原三一支沟的路径便被划入四二干沟，三一支沟的长度也就缩短为从宁城闸至银新路之南的 7.5 公里长，控制排水面积 1.5 万亩。

昔日的当地村民还记得，20 世纪 50 年代的时候，银川的排水沟还比较少，这一带的田地里，每到春秋时节，盐碱地上白花花一片。三一支沟建成后，就成了曾经良田乡 1 万多亩水稻田的排水沟渠，为粮食生产立下了汗马功劳。

1958 年，银川原新城和城区之间的第一条交通干道银新路（后称银新南路，今黄河路）开建，这条路经过三一支沟处的三一支沟桥，便成了新城、城区之间的一个重要联结点。当时的三一支沟桥，始建于 1959 年，在 1980 年进行了加固，为双孔料石墩台、钢筋混凝土板桥，长 15.6 米，宽 15 米。银新路通公共汽车时，因此处附近为三一支沟和另外 2 条分别从烟村墩和银南村流出来的沟渠的交汇处，故设立站点时起名为“三一支沟”。时至今日，在龙门桥附近，还保留着这一站点。

除了是城市交通要津，三一支沟桥也见证了银川水生态建设的不断进步。随着城市的发展，三一支沟附近的农田，渐渐被高楼和工厂所代替。曾经有段时间，这条排水沟受到了污染，水质变差，不仅环境问题堪忧，还影响了周边居民的饮水，一度让三一支沟的形象大打折扣。2003 年典农河水系连通工程开始后，对三一支沟也进行了水系改造，恢复了水质，对两岸进行了绿化建设。曾经的农田排水系统，两岸及周边种植了花草树木，修建了凉亭和小路，被改造成了小公园，再次造福这里的百姓。

如今，已并入典农河水系的三一支沟，水清苇绿，风景宜人，是银川生态之美的生动写照。而最初的三一支沟桥也已不存，取而代之的是在原桥东侧新建的龙门桥——该桥北侧水流湍急，游经此处的鱼儿随着水位的落差欢腾跳跃，似有鲤鱼跳龙门的景致。寓意美好的龙门桥，如今桥下流水淙淙，两岸绿意融融，宽阔平坦的黄河路，穿过龙门桥、穿过三一支沟桥的旧址，一路向远处延伸。

龙门桥——鱼跃龙门，寓意美好

典农河

连心桥

桥梁概况

连心桥位于北京中路与亲水大街交叉口西侧，北京中路跨典农河处。所在道路等级为城市主干道。今桥 2003 年建。桥梁跨径组合 1×16 米，总长 16 米，总宽 48 米，行车道宽 28 米，为八车道。桥梁类型为简支板桥，上部结构类型为钢筋砼板，板式橡胶支座，钻孔灌注桩基础，伸缩缝类型 GQF-C40。限载吨位 20 吨。抗震设防烈度 8 度。桥梁设计单位为银川市规划建筑设计院，施工单位为银川市第二市政工程公司，管理、养护单位为银川市市政工程管理处。

桥梁故事

连心桥下穿水系原为杨召渠，今大部分已消失，余段汇入典农河水系。原先行经此处的这条渠流，自东而来，再由此向北伸展，经原戴家庄、小李庄、解家庄，渠尾有村落杨渠稍，均属罗家庄行政村地域。其中杨渠稍，即因地处杨召渠末端而得名。

当年的杨召渠，是这一带较大的一条支线渠流。东自唐徕渠引水，然后在银新北路南侧一线伸展，大部分渠线与银新北路平行，在如今连心桥南侧处，渠道转而北行，向西与四二干沟相通。整个杨召渠渠道，一路穿行在田野之间，又各自分出一些更为支线的小渠，灌溉着这一带广阔的农田。

典农河

陶然桥

桥梁概况

陶然桥位于北京中路与亲水北大街交叉口向西340米，陶然水岸小区南侧，跨典农河与北京中路相接。2003年建。2007年9月命名。桥梁跨径组合2×38米，总长76.5米，为两车道，总宽11米，行车道宽7米，人行道各宽2米。桥梁类型为空腹拱桥，重力式桥墩，上部结构类型钢筋砼拱圈，汉白玉栏杆。限载吨位20吨。抗震设防烈度8度。管理、养护单位为银川市市政工程管理处。

桥梁故事

陶然桥的修建，自然与它一旁的陶然水岸小区密不可分。事实上，这处当时以“银川首个水岸花园社区”为打造特色的城市小区，也见证了银川湿地和水系生态治理对银川这座城市以及银川人生活的影响。

陶然桥及陶然水岸小区一带所在，属原银新乡罗家庄第八生产队（小李庄）、第七生产队（戴家庄）地域。1949年以前，这一带村庄的田地里没有排水沟，长年积水导致其成为盐碱地。到了20世纪六七十年代，通过开挖排水沟、平整土地，土地的盐碱化稍有好转，当地村民在靠东的地方种植水稻，靠西的田地种植蔬菜。

2003年，典农河水系连通工程开建，原先从这一带穿过的银新干沟和四二干沟，在水系连通治理中，也融入典农河水系。而陶然水岸小区的建设，也在这次大规模的水系连通改造工程中，将城市小区与生态水系融洽结合。

今天已搬进附近城市小区居住的昔日村民还记得，当时这一带水系治理工地上彩旗招展、紧张施工，来来往往的车辆在工地上不停穿梭……一道名为典农河的水

陶然桥——湖光水色，陶然自乐

系逐渐在这里成形、伸展。因为有此碧水，2004年前后，这一片区域相继建起的小区，也大都以水命名，比如陶然水岸、亲水苑、清水湾，而横跨于碧水之上的陶然桥也是修建于这一时期。

如今，昔日罗家庄八队和九队的地域，已是现代化的城市小区和风光旖旎的湖光水色。城因水而秀美，水因桥而灵动。湖光水色之上的陶然桥，可谓实至名归。

东晋陶渊明《时运》诗："邈邈遐景，载欣载瞩。人亦有言，称心易足。挥兹一觞，陶然自乐。"陶然二字，听之即有悠闲、惬意之韵味。平坦如镜的水面上，70多米长的陶然桥，2座如弦月般的桥拱横卧水面，桥体舒展，桥形美观，配之以古香古色的汉白玉栏杆，望之即令人心生愉悦。

唐代韩愈《送区册序》："与之翳嘉林，坐石矶，投竿而渔，陶然以乐。"住在陶然桥边的人们，出门即是公园，碧波荡漾，鸥鸟翔集，水清苇绿。美景之中，人们于水畔漫步、休闲垂钓，与身旁美丽的陶然桥，构成了一幅人景交融的画面。

典农河

双狮桥

桥梁概况

双狮桥位于上海西路与亲水北大街交叉口向西130米，上海西路跨典农河处。所在道路等级为城市主干道。2004年建。桥梁跨径组合2×25米，总长70米，总宽50米，行车道宽24米，为六车道。桥梁类型为肋拱桥，上部结构类型拱肋+空心板，薄壁式桥墩，钻孔灌注桩基础，伸缩缝类型GQF-C40。荷载等级汽-20吨、挂-100吨，限载吨位20吨。抗震设防烈度8度。桥梁设计单位为银川市规划建筑设计研究院有限公司，建设单位为银川市市政建设综合开发公司，施工单位为宁夏晨舜水利水电工程局，管理、养护单位为银川市市政工程管理处。

桥梁故事

2003年，典农河水系连通工程开建，原先从这一带穿过的银新干沟和四二干沟，在水系连通治理中，融入水域规模更大的典农河景观水系。与此同时，随着金凤区建设的启动，上海路正源北街口至满城街口的道路工程也快步推进，使这条之前已从唐徕渠之东延伸到正源街的城市主干道继续向西延伸。作为此次道路工程重要节点的双狮桥，也是在这一时段完成了建设。

双狮桥的建成，除了为上海路提供畅行交通之外，也为此处典农河水系增添了一处美丽的景观桥梁。相信今天许多银川人还记得，随着水系治理工程“大手笔”的推进，以及相关道路桥梁的建成，2005年8月，银川市对包括双狮桥（时称上海路景观水道桥）在内的4座地标性桥梁进行了精心的亮化建设。银川的夜色，第一次因为这些美丽的景观桥梁而变得绚丽妖娆、斑斓多彩。

双狮桥的栏杆上采用161套LED变色护栏灯，两侧桥沿采用56套LED射灯，勾勒出桥体的轮廓，突出桥梁在景观水道上的位置。桥拱沿边采用48套泛光灯，展现桥型特征。桥墩及桥两侧基地采用暖黄色投光钠灯，桥体与拱桥之间的架式结构采用白色投光钠灯，通过明暗对比突显桥梁立体感。

入夜，当完成亮化工程的双狮桥首次亮灯，上海路上行驶的车辆放慢了速度，典农河畔散步的人们暂停了脚步，人们尽情地欣赏着迷人的都市夜色，感受着因有桥而更加秀美的湖城风韵。

如今，上海路上这座双狮桥，虽然已不复当年簇新，但雄壮的气势丝毫未减，而且因岁月的洗礼，更多了份古朴与厚重。各25米的两座大拱横跨于此处典农河宽阔的水域上，硕大的拱梁倒映水中，竟也确似雄狮的两只眼睛，炯炯有神，凝望着眼前这一道碧水，见证着身旁的今昔巨变。

双狮桥——上海路上，一座雄壮之桥

典农河

亲水大街典农河桥

桥梁概况

亲水大街典农河桥位于亲水北大街与康平路交叉口向北200米，亲水北大街跨典农河处。所在道路等级为城市主干道。2004年竣工。三跨板桥。桥梁跨径组合3×16米，总长48米，总宽52米，行车道宽37米，为十车道。桥梁类型为简支板桥，上部结构类型为钢筋砼板，板式橡胶支座，桩柱式桥墩，钻孔灌注桩基础，伸缩缝类型GQF-C40。荷载等级汽-20吨、挂-100吨，限载吨位20吨。抗震设防烈度8度。桥梁设计单位为宁夏交通厅公路设计院，建设单位为宁夏交通厅，承建单位为宁夏路桥第三工程公司，管理、养护单位为银川市市政工程管理处。

桥梁故事

如果说在银川市区由南至北伸展的典农河是一首完整的乐章，那么，流至此处的典农河即将进入乐章最高潮的部分——本就水面宽广的典农河，穿过此处亲水大街上的桥，汇入了更为辽阔的阅海篇章。

在这处典农河的转弯处，西侧是名为清水湾的现代化城市小区，东侧即为与阅海湖连通的一片水面宽广的湖域。昔日，这附近曾有一处名为解家庄的老村落。解家庄因清末解姓居民居此而得名，曾名罗家庄第六生产队。

20世纪80年代，解家庄东侧200多米处，是当时银川人熟悉的银新乡渔场，其区域包括如今桥东侧这片湖水。经过典农河水系与阅海水域治理工程，这里如今早已是河湖胜景、绿意满眼。今昔巨变，可谓天翻地覆。

此处典农河桥梁修建于2004年。这一年，也是亲水大街建成通车之时。作为当年银川市一个代表性的交通工程，十车道的亲水大街，由宝湖路起始一路向北，与同年建设的贺兰山路相接，构织出银川市更为完善和通达的城市路网骨架。而伴随着典农河的“乐章”，这一段的亲水大街也是更入佳境，与它一路相随的典农河，从桥下穿至大街东侧，向东汇入与阅海湖连通的湖泊水系，让这条“亲水之路”成为风光更为旖旎的“湖畔之路”。

亲水大街典农河桥

典农河

朔方桥

桥梁概况

朔方桥位于贺兰山中路与亲水北大街交叉口向东300米，贺兰山中路跨阅海处。所在道路等级为城市主干道。2004年10月竣工。桥梁长200米，总宽60米，机动车道32米，为八车道。跨径组合30米+70米+70米+30米。桥梁类型为斜拉桥，上部结构类型为钢筋砼板，盆式橡胶支座，桩柱式桥墩，钻孔灌注桩基础，伸缩缝类型SSF-C80。荷载等级汽-20吨、挂-100吨，限载吨位20吨。抗震设防烈度8度。桥梁设计单位为宁夏回族自治区设计研究院，建设单位为宁夏交通厅，施工单位为中铁八局，管理、养护单位为银川市市政工程管理处。

以历史古名“朔方”命名的朔方桥

桥梁故事

朔方桥的诞生，在当时创造了一项世界之最——是当时世界上已知建成通车的单幅桥面最宽的矮塔斜拉桥。

朔方桥为四跨连续独塔双索面部分斜拉桥，塔梁墩固结体系。桥面总宽 60 米，具体包括：5 米人行道 +5 米非机动车道 +4 米机非分隔带 +32 米机动车道 +4 米机非分隔带 +5 米非机动车道 +5 米人行道。桥面坡度为纵坡 2.0%，车行道横坡 1.5%，人行道横坡 1.0%。

2004 年，正是贺兰山路建设如火如荼之时，这条当时还被称为“北二环路”的城市主干道，是银川市正在修建的一条宽 60 米的东西向交通大动脉，东与 109 国道相通，西跨包兰铁路与西夏区兴庆路（今属贺兰山路）相连，是集交通、旅游于一体的景观大道。

朔方桥位于风景秀丽的阅海湖之畔，为跨越阅海湖景观水道而设。所以，在满足使用功能的同时，桥梁造型的美观度，与周围环境的和谐统一，都成为这座大桥修建时要考虑到的问题。

2004 年 10 月 20 日，朔方桥实现顺利合龙，主体工程完工。

大桥主梁结构采用鱼腹式箱梁结构，横向共两箱，每箱为单箱四室结构，每个箱梁底为圆曲线，双箱之间用横隔板连接。主梁采用双向预应力体系。主塔采用纵向哑铃型结构，塔高 30 米，双塔横向独立，布置于机非分隔带上。桥的斜拉索采用双索面，扇形布置，每个索面 9 对索，全桥共 36 根斜拉索。索外包挤 PE 防护套。每根斜拉索均设置减震器，并在其下端 2.5 米高的范围内外包不锈钢管。塔墩由 4 个圆呈花瓣形组成，边墩为钢筋混凝土圆形墩，桥台为耳墙式轻型桥台。大桥主梁采用分段现浇施工，斜拉索采用等值张拉法施工。

2005 年，竣工不久的朔方桥，又进行了亮化工程的建设。夜幕降临，在同样全新的阅海湖水域上，银川人第一次领略到这座地标性桥梁在夜色中的妖娆。朔方桥突出了“湖城明珠”主题，在手法上使用“绚丽多彩”的动态变化、现代时

尚与西部风情的色彩配比，在水与光交相辉映下，将其似明珠般的光域轮廓呈现在蜿蜒迤逦的水系上，衬托得大桥更加多姿多彩。

朔方桥在正式命名前，一直被称为“贺兰山路斜拉桥”。桥上两个大型三角形斜拉索是此桥的点睛之笔。后来，这座大桥正式以历史古名“朔方”命名，其实包含着深沉的寓意。“朔方”本来不是指地名，而是古时对北方或京都以北地方的统称，首见于《尚书·尧典》：“申命和叔，宅朔方。”据文史专家吴忠礼先生考证，“朔方”一词之所以与宁夏发生联系，与多方面的历史因素有关。

“宁夏”与“朔方”最早的渊源，出现于2000多年前的西周。《诗经》中有诗句：“王命南仲，往城于方……天子命我，城彼朔方。”其中提到的“方”“朔方”等，均在今固原市及周边地区。周大将南仲还首次在这里修筑过朔方城，以震慑西戎，保护周王朝西边安全。因此，朔方便与今宁夏南部六盘山地区首次有了联系。到了汉代，今宁夏北部黄灌区属北地郡。汉武帝元封五年（前106年），在全国设立13个刺史部，北地郡隶属于朔方刺史部管辖。如此，朔方便与今宁夏北部地区也发生了关联。

唐朝时，今宁夏地区是防御北方突厥等少数民族部落南犯的军事要地，朝廷以灵州为北方的政治、经济、军事中心，在灵州先派朔方行军大总管镇守，后改为朔方军节度大使驻节。当时朔方军在全国实力最强，统辖范围也最广。后来“安史之乱”，太子李亨又来到朔方，在灵武继承皇位，完成光复大业。朔方从此更加闻名天下。后来的史书便以朔方代称灵州地区，即今宁夏北部引黄灌区。于是，宁夏不仅是与朔方发生联系，更是基本互代和等同了。

到了民国时期，1913年，北洋政府令全国各省一律实行“废府存道”的行政改革。因宁夏道与所辖宁夏县（今贺兰县）重名，宁夏古称朔方，唐代以后已为人们所认可，于是便改宁夏道为朔方道（后又复名宁夏道）。1929年建行省，命名为宁夏省。

由此可见，“朔方”之于宁夏，是一个有着悠久历史和深厚底蕴的古称，以此来命名这座在银川具有代表性的桥梁，显现出人们对它的高度重视与深沉厚爱。

丰登桥

桥梁概况

丰登桥位于正源北街与贺兰山中路交叉口向北 50 米，正源北街跨典农河处。所在道路等级为城市主干道。2007 年修建，2015 年改造，主桥两侧加宽。桥梁跨径组合 7 × 20 米，总宽 50 米，行车道宽 28 米，为八车道。简支板桥，上部结构类型为钢筋砼板，板式橡胶支座，桩柱式桥墩，钻孔灌注桩基础。限载吨位 20 吨。伸缩缝类型 GQF-C40，抗震设防烈度 8 度。桥梁设计单位为银川市规划建筑设计研究院，建设单位为银川市市政建设综合开发公司，管理、养护单位为银川市市政工程管理处。

桥梁故事

近年来银川新修桥梁命名中，不乏沿用当地历史名称的例子。一座桥记载着一段岁月，一个桥名连带的是一件件往事。丰登桥，便是如此。

丰登桥名中的“丰登”二字，可是很有说头。丰登桥初建于 2007 年，得名于曾位于此处的丰登村。昔日丰登村位于今天阅海万家 A 区西侧，曾隶属于丰登镇辖区。而说起“丰登”二字，还要从明代讲起。明代早期，如今的丰登地界属雷福堡管辖。“宁夏堡寨，或以人名，或以事名、以地名。”清（乾隆）《宁夏府志》记载，这个堡子得名于其守将雷福。

后来到了明万历年间，雷福堡改名为丰登堡，“丰登”二字第一次与这里产生联系，这个寓意丰饶的名字，也一直被沿用至今。2003 年时，这片区域有了一个新名称——丰登镇。

几年后，正源街跨典农河桥梁的名字，也便以“丰登”二字命名，继续给这里的人们，讲述着关于丰登的故事。

丰登桥最近一次的“大动作”，发生在2015年。这一年，丰登桥实施加宽改造工程。原先30米宽的丰登桥，新建了10米宽的人行道和非机动车道，桥面机动车道也从原来的六车道拓宽为八车道，整个桥拓宽至50米，明显缓解了交通的拥堵。

当地居民回忆起这片区域昔日的景象：20世纪六七十年代，这边是一大片农田。现在阅海万家A区一带，过去有个村庄叫金家庄，靠近南边的是马家寨，东边是王家寨，各个村庄看着不远，但因为中间隔着许多湖泊，得绕着走。

今天，银川的发展速度，在丰登桥和正源街的拓宽中，能够清晰地看到。昔日，正源北街过了贺兰山路便是一片荒芜，而今时，随着丰登桥的连通和拓宽，曾经的小村落已被高楼代替，过去的荒芜地带，已是繁华街区。

丰登桥

凤凰桥

典农河

凤凰桥

桥梁概况

凤凰桥位于凤凰北街与贺兰山东路交叉口以北 20 米处，凤凰北街跨典农河处。桥梁长 200 米，宽 38 米。此桥为凤凰北街贺兰山路口以北路段的第一座桥，承担重要交通功能的同时，也是座气势宏大的景观桥。2019 年 6 月命现名。

凤凰桥—— 一段“凤凰城”的美丽传说

桥梁故事

今天的凤凰桥位置，昔日属银川市郊区满春乡地域，附近有赵家沙滩村，曾名沙渠大队第六、七生产队，因地处唐徕渠决口淤成的沙滩地得名。

2017年，随着贺兰山路以东的大型居住区、商业体相继投用，道路交通压力日益增大。为缓解银川城区北部地区交通压力，优化交通组织，让市民出行更为顺畅，同时也更便捷地南北连通贺兰县与永宁县的交通。凤凰街贺兰山路口以北道路打通工程提上日程。2017年10月，凤凰北街（贺兰山路—唐徕渠）道路、桥梁工程开工，同步建设跨典农河、唐徕渠两座桥梁。其中，典农河桥梁（即凤凰桥）工程于2018年初正式进场开工，采取对典农河分段围堰的方式施工。

凤凰桥是一座经历了精心筹备和设计的景观桥。在桥梁开建前的2017年8月初，初步完成的桥梁设计方案向广大市民公布，征求意见与建议并发动市民投票，选出大家心目中最满意的设计方案。公布方案共有6种，各有特点："金凤展翼""丹凤朝阳""双凤迎宾""彩凤齐飞""双凤比翼"以及独塔斜拉桥。

以上设计方案有一个鲜明的共通点就是“凤凰”主题元素的使用。之所以有此考量，与银川自古以来有“凤凰城”之称密不可分。

民国年间出版的《朔方道志》记载，宁夏的“凤凰城”之说来源于古城的形状。清代，当地人形容宁夏府城整体形似一只凤凰，东西大街较长，如同凤凰的身子；南北大街较短，如同凤凰的双翅；东门外的高台寺恰似凤头，高台寺有前楼一间又似凤嘴；等等。明朝宁夏庆王朱栴纂修的宁夏首部志书（宣德）《宁夏志》中，对银川古城的形状也有记载：“旧城未知筑自何代，周回十八余里，东西长倍于南北，相传以为人形……”两志对照可以看出，清代的“凤凰”形，不过是从“人”字形进一步发展、演化而来的美好传说。

关于银川“凤凰城”的传说，民间有许多版本，无不表达和寄托着人们对美好生活的企盼和赞美。

凤凰桥的建造，最终选定设计方案中的“金凤展翼”。方案采用一跨钢拱桥，行车道布置两片内倾主拱，人行道布置两片外倾主拱，内外拱通过水平拉索进行受力平衡，形成极具张力的展翼造型，达到结构和艺术的和谐一致，突显了凤凰文化内涵。桥外侧拱平面投影为一个完整的圆，既有凤凰涅槃之寓，又有圆满幸福之意。人行道外挑设置，不仅远离机动车道的干扰，而且具有良好的亲水效果，丰富了行人驻足体验。栏杆采用凤翎造型，轻盈生动。夜景亮化通过三层实现，既突出翼的张力、舒展，又强调了整体空间造型感，同时表现出腾飞的气势。

至 2018 年 12 月初，凤凰桥主体已基本完工，开放六车道双向通行，东西各提供一条行人通道。大桥的贯通，有效地缓解了正源街和民族街等南北向道路的交通压力，方便了周边小区、学校、医院人员的出行，带动着银川市区北部片区的经济进一步发展。

2019 年 1 月 2 日晚，凤凰桥亮化灯光首次亮起，内外拱水平拉索采用蓝色主体灯光，两片外倾主拱拉索采用七彩闪光灯带。凤凰桥，银川市一道亮丽的地标景观建筑，让凤凰之城的美丽传说，以桥梁的形式具象落地。

银西河

银西河碑

银西河，位于银川市西部。南起南环高速，沿银巴公路、宏图街向北流淌穿过沈阳路，北至西大沟北环高速处，全长 22.4 公里，呈“之”字形布局，由 4 段水系连通而成，分别为：西南段沿银巴路水系，长 4 公里，平均开口宽 40 米；南北段沿宏图街水系，长 6.56 公里，平均开口宽 50 米；东西段沿沈阳路水系，高家闸沟段，长 5.94 公里，平均开口宽 70 米，东北段西大沟建成区段水系，长 5.91 公里，平均开口宽 30 米，与城市中部典农河首尾连接成闭环，串联典农河、犀牛湖、阅海湖等湖泊水系，打造了集防洪、排水、生态、景观、休闲于一体的重要生态水系廊道。

作为银川市西部水系工程的重要组成部分，银西河是通过连通、扩挖、整治四二干沟、陈家圈沟、高家闸沟、西大沟等现有沟道，扩挖废弃的赛马水泥铁路专线及沿线低洼、滩涂等地而成的新河道。

西部水系工程是银川市西北部区域防洪及湖库水系综合整治工程，2017 年开始建设。工程南连永宁县生态水系，东与阅海湖隔桥相望，可以说是环阅海湖生态景观的有机延伸，极大地改善了西夏区生态环境和水系景观效果。工程全部竣工后，呈现出百湖绕银川、碧水环城流的美丽景观，是集生态旅游观光、水上游乐、垂钓、科普、休闲度假、珍稀植物水禽展示等功能为一体的都市现代水系湿地改造项目。

随着银西河的通浚，与多条道路也产生了“交集”，于是一系列跨越银西河的桥梁陆续修建。至今，银西河上自南向北已建成银化桥、怀远桥、贺西桥、学院桥、培华桥、培文桥、大连桥等崭新的桥梁，进一步完善了银川的城市道路交通网络。

银西河

银化桥

桥梁概况

银化桥位于宏图街跨银西河处，与银西河斜交，2019 年 10 月建成，2020 年 12 月命现名。桥梁跨径组合 1×40 米，总长 46 米，总宽 21 米，车行道净宽 13 米，人行道净宽 5 米，所在道路等级为城市主干道。桥梁为钢筋混凝土结构，主梁为预应力混凝土简支箱梁，共 1 片，桥台采用一字式桥台。钻孔灌注桩基础。橡胶支座。汉白玉栏杆，栏杆总长 92 米。桥梁设计荷载 A 级，抗震设防烈度 8 度。建设单位为银川市住房和城乡建设局，监理单位为宁夏新源建设工程有限公司，施工单位为中铁三局集团有限公司，管理、养护单位为银川市市政工程管理处。

桥梁故事

银化桥是一座南北斜跨银西河的桥梁。银西河自南向北流经此处时，稍向东折复又向北，弯出一道美丽的弧线。由南向北沿河伸展的宏图街，自此处也“水分两道”——北向车道在银西河东，南向车道在银西河西。

20 世纪 80 年代，银化桥所处地域为银川市园林场范围，园林场一队即在桥西。银化桥周边还是银川市石油化工工业的一个聚集区，有着诸如中国石油宁夏化工厂、鲁西化工、丰友化工等众多工厂企业。银化桥之名，也有此缘由。

银化桥

京银桥

京银桥

桥梁概况

京银桥位于北京西路跨银西河处，2019 年 10 月建成，2020 年 12 月命现名。桥梁跨径组合 1×40 米，总长 46 米，总宽 60 米，车行道净宽 42 米，人行道净宽 9 米，所在道路等级为城市主干道。桥梁为钢筋混凝土结构，主梁为预应力混凝土简支箱梁，共 4 片，桥台采用一字式桥台。钻孔灌注桩基础。橡胶支座。伸缩缝类型为 80 型，共 2 条。汉白玉栏杆，栏杆总长 92 米。桥梁设计荷载 A 级，抗震设防烈度 8 度。建设单位为银川市住房和城乡建设局，监理单位为宁夏新源建设工程有限公司，施工单位为中铁三局集团有限公司，管理、养护单位为银川市市政工程管理处。

桥梁故事

京银桥是银川市“五十里长街”北京路最西段又一座新修的美丽桥梁，桥梁东西向横跨银西河。桥下的银西河，向北畅流，如一条顺直、明亮的银带划过银川市区西部，崭新的宏图街沿着这条“银带”两侧，向远处笔直伸展。

银西河属银川市西部水系。2018 年 10 月开始动工扩挖，是银川市落实“生态立区”战略，打造银川都市圈而实施的一项重大民生工程。银西河的建成，也让沿河而行的宏图街成为一条“水在中间流，路在两边走”的美丽道路。

作为银川市的中轴线街道，经过京银桥的北京路，将宏图南街也对称地分为南北两段。南段的宏图街，其南端与六盘山路相接。这一段的宏图街，穿过著名的银川经济技术开发区（国家级），5.24 平方公里的区域内，进驻了宁夏综合投资公司、西部电子商务港、大元公司等 6 个上亿资产的龙头企业。这个“最适宜创业、最适宜发展”的工业新区开建之初，就将园区内的道路名称，按照“经济开发”几个字取名，自北向南依次为：经天路、济民路、开元路、发祥路。而宏图路，也取自“宏图大展”之意。

据当地居民回忆，这一带最初并没有路，是一片“大草滩”。20 世纪 70 年代，这一带区域内仅有数得过来的几个厂子：银川市毛纺二厂、三厂，银川市第三建筑公司等。而如今，这里注册各类市场主体 1 万余家。2018 年，完成规模以上工业总产值 347 亿元。银川经济技术开发区先后被国家有关部委认定为装备制造国家新型工业化产业示范基地、国家高端装备制造业标准化试点园区、国家“十三五”服务业综合改革试点区域、国家知识产权试点园区等。

从“大草滩”到银川重要的经济技术园区，由京银桥两侧穿行而过的宏图街，不仅道美路畅，还像一位时代的见证者，见证着沿途的今昔巨变，见证着银川的蓬勃发展的当下。

银西河

怀远桥

桥梁概况

怀远桥位于怀远西路跨银西河处，2019 年 11 月建成，2020 年 12 月命现名。桥梁跨径组合 1×40 米，总长 46 米，总宽 50 米，车行道净宽 22 米，人行道净宽 6 米，所在道路等级为城市主干道。桥梁为钢筋混凝土结构，主梁为预应力混凝土简支箱梁，共 3 片，桥台采用一字式桥台。钻孔灌注桩基础。橡胶支座。伸缩缝类型为 80 型，共 2 条。汉白玉栏杆，栏杆总长 95 米。桥梁设计荷载 A 级，抗震设防烈度 8 度。建设单位为银川市住房和城乡建设局，监理单位为宁夏建业工程监理有限公司，施工单位为中铁三局集团有限公司，管理、养护单位为银川市市政工程管理处。

桥梁故事

怀远桥得名，来自桥上所经道路——怀远路。怀远，是一个对银川来说非常重要的古政区名，即今银川市前身。

怀远县，故址在今银川市东 15 里（今兴庆区掌政镇洼路村一带），赫连勃勃以此为丽子园。北魏时民户增多，立为怀远县，隶属灵州，辖境约相当于今银川市区、贺兰县及永宁县东北部。北周建德三年（574 年）移民 2 万户于此，故升县为郡，置怀远郡。郡治设于怀远县城，辖境约相当于今银川市、永宁县、贺兰县及青铜峡市、石嘴山市部分地区。至隋代，废郡存县，怀远县隶属灵州。唐代因袭此制。仪凤二年（677 年）怀远城为河水泛损，次年西迁另筑新城（今兴庆区俗称“老城”区域）。北宋开宝年间，废县为镇。咸平四年（1001 年），西夏曾置县，又改兴州、兴庆府、中兴府，为西夏都城。

“怀远”二字大有深意，可解释为安抚远方之意。史志专家吴忠礼先生曾解释：“怀”，怀抱、怀念和安抚。凡与地名结合使用者，一般多用于边远的民族地区，以示中央王朝对于边地民族的“恩德柔怀”、眷顾与珍爱。意思是“怀远以德”，如同将其“抱在怀里”，备加呵护，非常珍惜，让兄弟民族产生向心、回归、安定、幸福的心理和思想感情，使之做到与中央王朝共进退、共荣辱、共生死，而不至于离心离德，甚至是兵戎相见。

一座新桥，一个古名，时空交错中，一段古城历史跃然浮现，与远处遥望的贺兰山一起，见证了一个又一个动人的故事。

怀远桥——新桥古名，悠久“怀远”

银西河

贺西桥

桥梁概况

贺西桥位于贺兰山西路跨银西河处，2019 年 11 月建成，2020 年 12 月命现名。桥梁跨径组合 1×40 米，总长 46 米，总宽 60 米，车行道净宽 32 米，人行道净宽 4.5 米，所在道路等级为城市主干道。桥梁为混凝土结构，与银西河斜交，正斜交角 117 度。主梁为预应力混凝土简支箱梁，共 4 片，桥台采用一字式桥台。钻孔灌注桩基础。橡胶支座。伸缩缝类型为 80 型，共 2 条。汉白玉栏杆，栏杆总长 95 米。桥梁设计荷载 A 级，抗震设防烈度 8 度。建设单位为银川市住房和城乡建设局，监理单位为宁夏建业工程监理有限公司，施工单位为中铁三局集团有限公司，管理、养护单位为银川市市政工程管理处。

桥梁故事

银西河与宏图街一路向北，至贺西桥处时，与银川市另一条东西向城市主干道——贺兰山路相会。位于银川市北区北部的贺兰山路，建于 2004 年，与银川市区南部的东西向主干道六盘山路，一北一南，遥相呼应。

而这一段的宏图街，其道路之美也渐至佳境。与一般城市道路不同的是，宏图街两侧为 15 米单向三车道和绿化带，而中间则为 60 米宽的景观水系，水系与公路相连处有缓坡和绿化带隔离，呈现出“水在中间流，路在两边走，人在林中行”的效果。

这条集景观绿化、排水、交通转换于一体的道路，建成后有力地提高了西夏区

贺西桥

南北向以及东西向交通转换效率，同时也成为城市景观绿化的重要组成部分。宏图街由最南端的六盘山路起始，沿途经过长城路、北京路、贺兰山路、大连路，至最北端与银川首条城市快速通道——沈阳路相接，成为银川市“九横十九纵”城市主干路网骨架之一。

走在宏图街旁的人行步道上，远看簇新的贺西桥，宽大笔直的桥体，洁白整齐排列着的汉白玉栏杆，尤其是两根白色的曲拱造型，立于桥面之上，为贺西桥增添了几分动人的曲线之美，在“银川蓝”的澄澈天空下，显得壮丽而又不失柔美。

在宏图街旁人行步道上跑步的一位附近居民说，他最深刻的感受是这里变美了：在这附近住了二十几年，原先这条路是赛马水泥铁路专线，后来废弃了。此前这里荒草丛生，铁路旁边的小水沟里，也是污水横流，环境很差。现在真是变化太大，河道宽而整齐，水清澈干净，道路和一座座桥梁更是美得像旅游区的风景。

大连桥

大连桥

桥梁概况

大连桥位于大连西路跨银西河处，2019 年 11 月建成，2020 年 12 月命现名。桥梁跨径组合 1×40 米，总长 46 米，总宽 60 米，车行道净宽 32 米，人行道净宽 10 米，所在道路等级为城市主干道。桥梁为钢筋混凝土结构，桥台采用一字式桥台。钻孔灌注桩基础。橡胶支座。伸缩缝类型为模数型。汉白玉栏杆，栏杆总长 92 米。桥梁设计荷载 A 级，抗震设防烈度 8 度。建设单位为银川市住房和城乡建设局，监理单位为宁夏五环建设咨询监理有限公司，施工单位为中铁三局集团有限公司，管理、养护单位为银川市市政工程管理处。

桥梁故事

大连桥，桥以路名。其所在的大连路，是东西绵延于银川市区北部的一条主干路。这条通衢大道，是条分段建设的城市主干道。早在 2009 年，正源北街以西的一段已经建成。其后的建设中，两端不断延伸。2019 年，大连西路同心北街至宏图街段开工建设，道路全长约 2722 米，规划红线宽 60 米，建设内容包括道路工程、给排水工程、桥涵工程等。大连桥即为其中之一。

大连西路经过银川中关村创新创业科技园。作为双创园的创新发展轴，沿大连路塑造东西贯通发展轴线，两侧布置商业、餐饮、金融服务、孵化器等产业服务功能，串联服务于科技园内的各产业组团，并沿发展轴突出生态景观形象，形成直通综合服务中心的景观通道。道路的建成使科技园与银川城市各区的交通联系更加便捷，为中关村双创园提供了交通保障，改善了西夏区主要干线路网交通需求，同时缓解了贺兰山路、新小公路、西绕城高速客运交通及 G110 道路交通压力。

大连路与宏图街交会于大连桥，由桥两侧穿行的宏图街，南段连着银川经济技术开发区，北段此处又接着银川中关村创新创业科技园，可谓“一路连两园”，串缀起两处银川产业园区的发展热土。

此外，通过大连桥，大连路西延伸段可达绕城高速新小路立交桥出入口。这一通道的建成，将使银川框架性主干路网得到进一步优化，方便市民出行，还将联通城市东西、南北之间的产业链条，加速城乡一体化发展。

眼前崭新的大连桥、宏图街、大连路，书写着城市的新景象，见证着这片地域的蓬勃新生，也展望着属于银川这座城市的美好未来。

学院桥

桥梁概况

学院桥位于学院西路跨银西河处，2019 年 11 月建成，2020 年 12 月命现名。桥梁跨径组合 1×40 米，总长 46 米，总宽 50 米，车行道净宽 22 米，人行道净宽 6 米，所在道路等级为城市主干道。桥梁为混凝土结构，主梁为预应力混凝土简支箱梁，共 3 片，桥台采用一字式桥台。钻孔灌注桩基础，橡胶支座。伸缩缝类型 80 型，共 2 条。汉白玉栏杆，栏杆总长 95 米。桥梁设计荷载 A 级，抗震设防烈度 8 度。建设单位为银川市住房和城乡建设局，监理单位为宁夏巨正建设监理咨询有限公司，施工单位为中铁三局集团有限公司，管理、养护单位为银川市市政工程管理处。

学院桥

银西河

培华桥

桥梁概况

培华桥位于培华路跨银西河处，2019 年 10 月建成，2020 年 12 月命现名。桥梁跨径组合 1×40 米，总长 46 米，总宽 50 米，车行道净宽 22 米，人行道净宽 6 米，所在道路等级为城市主干道。桥梁为混凝土结构，主梁形式为混凝土，共 3 片。桥台采用一字式桥台。钻孔灌注桩基础，橡胶支座。伸缩缝类型为模数型。汉白玉栏杆，栏杆总长 95 米。桥梁设计荷载 A 级，抗震设防烈度 8 度。建设单位为银川市住房和城乡建设局，监理单位为宁夏巨正建设监理咨询有限公司，施工单位为中铁三局集团有限公司，管理、养护单位为银川市市政工程管理处。

培华桥

培文桥

培文桥

培文桥位于培文路跨银西河处，2019 年 10 月建成，2020 年 12 月命现名。桥梁跨径组合 1×40 米，总长 46 米，总宽 30 米，车行道净宽 16 米，人行道净宽 8 米，所在道路等级为城市主干道。桥梁为混凝土结构，主梁形式为混凝土，共 3 片。桥台采用一字式桥台。钻孔灌注桩基础，橡胶支座。伸缩缝类型为模数型。汉白玉栏杆，栏杆总长 92 米。桥梁设计荷载 A 级，抗震设防烈度 8 度。建设单位为银川市住房和城乡建设局，监理单位为宁夏五环建设咨询监理有限公司，施工单位为中铁三局集团有限公司，管理、养护单位为银川市市政工程管理处。

唐徕渠——千年古渠穿城而过

渠桥有故事

宁夏引黄灌溉历史悠久，影响深远，是我国四大古灌区之一。自秦汉移民开发以来，为历代统治者所重视。虽有朝代更替，盛进衰退，但从未停止过前进的步伐。

如今，宁夏引黄灌区总灌溉面积828万亩，灌区内干渠25条，总长2454公里，其中历史超过100年的渠道有14条，总长1292公里，灌溉面积544万亩。

作为宁夏引黄灌区重要的组成部分，银川平原引用黄河水自流灌溉有两千多年的历史。引黄干渠有唐徕渠、惠农渠、汉延渠、西干渠等，配套排灌干支斗渠千余条，长数千公里，形成灌有渠、排有沟的完整灌排水体系，有力地保证了周边农田水利灌溉。

与此同时，这些广布、绵延的渠流，也造就了一座座渠流之桥。与渠道的宽度相匹配，这些桥梁的长度多不甚长，多归于中桥与小桥范畴。但因处于一条条颇有历史的渠流之上，与古渠相伴相生，这一座座桥梁也自然成为历史与时代变迁的见证，成为渠流所在土地上人们生活不可分割的一部分，成为一座座有故事、有温度的渠流之桥。

唐徕渠

唐徕渠又名唐梁渠，习称唐渠。唐徕渠之名，始见于《天盛改旧新定律令》（1149—1169 年）。明（万历）《朔方新志》记载，“唐徕渠亦汉故渠而复浚于唐者”，并招徕民众垦殖，遂名唐徕渠。原渠口在黄河青铜峡“一百零八塔”下，现自河西总干渠取水。

元世祖至元三年（1266 年）郭守敬“更立闸堰”，疏浚通渠。明正统四年（1439 年）、成化六年（1470 年）加固闸坝，整修渠道。明隆庆六年（1572 年）汪文辉建石正闸、退水闸，此为建石闸之始。清顺治十五年（1658 年）、康熙四十八年(1709 年)、雍正九年(1731 年)、乾隆四年（1739 年）及四十二年（1777 年），大事疏浚重修。中华民国十六年（1927 年），进行大规模疏浚。

中华人民共和国成立后，于 1952 年扩建正闸，1960 年青铜峡水利枢纽截流，结束了无坝引水的历史。正闸以上渠段，形成河西总干渠，原头闸（关边闸）改作汉延渠进水闸，二闸（安宁闸）废除，三闸（汇昌闸）改作惠农渠进水闸。之后历经裁弯取直、除险加固、灌区续建配套等项目实施，对渠道及配套建筑进行多次扩整和改造，现干渠全长 314 公里，承担 120 多万亩农田灌溉及 20 万亩湖泊湿地补水任务。

绵延伸展的唐徕渠，于银川人而言，是一条再亲切不过的渠流。它流过田野，流过村庄，流过市区，流过身旁，流在人们的心间……亲切的唐徕渠，流过古今，一座座横跨于渠上的桥梁也显得如此亲切和有温度，承载着这片土地一路走来的今昔巨变与动人故事。

高桥

桥梁概况

高桥位于六盘山路与凤凰南街交叉口向西 150 米，所在道路等级为城市主干道。2012 年拆除旧桥重建。桥梁跨径组合 2×20 米，总宽 55 米，行车道宽 33 米，为八车道，桥梁为简支板桥，上部结构类型为钢筋砼板，板式橡胶支座，桩柱式桥墩，钻孔灌注桩基础。桥伸缩缝类型 GQF-C40，抗震设防烈度 8 度。荷载等级公路 I 级，限载吨位 20 吨。桥梁设计单位为泛华建设集团有限公司，建设单位为银川市市政建设综合开发公司，施工单位为银川第二市政工程有限责任公司，管理、养护单位为银川市市政工程管理处。

高桥

桥梁故事

高桥毗邻林华苑、高桥家园、绿秀苑等众多居民小区，北侧紧邻第二排水沟与唐徕渠交会处。

20 世纪七八十年代时，今高桥所在处，东侧为银川苗木试验场的大片苗木林场(今日这一带的林华苑、嘉木花园、森淼新苑等小区名称即与当年此地景况呼应)。其南侧，昔日有保家湾（唐徕渠西）、杨家湾（渠东）二村落，其得名即因唐徕渠在此有一个较大的弯段。今天的高桥处，20 世纪 80 年代时并无桥梁，只在其北侧不远处有一座跨唐徕渠的折家桥（今金域蓝湾社区东侧），今已无存。

如今，渠流依旧，林场及老村庄均已不复存在，代之以宽阔的马路、现代化的桥梁，高楼林立的城市小区，今昔对比，城市的发展与变化可谓巨大。

今天我们看到的高桥，为旧桥重建。2003 年前后，银川市的城市道路建设进入一个快速发展阶段。2003 年，六盘山路正源街至亲水大街段建设完工；2005 年，新建了六盘山东路丽景街至清和街段。2012 年 6 月 5 日，西起亲水大街，东至丽景街，全长 7.7 公里，宽 60 米，双向八车道，横贯银川市兴庆区、金凤区、西夏区，连接银川南部路网的六盘山路竣工通车，填补了银川市城市南部无主要干道的空白。这一年拆旧重建的六盘山路跨唐徕渠桥，即为与此次道路建设配套的附属工程，也即我们今天所看到的高桥的模样。

高桥

电信桥

桥梁概况

电信桥位于宝湖路与凤凰街交叉口向西120米，所在道路等级为城市主干道。1998年建，2002年命现名。桥梁跨径组合3×13米，总宽34米，行车道宽24米，为六车道。上部结构类型为简易装配式空心板桥，板式橡胶支座，桩柱式桥墩，钻孔灌注桩基础。桥伸缩缝类型GQF-C40，抗震设防烈度8度。荷载等级汽-20吨、挂-100吨，限载吨位20吨。附挂管线有路灯电缆、电力电缆。桥梁设计单位为银川市规划建筑设计研究院，建设单位为金凤区建设交通局，施工单位为宁夏水利水电工程局，管理、养护单位为银川市市政工程管理处。

桥梁故事

今天的电信桥（宝湖路唐徕渠桥），身处繁华都市之中，周边毗邻塞上骄子、星光华、鲁银城市公元等城市小区。西北侧为宝湖公园，翠绿的林木环绕着旖旎美丽的宝湖。

中华民国年间，此处并无桥梁，渠西有一条尾端注入宝湖的小型支渠——倪渠，向北有保福桥（亦称鲍家桥，即今保伏桥），向南有余桥。20世纪80年代，此处尚有渠西的鲍家庄、倪家庄，渠东的阎家庄等老村落，今已不存。

1998年，全长5.3公里，东起109国道，西过唐徕渠与西二环路和长征路相接的南二环路（今宝湖路一段）竣工通车，最初的宝湖路唐徕渠桥即于此次工程中修建。

电信桥

国控桥

桥梁概况

国控桥又名保伏桥，位于城市主干道长城路与凤凰街交叉口向西 110 米处。现址桥为 1986 年 9 月建，2013 年进行旧桥改造，外侧每边加宽 11.25 米，结构仍为钢筋砼简支板，上部结构类型为钢筋砼板，板式橡胶支座，桩柱式桥墩，基础为钻孔灌注桩，跨径组合 3×11 米。改造完成后，原桥四车道增宽为双向六车道，桥面总宽 40.18 米，机动车道宽 22.5 米，两侧人行道和非机动车道分别宽 3 米、5.84 米。桥伸缩缝类型 GQF-C40，抗震设防烈度 8 度。荷载等级为汽 -20 吨，挂 -100 吨，限载吨位 20 吨。此桥设计单位为银川市规划建筑研究院有限公司，建设单位为银川市设计院承包咨询公司，施工单位为吴忠市本风市政工程队，管理、养护单位为银川市市政工程管理处。

桥梁故事

在老银川人口中，国控桥习称为保伏桥，保伏桥旧已有之。清（乾隆）《宁夏府志》载，“去城西南一里有保安桥”，疑即此。保伏桥得名，推断与附近宝湖有关。《银川市地名志》载：“保伏桥南近宝湖，宁夏方言‘湖’‘伏’音近，推名由此演变而来”。

至于宝湖名称的由来，众说纷纭，大致可归结为三种：其一，湖域形似元宝；其二，传说有一匹由龙子化身的金马驹住在湖中；其三，周边村民赖此湖谋生，堪称宝贵之湖。史料中，宝湖名称至少在 1936 年已出现在官方记载中。成书于 1936 年的《宁夏省水利专刊》，在关于唐徕渠各支渠的记载中，“倪家口”条目标注：

国控桥

“由倪家入宝湖，长二里，灌田二百六十亩。”与书中所附《宁夏全省渠流一览图》对照，该支渠所连接的湖泊，正是今天宝湖所在位置。

《银川市园林志》（2013 年编）记载，中华民国初年，宝湖属鲍家堡。至 20 世纪 80 年代，在保伏桥、宝湖附近，仍有保伏桥村、鲍家庄、倪家庄等村落存在。其中，保伏桥村，即因东临保伏桥而得名。

据现住保伏桥新村的一些当地老人回忆，20 世纪 60 年代前后，保伏桥还是木桥，宽四五米，是当时银川城南通过唐徕渠的唯一通道。《银川市地名志》记载，保伏桥原建为 5 孔石墩木桥面，1980 年改建为钢筋混凝土板桥。改建后桥全长 36.14 米，宽 7 米，5 孔。

1986 年，随着城市的发展，银川市城区西环路、南环路，分别由今天的凤凰街、南薰路一线，向西、向南外移至今正源街、长城路一线，并在原保伏桥（已拆除）之北建新桥连通两路，沿用旧桥名，新桥为 3 孔钢筋混凝土灌注桩墩台、装配式空心板结构，长 34 米，宽 18 米。

2013 年，保伏桥再次进行了拓宽改造，也就是今天我们看到的保伏桥。桥在更新，村落也在变迁。在多年来的城市发展建设中，保伏桥附近，包括保伏桥村在内的那些老村落故址已经消失，融入现代化的城市中，现在宝湖周边，仍有保伏桥社区、保伏桥新村住宅小区等。

联通桥

桥梁概况

联通桥位于凤凰街与南薰路交叉口向西260米，南薰西路跨唐徕渠处。所在道路等级为城市次干道。2002年6月竣工，2002年命现名。2013年1月改造。现桥跨径组合2×32米，长36米，宽60米，行车道宽29米，为八车道。简支板桥，上部结构类型为钢筋砼板，板式橡胶支座，桩柱式桥墩。荷载等级汽-20吨、挂-100吨，限载吨位20吨。伸缩缝类型GQF-C40，抗震设防烈度8度。桥梁建设单位为银川市市政建设综合开发公司，施工单位为宁夏唐徕水利水电工程建设公司，管理、养护单位为银川市市政工程管理处。

联通桥

桥梁故事

今联通桥周围多为居民区。20 世纪 80 年代，此处尚未有桥梁存在，在唐徕渠西侧附近有一处较大的湖泊——碱湖，位置就在今南薰西路北侧的长城花园与鹿鸣苑一带。这座碱湖的面积，约有其南面的宝湖一半大小。在当地老人的记忆中，碱湖边上长着高高的芦苇，他们儿时常到里面戏水玩耍。

20 世纪 80 年代，如今桥梁所在的南薰路，还未与唐徕渠相接，其长度东起东环南路（今清和街），西连凤凰南街，不过 2.7 公里。联通桥的诞生，与南薰路的发展和变迁密不可分。

南薰路系 1952 年沿银川城南城墙外围形成，曾名南环城路，1986 年增建新南环路（今长城路）后更现名，因东路北侧有南薰门楼而得名。南薰门楼古已有之，明（宣德）《宁夏志》中，即提到当时的宁夏城城门有四：东为清和门、南为南薰门、西为镇远门、北为德胜门。南薰门楼也是银川古城至今唯一保存下来的城门遗址。

城市的发展中，南薰路也经历了多次改造。1973 年，银川市对南薰路进行了改建，将原有碎石路面进行了沥青铺装。1978 年，东端原止于玉皇阁南街的南薰路，辟建延伸至清和街。1984 年，南薰路路面拓宽至 18 米……一次次的建设中，南薰路得以不断提升。2001 年，南薰西路实施道路打通工程，工程西起正源南街，东止凤凰南街。至 2002 年 6 月 30 日，正式竣工，南薰路得以跨过唐徕渠向西伸展，与正源街交会。联通桥即是在此次道路工程中修建，时为单跨桁架拱桥。

2013 年，面对日益严峻的城市交通拥堵等问题，银川市全面实施道路畅通工程，并将桥梁工程作为其中的一项重要内容来建设，在不让桥梁成为城市道路“肠梗阻”的同时，也使其成为一道风景线。南薰路唐徕渠桥的拓宽工程，即在这一年完成，桥面之上扩出 2 个车道，并设置非机动车道，方便市民出行。随后，路灯管理部门还在两侧桥头安装了白玉兰灯，提升桥梁照明的同时，灯光、水景及周边建筑更好地融合。

新华西桥

唐徕渠 · 干渠

新华西桥

桥梁概况

新华西桥位于新华路与凤凰街交叉口向西 500 米，新华西路跨唐徕渠处。所在道路等级为城市次干道。2013 年建。桥梁跨径组合 2×12 米，宽 32 米，行车道宽 28 米，为八车道。上部结构类型为钢筋砼板，板式橡胶支座，桩柱式桥墩，钻孔灌注桩基础。限载吨位 20 吨。伸缩缝类型 GQF-C40，抗震设防烈度 8 度。桥梁建设单位为银川市市政建设综合开发公司，施工单位为宁夏方圆建设有限公司，管理、养护单位为银川市市政工程管理处。

新华西桥

桥梁故事

新华路（2019 年 6 月 26 日前称新华街）是银川一条堪称古老的街道。明建文三年（1401 年），庆王朱㮵从韦州迁入宁夏镇城。永乐五年（1407 年）建造庆王府，在王府门前平整出一条通道，称为“新街”。查看《明代宁夏城图》，庆王府南侧门前的那一条道路，可以说是新华路的前身，至今已有 600 余年。

早年的新华路不过是短短一段，在 1936 年的《宁夏省会图》里，它东起今天的中山南街，西到今天的鼓楼步行街。时间的长河里，新华路陆续向东西扩展。至 20 世纪 80 年代才初具规模，东起清和街，西至凤凰街。但就是这并不长的街道，却在很长时期里是银川最繁华和热闹的街区。早年间，这里有银川最早的“老市场”、最早的电影院、演出秦腔的“大舞台”，银川人在这里听戏、逛街……时至今日，这里仍是人流聚集、繁华喧嚣的街道。

然而，作为银川市最热闹的街区之一，很长时间以来，新华路向西到凤凰街后便戛然而止，许多购物、出行的市民不得不绕道附近的南薰路或解放路。

2012 年底，银川市将新华西街、湖滨西街向西打通工程列入银川市道路畅通工程项目。经过 4 个多月的施工，2013 年 8 月 2 日，新华西街向西打通工程终于顺利通车，为缓解周边道路的交通压力起到积极的作用。新华西街的打通，将南北向的凤凰南街、正源南街、良田路串联在一起。

从 2012 年 12 月开始，施工方利用唐徕渠枯水期，开始启动建设横跨唐徕渠的新华西桥，于春耕灌溉前，完成桥墩施工，不影响唐徕渠的正常过水。此次道路桥梁的走向与唐徕渠成一定角度，跨度较大，所以没有采用一般的板桥结构，而是采用两孔箱梁式桥体，解决了跨径问题。同时，因唐徕渠沿岸是景观水道公园，建设方为了方便市民休闲娱乐时的通行，在桥两侧修建了 48 米长、30 米宽的地下通道，行人、机动车都可通过，通道内还设计了停车位，是当时银川功能最齐全的一条地下通道。

新华街向西打通工程及新华西桥的建成，分流了车辆，缓解了相邻的解放路西门桥和南薰路联通桥东西通行的压力。

唐徕渠·干渠

西门桥

老西门桥

桥梁概况

西门桥位于凤凰街与解放路交叉口向西 720 米处，所在道路等级为城市主干道。1958 年竣工，2010 年 5 月改造。桥梁跨径组合 2×32 米，总宽 32 米，行车道宽 18 米，为四车道。简支板桥，桥梁的上部结构类型为钢筋砼板，板式橡胶支座，桩柱式桥墩，钻孔灌注桩基础。荷载等级为汽 -20 吨、挂 -100 吨，限载吨位 20 吨。伸缩缝类型 GQF-C40，抗震设防烈度 8 度。桥梁建设单位为银川市建瓴建设工程咨询有限公司，施工单位为宁夏晨禹水利水电建筑公司，管理、养护单位为银川市市政工程管理处。

桥梁故事

西门桥有着悠久的历史，自古便为银川城西门外的通行要津。清（乾隆）《宁夏府志》记载：“西门桥，在城西门外。”

清代，西门桥是连接宁夏府城与新满城的要道。乾隆年间，官方改定的“朔方八景”中，即有一景称道此处——“西桥柳色”。（乾隆）《宁夏府志》中记曰：

今西门桥

“唐渠过郡郭西，穹桥驾其上，满汉城通途也。桥北为龙王庙。庙西板屋数椽，面山临流，风廊水槛，夹岸柳影氍毵来往，轮蹄络绎其间，望之入绘。旧志八景有‘官桥柳色’，以今准昔，殆此胜于彼矣。”

关于“西桥柳色”，古人多有诗作描述赞颂。如清代宁夏人许德溥作《西桥柳色》：“渠畔龙宫枕大堤，春风夹岸柳梢齐。羊肠白道穿云出，雁齿红桥亚水低。沽酒清阴时系马，招凉短槛几留题。更添蜡屐游山兴，为问平湖西复西。”

清代张映梓则在《西桥柳色》中写道：“西桥架横渠，风水盘纡处。柳影日毵毵，行人自来去。”还有清代胡琏的同题诗作：“何处春风淑景饶，依依杨柳荫西桥。绿云齐染青丝障，紫水斜穿锦带条。雉堞晴光开画阁，龙宫楔晏簇琼箫。游人络绎增佳赏，日暮踟蹰步马骄。”

早年间的西门桥为木桥，位于今西门桥以北 300 米处。1936 年的《宁夏省水利专刊》记载：“西门桥，在前城乡，省城西门外，此桥有标尺，最大不过十五分三，五孔，石柱腿，土木面，有栏杆，长十六米二，宽六米八，为省城往西要道。”

老西门桥有“唐徕渠第一桥”之称，今仍在故址。2001 年，此桥进行了维修改造，原桥面铺筑了人行道，对两侧护栏进行了维修，在桥两侧增加了隔离小型机动车设施，将此桥变为一条仅供行人通行的人行桥梁。

今天的西门桥，为 1958 年在老西门桥位置南侧 300 多米处所建，东、西分别衔接解放路与新辟的银新公路（今黄河路），使城乡交通和物资交流更为通畅便利。

此后，1984 年和 1998 年，西门桥又分别进行了加固建设。现在人们看到的西门桥，是 2009 年 11 月至 2010 年 5 月，为了适应日益发展的城市交通和建设而重新建造的。

湖滨西桥

桥梁概况

湖滨西桥位于新昌路与正源街交叉口向东400米处，所在道路等级为城市次干道。2013年建成。桥梁跨径组合2×16.5米，宽32米，行车道宽14米，为四车道。钢筋砼板桥，上部结构类型为钢筋砼板，板式橡胶支座，桩柱式桥墩，钻孔灌注桩基础。桥伸缩缝类型GQF-C40，抗震设防烈度8度。限载吨位20吨。桥梁设计单位为银川市规划建筑设计研究院，建设单位为银川市市政建设综合开发公司，施工单位为银川市第一建设有限公司，管理、养护单位为银川市市政工程管理处。

湖滨西桥

桥梁故事

20世纪六七十年代，今湖滨西路与唐徕渠交会处尚无桥梁，渠东有冯家庄，渠西有银川市豆制品厂。冯家庄为原红花乡下辖的自然村，清末以姓氏得名，曾名北塔大队第一、二生产队，现此地为城市居民小区（今唐槐小区一带）。至于占地面积17500平方米的银川市豆制品厂，现在也已是楼房林立的居民小区（今锦绣苑一带）。

湖滨西桥

湖滨西桥附近并无湖泊，其得名源自湖滨路向西延伸段的建成。湖滨路的名称出现是在 1981 年（时称湖滨街）。由此再往前追溯，这一线道路原名旧财政厅巷，20 世纪 40 年代初，因其北侧有旧军队的修械所和军事机构，更名尚勇巷，意为崇尚勇武。此后，尚勇之名一直沿用。20 世纪 50 年代，这条巷路北侧建有当时银川最大的粮库——尚勇粮库，许多老银川人记忆深刻。

湖滨路之名，源自其路北侧原有一大片湖泊湿地。这片水域在 1936 年的《宁夏省会图》中，可以清楚看到，是当时银川城内一处最大的湖泊，西起中山公园东侧附近，东抵今和平苑一带。直到 20 世纪 50 年代，这一带仍有着连绵水域。

宁夏回族自治区成立后，随着城市人口和规模的不断增长，尚勇粮库之西的这片湖泊湿地被填平，陆续建起居民区、银川市拖拉机配件厂、湖滨电影院等，尚勇巷也在同步扩展。到 1981 年更名为湖滨街时，这条街道已经成为东起中山北街，西至中山公园，长 1.6 公里的城市主要街道。

此后的湖滨路，延伸的脚步并未停止。21 世纪初，其中山公园南门至凤凰街一段打通。之后，东端又延伸至丽景街。2013 年，位于凤凰街之西的田坪巷拓宽改造，成为向西延伸的湖滨西路的一部分，其跨唐徕渠与金凤区新昌路相接处的桥梁亦同时建成，就是我们今天所看到的湖滨西桥。

中房桥

桥梁概况

中房桥位于北京路与正源街交叉口向东350米，北京路跨唐徕渠桥，所在道路等级为城市主干道。2003年10月建成通车。桥梁跨径组合2×16米，总宽60米，行车道宽30米，为八车道。简支板桥，上部结构类型为钢筋砼板，板式橡胶支座，桩柱式桥墩，钻孔灌注桩基础。桥伸缩缝类型GQF-C40，抗震设防烈度8度。荷载等级为汽-20吨、挂-100吨，限载吨位20吨。桥梁设计单位为银川市规划建筑研究院，建设单位为银川市城市投资控股有限公司，施工单位为宁夏晨舜水利水电工程公司，管理、养护单位为银川市市政工程管理处。

桥梁故事

中房桥，原称唐渠桥。1976年修建银新北路（今北京路）时建，时为跨径26米的单孔拱形桁架微弯桥，桥全长34米，宽18米。1986年，因其东南近规划之兴隆新村村址命名为兴隆桥。

说起今天的中房桥，不能不提北京路的形成。1949年之前，银川原老城的城市区域基本限定在四面城墙之内。中华人民共和国成立后，城区逐渐向外扩大，城市道路也随之向城墙之外的区域拓展。这些街道，以环绕四面城墙外围的东、南、西、北四条环城路为最先形成。其中的北环城路，对应的正是今日北京东路的一段。

银新北路，于1974年开始修建。这条连接当时银川城区、新城区的交通主干道，西起新城街，中跨四二干沟、唐徕渠，东接北环城路，建成后大大改善了当时银川市城区与新城区之间的交通情况。当时银新北路所跨唐徕渠处桥梁，即为今日中房桥之前身。

1984 年，银川市的城市道路建设出现了一个高峰期，其中就包括对 4 条环城路的改、扩建工程。历经此次改造，北环路自东环路（今清和街）至西环路段（今凤凰街），长 2650 米，道路拓宽为 34 米，路面采用沥青碎石加封面砂技术，成为继凤凰街之后，银川市第二条机动、非机动、人行道分开使用的“三块板道路”。

1996 年，银新北路进行了改、扩建工程，两侧增加 5 米慢车道和 2 米的绿化隔离带，使之成一条机、非分离的三块板结构道路，机动车道为双向四车道。

随着时间的推移、城市的日益发展，道路的改造、更新也在一次次相应进行。2003 年，北京路全面扩建工程正式启动。扩建工程将西夏路、新城街、银新北路、北环城路联结成一体进行打造，使之成为一条东西横贯银川市区的城市主干道。

2003 年，新建成的北京路宽 60 米，双向八车道。同时，原西夏路、新城路、银新北路、北环路更名统称为北京路，其长度西起贺兰山沿山公路，东至丽景街，总长 24.42 公里，成为当仁不让的“银川第一长街”。而这条“第一长街”与唐徕渠交会处的兴隆桥，也在此次大规模的道路工程中也进行了建设与改造，成为今天我们所见的模样。

追溯中房桥变迁的过程中，我们寻访到当年曾对这一带熟悉的老人。在他们的记忆中，“20 世纪 80 年代初，银新北路还只是一条不宽的砂石路，两边多是农田。站在唐渠桥（今中房桥）上，向东西两边瞭望，看不到一幢高楼……”对比车水马龙、高楼林立的今日景象，可谓今非昔比，有天壤之别。

中房桥

赛马桥

桥梁概况

赛马桥位于上海路与正源街交叉口向东500米，上海路跨唐徕渠处，所在道路等级为城市主干道。原桥为跨径26米的单孔混凝土拱桥，全长32米，宽度37.86米。2003年7月，拆除旧桥新建。建成后跨径组合2×16米，桥长36米，宽48米，行车道宽30米，为八车道。钢筋混凝土板桥，上部结构类型为钢筋砼板，板式橡胶支座，桩柱式桥墩，钻孔灌注桩基础。桥伸缩缝类型GQF-C40，抗震设防烈度8度。汽车荷载等级城-A级，限载吨位20吨。桥梁设计单位为银川市规划建筑研究院，建设单位为银川市市政建设综合开发公司，施工单位为宁夏晨舜水利水电工程公司，管理、养护单位为银川市市政工程管理处。

桥梁故事

赛马桥，即上海路唐徕渠桥，最初的修建年代无明确记载，据早年在附近居住的老人回忆，这一带当年是李家庄的村落和农田。李家庄是1949年以前就存在的一个老村子。中华人民共和国成立后，李家庄先后经历了互助组、合作化，再到人民公社的变化，隶属银川郊区红花公社北塔大队第五生产队。其时，村民种植的作物有蔬菜、水稻和小麦，尤以蔬菜为主，是当时银川市主要的蔬菜供应地之一。

在老人的回忆中，今天的上海路，当年修筑时正是从李家庄东西穿过，庄点和部分菜田被分隔在路南，大部分水田在路北。今天上海路与唐徕渠交会处，当年并无桥梁存在。村民需过桥前往渠西时，走的是村庄西南方向的跨唐徕渠桥，

赛马桥

即今天的中房桥；而在中房桥还未修建的更早年间，跨渠就得走再往南、更远处的西门桥了。

上海路唐徕渠桥的出现，与上海路的形成和变迁密切相关。1997 年，银川市新建了北二环路，该路为三块板，机动车和非机动车道分离的双向四车道道路，东起中山街，西至西二环路。

这里的北二环路，即今天上海路的前身。1996—1997 年的这次道路建设中，东西向的北二环路跨越了唐徕渠，与位于渠西的西二环路（今正源南街）相交。今天的上海路唐徕渠桥，便是在这一时期修建。桥梁的建成，使当时的北二环路与西二环路连通，使当时的银川城区与郊区交通进一步通畅和优化，为之后上海路的东西贯通打下基础。

2003 年，北二环路一线道路正式命名为上海路。同年，随着新区建设的启动，建设了上海路正源街至满城街段，使这条城市主干道东西贯通银川市区。而其所跨唐徕渠处桥梁亦于同年 7 月，进行了拆旧建新工程。

正丰桥

桥梁概况

正丰桥位于康平路与正源街交叉口向东 640 米，所在道路等级为城市次干道。2004 年修建，时为 2 跨板桥，长 39 米。2008 年改造建设后，桥梁跨径组合 2×18 米，宽 21 米，行车道宽 21 米，为六车道。桥梁为简支板桥，上部结构类型为钢筋砼板，板式橡胶支座，桩柱式桥墩，钻孔灌注桩基础。桥伸缩缝类型 GQF-C40，抗震设防烈度 8 度。汽车荷载等级城 -A 级，限载吨位 20 吨。桥梁建设单位为银川市方圆工程监理咨询有限公司，施工单位为银川第二市政工程有限责任公司，管理、养护单位为银川市市政工程管理处。

桥梁故事

今康平路与唐徕渠交会处附近，原为唐徕渠支渠北塔渠引水口，近旁有村落名塔渠口，即因地近北塔渠口而得名，曾名北塔大队第七生产队。今天康平路的方位和走向，也是基本沿着昔日北塔渠一线，此渠现已不存。

与此桥密切相关的康平路，其修建缘于当年银川市的康居工程。2003 年 3 月，银川市启动康居工程建设，在今康平路的西端，建设安置小区。工程涉及兴庆区、金凤区、西夏区的 6 个乡 10 个行政自然村 14 个点，总共安置城乡居民 33593 户，形成了今天银新康居苑一带的居民区，而今天的康平路唐徕渠桥，最初的修建便是在这一时段完成。

随着康居工程的建设，康平路的修建也提上日程。2006 年前后，康平路建成，其跨唐徕渠的桥梁也得到了改造提升，成为今天我们看到的模样，居民出行大为便利。2020 年，在康平路跨唐徕渠桥附近道路上，还诞生了一个纪录——宁夏首条“不结冰”道路。当年 11 月，在这座桥两端，建设了一段特殊的道路，建设方在路面沥青中添加了防冰融雪材料，可以在 -15℃左右达到“中小雪自融，大雪不粘”的效果，这段道路成为宁夏首条“不结冰”试验段道路。

正丰桥

观远桥

桥梁概况

观远桥位于贺兰山路与凤凰街交叉口向西560米，贺兰山路跨唐徕渠处。所在道路等级为城市主干道。2005年6月修建，桥梁跨径组合2×20米，宽60米，行车道宽30米，为八车道。桥梁为钢筋砼板桥，上部结构类型为钢筋砼板，板式橡胶支座，桩柱式桥墩，钻孔灌注桩基础。桥伸缩缝类型GQF-C40，抗震设防烈度8度。荷载等级汽-20吨、挂-100吨，限载吨位20吨。此桥设计单位为宁夏交通厅公路设计院，建设单位为宁夏交通厅，施工单位为宁夏金龙路桥公司，管理、养护单位为银川市市政工程管理处。

桥梁故事

观远桥北侧紧邻处，昔日是唐徕渠2条有名的支渠——大、小达子渠的渠口，附近曾有村庄达子渠口村（位于唐徕渠西），曾名银丰大队第一生产队。1974年银新干沟建成后，此处也是该排水沟与唐徕渠的交汇之处。

据20世纪30年代的《宁夏省水利专刊》记载，当年银川段唐徕渠上，自西门桥向北至满达桥这漫长的一段渠流上，只有一座名为“新桥”的小桥：“五孔，石柱腿，长十五六米，宽四米六，为由省城（今银川市）往西北要道。”比对该书所附《宁夏全省渠流一览图》可知，“新桥”桥址就在唐徕渠支渠小达子渠北侧紧邻处，也即今日观远桥北侧不远处（此处现仍有砼筑小桥1座）。

今日观远桥的规模，当然远非昔日简陋的“新桥”所能相比。宽阔平坦的贺兰山路自此跨渠而过，一路伸展，东西贯通整个银川市区，且与京藏高速相连。而观远桥的修建，也正是缘于这条通衢大道的建设。2004年，贺兰山路建成，长12.4公里，宽32米，非机动车道宽度两侧各5米，人行道宽度两侧各6米，该路共建设桥梁5座，跨越唐徕渠的观远桥为其中之一。

观远桥（上）

凤仪桥

桥梁概况

凤仪桥位于贺兰山路与凤凰街交叉口向北1000米，凤凰北街跨唐徕渠处。桥长110米，宽38米。桥梁为简支板桥，钢筋混凝土材质。凤仪桥周边毗邻阅海万家、西湖苑、凤凰华府、塞上名居等城市小区。2019年6月命现名。

桥梁故事

凤仪桥的位置，昔日为银川市郊区满春乡与贺兰县丰登乡（今属金凤区）交界处，周边多为湿地与田野。至20世纪80年代，其紧邻的西北侧还有大片的沼泽湿地，一直连绵至丰登乡张家庄附近的湖泊。

今天的凤仪桥是凤凰街唯一与唐徕渠交会的桥梁，它的诞生，与这条街道的伸展和变迁，密不可分。凤凰街南北纵贯银川市区，一路与千年古渠唐徕渠相依而行，是银川市一条有着丰富历史的街道。追溯凤凰街的历史，得从它的前身“西环城路”说起。1952年，银川市分别依银川城墙故址四边修建了四条“环城路”，凤凰街就是当时的“西环城路”。1984年，如今已是银川地标建筑的“民族团结碑”在原银川西门城楼西侧建成，因银川自古就有“凤凰城”之称，这座碑的碑顶采用了不锈钢材质的“凤凰展翅”造型，被银川人亲切地称为“凤凰碑”。1986年，因道路所经“民族团结碑”上的“凤凰”元素，西环城路正式更名为“凤凰街”。此时的凤凰街远未达到现在的规模，长度只有2.2公里，南端与南环路（今长城路）相接，北端则止于银新北路、北环路（均属今北京路一段），以“民族团结碑”为界，分为南、北街。

随着城市发展，2002年，凤凰街向北延伸至现在的康平路附近，长度接近4公里。2008年，凤凰街南端延伸至治平路，北端则继续延伸至贺兰山路，全长达到7公里。其后，凤凰街的南端继续伸展，与永宁县的双庆路相接。唐徕渠以北路段也与大连路连通。

2017年，随着银川市阅海万家等大型居住区、阅彩城等商业体的相继投用，正源街、尹家渠路等主干道交通压力日益增大。为缓解正源街、尹家渠路等道路交通压力，分流南北走向的车流，有效解决大连路以北市民出行问题，凤凰街贺兰山路以北道路打通工程启动。2017年10月，凤凰北街（贺兰山路—唐徕渠）道路、桥梁建设开工，同步建设跨典农河、唐徕渠两座桥梁。其中，唐徕渠桥梁工程于2017年10月中旬唐徕渠停水期开工，2018年8月底桥梁建设全面完工。

在凤凰北街（贺兰山路—唐徕渠）道路、桥梁工程实施前，凤凰街南段已连通至永宁县，唐徕渠以北的路段也可与贺兰县接连。随着贺兰山路至唐徕渠段道路、桥梁工程的完工，凤凰街连通永宁县和贺兰县，成为银川市又一条南北向交通主动脉。

凤仪桥

玉麒桥

桥梁概况

玉麒桥位于大连路与唐徕渠交叉口处，所在道路等级为城市主干道。2014 年 11 月开工建设，2015 年 7 月竣工。桥梁跨径组合 2×22 米，长 50 米，宽 63 米，为八车道。桥梁为简支板桥，上部结构类型为砼空心板，板式橡胶支座，桩柱式桥墩，钻孔灌注桩基础。抗震设防烈度 8 度。汽车荷载等级城 -A 级，限载吨位 20 吨。桥梁设计单位为泛华建设集团有限公司，建设单位为银川市市政建设综合开发有限公司，施工单位为银川第一市政工程有限责任公司，管理、养护单位为银川市市政工程管理处。2019 年 6 月，此桥被命名为玉麒桥。

桥梁故事

玉麒桥所在地，昔日为银川市郊区满春乡与贺兰县丰登乡（今属金凤区）交界处，周边多湖泊湿地。附近唐徕渠西有张家庄、杨家庄以及大碱湖一处，西南为大片沼泽湿地；渠东有罗家湾子、马家庄，东南有湖泊马家湖，即现天鹅湖小镇住宅区内湖泊。

今日玉麒桥所在的大连路，是位于银川市区北部的一条东西贯穿银川市的城市主干道。早在玉麒桥修建之前，2009 年，正源北街以西的一段大连路已经建成；2013 年，唐徕渠至凤凰街路段建设完成；2014 年，正源街至凤凰街段完工。在此基础之上，2015 年 11 月，这段道路一个关键性的工程——跨唐徕渠桥（即玉麒桥）开工建设。建造工程持续 8 个多月，2015 年 7 月 31 日，该桥正式竣工并

玉麒桥

交付使用。

在玉麒桥和这段大连路修建之时，银川市区北部已是城市开发建设的热点区域，阅海湾中央商务区、阅海万家等大型工程项目都在全面建设中。2015 年玉麒桥的建成，使大连路东段实现了自亲水大街向东一直与友爱街连通。

随着玉麒桥桥梁工程的完成，大连路东段实现了全部贯通，这不仅进一步优化了银川市区北部的城市路网，方便了市民出行，而且全面发挥连接金凤区、兴庆区和贺兰县德胜工业园区的城市主干道功能，大大缩短了该区域内的出行时间及物流周转速度，使银川市北部的整体交通运输通行能力得到全面提高。同时以交通为纽带，促进城市空间结构优化，助力银川开放发展。

玉麟桥

桥梁概况

玉麟桥位于沈阳路与虹桥南街交叉口向西 800 米，沈阳路跨唐徕渠处。初建于 2007 年，2018 年改造升级。桥长 50 米，宽 40 米。2019 年 6 月命现名。

桥梁故事

玉麒桥、玉麟桥，一麒、一麟，可谓“兄弟之桥”。若按建造年代来说，玉麟这个“弟弟”，反而要比玉麒这个“哥哥”早些年头诞生。

2007 年 5 月 27 日，横贯银川市三区的北三环、北四环路正式开工建设，后来“北

玉麟桥

三环”被命名为大连路，“北四环”被命名为沈阳路。

北三环施工起于亲水南大街，终于正源北街，全长 2.95 公里，规划红线宽度 50 米，尚未与唐徕渠相交，“哥哥”玉麒桥还在酝酿规划之中。而同时期的北四环路，施工路段为亲水大街至唐徕渠东侧德胜工业园，全长 6.6 公里，道路宽 30 米，沿线有涵洞 20 个、桥梁 2 座。

这 2 座桥梁，其中之一即为跨唐徕渠的玉麟桥。不过，此时的玉麟桥还不是今天的体量和外观。之后它又经历了一次较大规模的升级改造。

这是一段银川市区北部路网的开拓时期。随着东西向的北三环、北四环、北五环路（今哈尔滨路）的建设，加上时在建的南北向的万寿路（今宁安北街）、亲水大街和正源街北段与西北绕城高速公路城市连接线，它们共同“编织”着一张通达的城市交通网，打开银川市区北部的快速出行通道。

然而，这还只是一个开始。这一路网的建设，在其后不断得以完善升级。2016 年 6 月，沈阳路（亲水大街—新南公路）城市地下综合管廊及道路工程开工建设；2017 年 6 月，银川市地下综合管廊连接打通工程——沈阳路（丽子园街—新南公路）开工建设……

2018 年，对玉麟桥和其所在沈阳路来说又是一个值得记住的年份。这一年的 8 月，沈阳路（正源街—唐徕渠）道路升级改造工程项目开展前期工作。项目道路总长 3350 米，规划道路红线宽 60 米，改造前的现状道路为 30 米宽的沥青混凝土路面。主要改造内容包括道路工程、桥涵工程等。玉麟桥，正是经此次改造升级后，方成今日容颜。

2018 年 11 月，银川市民政局对沈阳路跨唐徕渠桥等一批待命名的城市桥梁，进行征名。2019 年 6 月，与大连路跨唐徕渠桥同一批，两桥分别被命名为玉麒桥、玉麟桥。

如今，随着银川第一条城市快速通道——沈阳路的全面建成，玉麟桥已成为这条快捷大道上众多桥梁中的一员。与这条路上的其他桥梁，尤其是那些互通式立交桥相比，它当然谈不上宏伟，甚至只有“仰望”之份。但若想见，这座桥梁，是一条代表着这座城市最新发展阶段的现代道路，穿过一条最能代表这座城市悠久历史的千年古渠的交会之桥，这“跨越千年”的美丽“约会”，是多么奇妙而又令人感慨！

满达桥

桥梁概况

满达桥位于丰庆西路与唐徕渠交会处向北 240 米，为唐徕渠满达桥节制闸的附属工程。1958 年，唐徕渠满达桥节制闸修建完成。作为附属工程的满达桥，桥面为钢筋混凝土，桥墩由条石拌和白灰浆堆砌而成，桥面宽 6 米。

桥梁故事

满达桥，古已有之。清（乾隆）《宁夏府志》记载的唐徕渠上桥梁即有："满达喇桥，去（平罗）城西南六十里。"由方位和距离推算，此满达喇桥应该就是今天的满达桥。同时，《宁夏府志》中亦有唐徕渠大支渠之一"满达喇渠"的记载："在城（宁夏城，今银川）西北，转东北流，长六十里。"

1936 年成书的《宁夏省水利专刊》记载："（满达桥）在丰登北乡，五孔，石柱腿，长十六米五，宽五米，为由省城（今银川）至玉祥、洪广两营之要道。"另外，由此书文字及所附的渠流图亦可知，当时在这座桥两侧、唐徕渠之西，有新满达渠、老满达渠、北达渠等唐徕渠的大支渠，其中"由满达桥经玉祥营至洪广营长四十三里"的新满达渠，灌溉田亩数达到 12000 余亩。

据当地老人回忆，1949 年之前，满达桥还是座宽约 4 米的木桥，有栏杆，可以通行马车。唐徕渠行水期时，此桥是附近居民通行唐徕渠的唯一途径，也是当时贺兰县百姓去往西南边新满城（今属金凤区），以及更远的汝箕沟拉煤的交通要道。身处咽喉要道，满达桥周围也因此形成一个人流聚集的小小集市，开车马店的、开饭馆的、理发的、打杂卖艺唱戏的……堪称热闹。

如今的满达桥是唐徕渠满达桥节制闸的附属工程。满达桥节制闸是唐徕渠中下游的输水中枢，节制闸共七孔，其中西侧四孔是第二农场渠进水闸，东边三孔为唐徕渠进水闸，桥旁有“提水闸”碑铭简介，碑文记载，满达桥节制闸因位于贺兰县习岗镇黎明村十一社，所以又被称为“黎明满达桥提水闸”。该闸修建于 1958 年，最初（1953 年）由苏联援建，后因中苏关系恶化，苏联专家撤离后，由我国水利专家重新设计建造。满达桥提水闸，由节制闸、进水闸及交通桥组合连成一体，呈大 V 字形，总长 31 米，宽 8 米，高 12 米。整体建筑为钢筋混凝土结构。节制闸长 11.5 米，宽 2 米，有 3 个闸板。进水闸长 15.5 米，宽 2 米，有 4 个闸板，两闸迎水形成 120° 夹角，由唐徕渠分出农二渠，科学地进行水利资源调配。闸身为排架结构，闸墩由条石砌成，闸墩前后的迎背水桥墩条石，是由人工凿成半圆形石块再用白灰浆堆砌而成。闸墩共 8 个，顺水面长 2.5 米，宽 1 米，高 5.5 米，墩与墩之间中心距离 4 米。

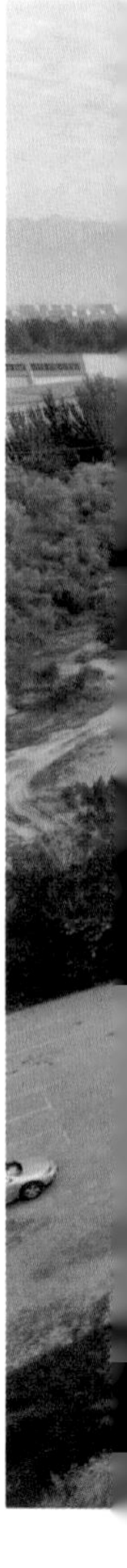

参加过满达桥节制闸建设的老人回忆，1958 年修建大闸的砂石料都是用骆驼从贺兰山上驮来的，每到傍晚，此处唐徕渠的渠堤外坡总是卧着几十匹骆驼，天还没有亮就能听到叮叮当当上山驮料的驼铃声，可见当年建造满达桥节制闸的辛苦。20 世纪 70 年代，随着水利技术的发展，满达桥闸上建起了排架，并于 80 年代建成了管理房，安装了提闸、放闸的卷扬机和电机，2017 年又新建了测控一体化系统，管理人员在办公室就能控制闸门启闭。

时代的不断前行中，一座座现代化的桥梁在唐徕渠上陆续建成，节制闸处的满达桥，逐渐失去交通要道的功能，昔日近旁的集市和市井烟火也已不复存在。2017 年 10 月，宁夏引黄古灌区正式列入世界灌溉工程遗产名录，满达桥闸也被列入水利古建筑保护名录。为保护历史文化遗产，提升灌溉能力，2019 年底，满达桥节制闸开始进行保护性修复和除险加固。按照修旧如旧的原则，对现状水下闸室部分（闸墩和闸底板）进行保护性维修，为了减轻条石桥墩压力，重建闸房为钢架结构仿唐风格。同时，更新配套电气设备，增设自动化控制系统、视频监控系统等。在提升满达桥闸灌溉调度能力的同时，加强文物保护和文化遗产传承。

2021 年，宁夏引黄古灌区世界灌溉工程遗产展示中心，在唐徕渠上具有 600 年历史的满达桥节制闸旁开工建设。展示中心整合展示与河流文明相关的灌溉工程和农耕文化，突出展示世界河流文化，从而引发人们对水与文明起源、与人类发展、与社会进步的深刻思考，是承载河流文明互鉴的窗口，世界灌溉工程遗产展示的典范。

工程完工后，这处展示宁夏引黄古灌区的“窗口”，与具有传统建筑风貌的满达桥节制闸相望，形成古今对照、相映生辉的效果，与唐徕渠和第二农场渠布设的 Y 字形水文化景观一动一静、融合共生，共同讲述宁夏的“黄河故事”。

今天的节制闸和满达桥在继续发挥自身功用的同时，还将以它们所承载的历史和记忆，为人们讲述这条渠流与这片土地的动人故事。

满达桥

唐徕渠·干渠

西关桥

桥梁概况

西关桥即老西门桥。位于解放路以北300米处，为人行桥，桥长50米，宽4米。2019年6月命现名。

西关桥

长城桥

桥梁概况

长城桥位于长城路以南约500米处，为跨唐徕渠人行钢架桥，桥长50米，宽3.5米。2019年6月命现名。

长城桥

唐徕渠 · 干渠

彩虹桥

桥梁概况

彩虹桥位于宝湖中路以北约350米处，为跨唐徕渠人行钢架桥，桥长50米，宽3.5米。2019年6月命现名。

彩虹桥

卧云桥

桥梁概况

卧云桥位于六盘山路以北约200米处，为跨唐徕渠人行桥，桥长50米，宽5米。2019年6月命现名。

卧云桥

唐徕渠支渠·良田渠

良田渠，为唐徕渠支渠之一。传唐代始开。从永宁县胜利乡唐徕渠引水析出，南自银川市原郊区良田乡杨家庄子南侧（今永宁县良田路与永宁快速路交叉口南侧）新开渠口入银川市区境，流经银川市金凤区、西夏区，北至西夏区芦花村止。总长 20 余公里，宽 9 ~ 4 米，流量 8 米 ^{3}/ 秒。

“良田”二字，于今昔生活在银川的人来说，都有着多层的含义。它是一种对农业丰收的期盼、追求和努力后达到的现实，也是一个渠名、地名。渠水流过银川大地，灌溉出万亩良田；而寓意美好的渠名，又派生出一个个耳熟能详的本地地名，良田路、良田乡、良田镇……它还是一种记忆、一种情结，渠流、名称，润泽在银川人的心头，成为植根本土的一种历史、一种文化。

良田渠总长 20 余公里，蜿蜒的身躯穿行于村庄、城市之间，由此也诞生了一座座跨越其上的桥梁。良田渠上的桥梁并不算大，但因着这条渠绵长的历史、深植的记忆，桥梁故事也是亲切而动人。

永宁快速路良田渠桥

桥梁概况

永宁快速路良田渠桥位于永宁快速路与良田路交叉口向南 100 米，永宁快速路跨良田渠处。桥长 27.54 米，宽 24.5 米。2011 年建成。桥梁上部结构采用钢装配式预应力混凝土简支空心板，下部结构采用埋置衡重式桥台，基础采用钻孔灌注桩，桥面采用 C50 混凝土，最大载重 20 吨。

桥梁故事

该桥位于永宁县与金凤区交界处，是良田渠进入银川市区后的第一座桥。桥梁所在的永宁快速路，修建于 2011 年，起点为银川市正源南街良田渠东侧，向南入永宁县境内，终点沿永黄公路向东与 109 国道衔接，途经金凤区良田镇、永宁县望远镇、胜利乡、杨和镇，全长 21 公里，全程按四车道一级公路标准修建。

这条道路及沿线桥梁的建设畅通，进一步优化银川至永宁路网结构，拓宽永宁县发展空间，加快沿黄城市带产业的发展，对改善永宁县的投资环境、增强综合竞争力、加快城市化进程，推动永宁县经济跨越式发展具有重大意义。

永宁快速路良田渠桥

唐徕渠支渠·良田渠

正源街良田渠桥

桥梁概况

正源街良田渠桥位于正源南街与永宁快速路交叉口西侧，正源南街跨良田渠处。所在道路等级为城市主干路。桥梁跨径组合 1×13 米，总宽 66 米，行车道宽 59 米，九车道。桥梁类型为简支板桥，上部结构类型为钢筋砼板，板式橡胶支座，桩柱式桥墩，钻孔灌注桩基础，伸缩缝类型 GQF-C40。限载吨位 20 吨。抗震设防烈度 8 度。桥梁管理、养护单位为银川市市政工程管理处。

正源街良田渠桥

桥梁故事

正源街跨良田渠处的这座桥梁，修建时间不长，但在此桥西北侧约 200 米处的良田渠上，却有座银川人耳熟能详的老桥——魏家桥。

魏家桥，旧已有之。1936 年的《宁夏省水利专刊》宁夏全省渠流一览图中，此处位置即标有“魏家桥”的名称。20 世纪 80 年代的银川市地图中，此处依然有魏家桥的标注。桥梁之下，蜿蜒的良田渠自南而来，由此处转西北而行，流向银川市区腹地。而魏家桥之南，直线距离约 2.4 公里处，即为新开渠自良田渠的引水口。《银川市地名志》记载，魏家桥村，行政村，在良田乡南部。1983 年由魏家桥大队改置，因辖域南部魏家桥而得名。

据魏家桥村人回忆，他们记忆中最早的魏家桥，是一座简陋的木桥，就是早年间银川平原上最常见的土木结构的桥梁。由木头搭建好桥体，然后再在桥面填上草皮、泥土。桥宽约 4 米，长约 10 米，还有高约 1 米的木质护栏。这样的桥需要经常维护，时间一长，行人从上面经过会吱呀作响，有时畜力车从上面经过，牲畜的腿蹄都有可能踏陷进去。

但是，这却是一座对村民而言出力良多的桥梁。老魏家桥是这一带村民去往银川城里的必经之地，从这座桥上过去，再向北走过一段长长的土路，到了五里台再往北，经过保伏桥后到达城区，总共得走 1 个多小时。那时，村民日常用的油盐酱醋、衣物器具等等，都是这样从城里买回的。还有，过去农村种地没有化肥，村里的人就赶上马车，去银川城里拉运来粪肥，再浇施到田地里。多少年来，这条土路，这座老桥，不知走过多少趟的行人、车马，魏家桥村的生产生活物资，几乎都是从这座桥上拉运过来的。

村民回忆，大致在 20 世纪 80 年代，这座木桥折旧建新，新址选在老桥北边三四十米处，桥是水泥板桥。这座新修的水泥桥，比老桥坚固太多，更好地接续起老桥的重任。虽然桥址有了变动，但村民们还是亲切地称它魏家桥。岁月变迁，时代前行，2012 年，魏家桥行政村下辖的 7 个自然村的村民，整体搬迁住进了盈南家园。从此，这座后建的水泥桥也越来越少有人经过，穿桥而过的那条乡间道路也渐渐不再使用。

正源街良田渠桥旁的老魏家桥

昔日的魏家桥，桥西北为“大盐湖”，南侧为“东湖”，即今天的大雁湖与小雁湖。而再往南则分布有北盐池、南盐池。湖沼众多，是这里典型的地貌特征。特殊的地貌，也让当年这里的道路有些“蜿蜒曲折”，魏家桥就是当时这一地域内一条乡间小道的通行节点，小路自南向北串联起杨家庄、孙家寨、汪家庄、阎家庄等村落。

如今，昔日那座老木桥的故址已无迹可寻，而20世纪80年代建的水泥桥，依然跨于良田渠之上，只不过因久不使用，已是一派荒颓。实地踏勘，这座两跨混凝土板桥也已是很有年头。站在桥头，桥下的良田渠依然，而桥两端连接的乡间道路已不再通行，只剩两旁高大的白杨，仍旧枝干遒劲地挺立着。

今天生活在盈南家园的魏家桥村人，已不再是过去清一色的庄稼汉，有的人去附近上班，有的开起商店，有的办起了公司……他们在新的时代，开始了新的生活。而在那座已荒废不用的水泥桥桥北，一座充满文化气息与现代感的银川文化艺术博览中心已雄伟矗立起来。而在桥西侧不远，自北而来的正源街画过一个优美的弧线后，与良田渠“如约相会”，一座新修的宽阔桥梁跨行其上。

亲水大街良田渠桥

桥梁概况

亲水大街良田渠桥位于亲水南大街与六盘山中路交叉口向南 850 米，亲水南大街跨良田渠处。所在道路等级为城市主干道。2004 年 10 月建。桥梁跨径组合 1×31 米，总宽 30 米，行车道宽 29 米，为六车道。桥梁类型为钢筋砼板桥，上部结构类型钢筋砼板，板式橡胶支座，桩柱式桥墩，钻孔灌注桩基础，伸缩缝类型 GQF-C40。荷载等级汽 -20 吨、挂 -100 吨，限载吨位 20 吨。抗震设防烈度 8 度。桥梁设计单位为宁夏交通厅设计院，建设单位为宁夏交通厅，施工单位为宁夏路桥公路三分公司，管理、养护单位为银川市市政工程管理处。

亲水大街良田渠桥

唐徕渠支渠·良田渠

羊房桥

桥梁概况

羊房桥位于亲水南大街与六盘山中路交叉口向南 500 米处西侧，为跨良田渠小桥。

桥梁故事

要说羊房桥，就先得从羊房桥庄说起。羊房桥庄，是银川市原郊区良田乡一个村落（在今六盘山中路与亲水南大街交叉口东南侧），今已不存。《银川市地名志》记载，清同治年间，有杨姓居民由新疆迁居于此，因处湖滩地易迷途，俗称“杨家转湾子”。曾名魏家桥大队第八生产队。1986 年，因庄南羊房桥得名。

而在羊房桥庄西侧不远，原先也有一处老庄子，名叫烟村墩。《银川市地名志》在对这一地名进行解释时提道，明代于（烟村墩）庄东建有烽火墩“即羊房桥墩，以东南 1.5 公里羊房桥得名”。

由此可知，作为这两处地名之源的“羊房桥”，是一个比较古老的存在。

在今天的羊房桥附近探访，有当地老人回忆，此处的桥，他们一直称呼为“杨福（音）桥”。查阅今人所写的相关文章，有将“杨福桥”与“羊房桥墩”相联系的说法，认为“羊房桥”是“杨福桥”当地方言发音的一个流变。

然而，若将“杨福桥”的称呼，放在附近的历史地貌中看，或许会有不同的启示。与今日羊房桥（即当地人所称“杨福桥”）位置紧邻的南侧，在 20 世纪 80 年代的银川地图里，标注有一处名为“大盐湖”的湿地湖沼，今天被人们称作大雁湖。结合宁夏方言，“杨福”与“盐湖”的发音，非常相似。而事实上，若再往前追溯，在 1935 年《宁夏省水利专刊》所附的《宁夏全省渠流一览图》中，这处名为“大盐湖”

羊房桥

的湖泊，当时标注的名称就是“杨伏湖”。所以，笔者在这里提出一个从音变角度考量的推断：当地人记忆中所称的“杨福（音）桥”，很有可能是“杨伏桥”或者“盐湖桥”。供有兴趣探究者参考。

至于“羊房桥”之名，应该不是从“杨伏桥”生发的一个发音流变，而是比“杨伏桥”更早的一个名称。在清（乾隆）《宁夏府志》中，记载了一些采自旧志但不能详考的桥名，计32座，其中一座名为“杨芳桥”。此处被我们当作地名之源的“羊房桥”，其身世或许与此有关。这一推断，同样提出来以供参考。

回到我们要说的眼前这座羊房桥本身。曾在当地生活的老人回忆，这处桥梁于20世纪60年代时，被修成了水泥桥。当时比较简陋，在良田渠非行水期时，在渠里先堆起土，然后用水泥在上边灌注，等水泥凝固了，再把底下的土取掉，就变成了桥。桥无栏杆，像是块担在良田渠两头的“水泥板”。后来，这座桥又经历了多次改造、重修，才成为今天我们看到的样子。

前文中提道，羊房桥庄早年间俗称“杨家转湾子”。这一称呼，形象地说明了昔日羊房桥一带的环境地貌——多滩涂沼泽、湖泊湿地。20世纪80年代，羊房桥南侧，除了前面提到的大盐湖，再向南还有东湖、北盐池、南盐池等湖沼。这一多湿地的情形，至今犹存。今羊房桥附近，以及今亲水大街之东、羊房桥庄故址周边仍多有湖泊水域。

时光变迁中，如今这些湿地湖沼经历恢复治理后，连通水清苇绿的典农河，沿着宽阔平坦的亲水大街一路伸展。而羊房桥庄故址附近，在那昔日层层叠叠的记忆之上，一座座崭新的现代化建筑拔地而起，点缀着银川城南这片蓬勃发展的土地。

唐徕渠支渠·良田渠

烟村墩桥

桥梁概况

烟村墩桥位于银兴路与六盘山路交叉口向北160米，银兴路跨良田渠处。因地近烟村墩村，故名。烟村墩桥宽四五米，两车道普通公路桥梁。

烟村墩桥

桥梁故事

烟村墩桥，旧已有之。民国时期《宁夏省水利专刊》所附《宁夏全省渠流一览图》中，此处跨良田渠处桥梁名称标注为“烟坍墩”。与现在的名称相比，区别在中间那个“坍”字上。

《银川市地名志》载，烟村墩（自然村），在原良田乡盈南庄南偏西2.8公里处。1912年，甘肃省民勤县王姓居民迁居于此，俗称“王家稍子”。曾名烟村墩大队第一、二生产队。因明代于庄东建有烽火墩（即羊房桥墩，以东南1.5公里羊房桥得名，已毁），俗称烟村墩，1986年以此命名。村庄在良田渠西南侧。

原来，所谓的烟村墩，地名源头却是一座名为“羊房桥墩”的烽火墩。据当地老人回忆，在他们小时候，当年的烽火墩遗迹尚存，墩子巨大无比，村里的孩童常爬上去玩耍。后来在20世纪六七十年代时，烽火墩被拆除了。

当地人的记忆中，还有这座历经变迁的烟村墩桥。这座良田渠上的普通桥梁，昔日曾是附近村庄居民去往银川城的重要通道。民国时期，只是座简陋的木桥，自20世纪六七十年代起，建成了混凝土桥梁，人们的出行也因此方便了许多。今日，银兴路从这座桥上穿过，在桥南侧不远处，更有宽阔通达的城市主干道六盘山路。世事变迁，可谓巨大。

史料有载，古时银川一带的烽火墩，建有楼梯式台阶，墩上备有柴草，有专人看管，一遇战事，只要点燃柴草，远远就能看到广袤平原上升起的滚滚烽烟。如此看来，现在这地名中的“烟村”二字，倒也不无贴切。

唐徕渠支渠·良田渠

老威堡桥

桥梁概况

老威堡桥位于砖渠巷北段西侧，威仪堡玉皇庙东侧，跨良田渠处。钢筋混凝土板桥。为与今威堡桥区分，故称作“老威堡桥”。

桥梁故事

良田渠与宝湖路交会处西北侧，有一座威仪堡玉皇庙，而老威堡桥就在它的近旁。威仪堡、威堡桥，以及曾经坐落于此的一个村落——威堡桥庄，一同见证着属于这片地域的一段“威风凛凛”的过往。

据《银川市地名志》记载，威堡桥庄，系砖渠村下辖自然村，曾名砖渠大队第六、七生产队，1986 年因庄北威堡桥得名。一座老庄子因桥而名，说明这座桥的历史更久。威堡桥中的“威堡”二字，以及威仪堡玉皇庙之名中的“威仪堡”，它们共同指向一个叫“威远堡”的历史名称。

据明（嘉靖）《宁夏新志》记载，在宁夏镇城（今银川市）城西的良田渠畔，自北向南筑有靖虏堡、平胡堡、威远堡三座城堡，以防御由贺兰山之西前来侵扰抢掠的北方游骑。自有此防线之后，“迄今虏不敢窥，人安耕牧矣”，可见其军事地理位置的重要。

威远堡的建制，在明万历年间被官方废止，但威远堡之名已在这片土地上扎下根来，并一直流传至今。有文史专家考证，在威远堡曾经存在的这片地域里，“威堡”地名，“含有‘威’字，省去‘远’字，带有鲜明的银川地方方言特征，都是古老威远堡的遗风余韵”。

据当地老人回忆，直至 20 世纪 50 年代，威远堡城堡的遗迹仍有遗存，就在当

老威堡桥

年玉皇庙的北边。城墙为黄土夯筑，周长数百米，当时只剩残垣和依稀可辨的城门遗迹。

20 世纪 50 年代，威远桥周边，多湖泊滩涂，良田渠以西有水面广阔的稗子湖，渠西有多芒硝的黄草湖。而威远桥的西南，是一片大荒滩——岳家滩。20 世纪 60 年代前后，这一带被陆续开发成良田。如今，已建成金凤区工业集中区，笔直的街道四通八达，一座座现代化建筑整齐排列。曾经的荒滩，后来的田野，如今的园区，变化可谓翻天覆地。

威远堡的故事已然远去，就连曾经的玉皇庙也已无存，原址如今已是高楼林立的城市地带。

如今重修的威仪堡玉皇庙，楼阁殿宇气势雄伟，坐落于通达街西侧，良田渠之西。据当地一位出生于 1952 年的唐姓老人回忆，他童年时就读的砖渠小学就设在当时的玉皇庙中。条件简陋，课桌是泥砌的土台子，四五个班级，只有两位老师，上课需要交错轮换着来……当年熟悉无比的威堡桥，今日还在，就是威仪堡玉皇庙东侧良田渠上的水泥小桥。

现场察看，这座老威堡桥，为一跨钢筋混凝土板桥。桥旁设有铁质栏杆。唐姓老人回忆，这座威堡桥修建于 20 世纪 70 年代，再往前是更简陋的木桥，长约 10 米，宽约 4 米，桥下有两道木质桥墩。无论是木桥，还是之后新建的水泥板桥，威堡桥在当年都是附近村民往来良田渠两边的必经之处。

如今在老威堡桥旁，重修的威仪堡玉皇庙雄伟屹立，建设中的现代化小区，工地忙碌，林立高楼已经拔地而起。路面崭新、宽敞的砖渠巷，从桥旁穿行而过。巨变中的一切，衬托得这座老桥愈发陈旧、破败。期待不久的将来，这座有故事、有历史的桥梁，可以焕发新的生命。

唐徕渠支渠·良田渠

双渠口桥

桥梁概况

双渠口桥位于双渠口路与通达南街交叉口向东约 50 米，双渠口路跨良田渠处。单跨，钢筋混凝土板桥，长 30 米，宽 40 米。2022 年 6 月命现名。

桥梁故事

双渠口桥，旧已有名。1936 年《宁夏省水利专刊》所附《宁夏全省渠流一览图》中，这一带跨良田渠桥梁中，即标注“双渠桥”。

20 世纪 80 年代的银川市地图里，此桥所在区域属银新乡砖渠村（行政村）地域，其北侧紧邻的银新乡双渠口村（行政村），辖双渠口、赵家夹道、李家夹道、上双渠、蔚家寨子、南马庄、白家庄 7 个自然村。在双渠口村辖域内，原双渠口路（今属黄河西路）跨良田渠的双渠口桥（今名湛恩桥）北侧紧邻，有一处地名标注——双渠口，位置就在今天金凤区二十小附近。这里的“双渠口”指的就是当年的双渠口自然村。这处老庄子，相传清代时曾在庄边良田渠开辟南北相邻的两处渠口，因而得名。

双渠口，究竟指哪两支渠流呢？曾经与原双渠口自然村隔桥对望，原双渠口桥的东南侧，还有一处名为上双渠的自然村，《银川市地名志》这样解释：1986 年因地近上双渠口（双渠口之南口）而得名。既然此处地近双渠口之南口，那么北口何在？

时光久远，地貌变迁，如今原双渠口桥附近，已是高楼林立、街道纵横的城市地带，这些疑问很难找到实地的对应了。事实上，据当地老人讲述，以前双渠口村一带的渠口，远不止两个。每个渠口都是有名字的，北渠、南马渠、何渠、中渠、土渠……这些渠口将良田渠的渠水引进了渠两侧的农田。

如今的双渠口村，已很难将它与传统意义上的“村落”联系在一起了。这一带曾经农田遍布，村域西侧紧邻包兰铁路，当时还有一处火车站点叫“双渠口站”，而再往南走，就是一望无际的荒芜沙地。

昔日双渠口一带还是银川水果的集中种植地。20 世纪 50 年代，学校会组织学生到双渠口的果园里摘果子，沙果、杏子、李子、葡萄……大片的果园连成片，望不到头。而在当地老人的记忆中，当年种植水果，用驴车拉上去银川城甚至内蒙古阿拉善左旗去卖的情景，令他们记忆犹新。

走在今天的双渠口村，眼前是一幢幢拔地而起的高楼，一处处现代化的小区。如今属于黄河东路街道辖域的双渠口村，已逐渐融入繁华的城市之中。2017 年，在包兰铁路与长城中路交叉口东南侧，一座城市主题公园建成，名称即为“双渠口公园”。时光流转，世事变迁，但无论今昔，良田渠默默穿过的这片土地，双渠口桥、双渠口村、双渠口公园……一个个与“双渠口”有关的地名，像一个专属的基因，会一直烙印在这片土地上，讲述着属于它的过往和记忆。

双渠口桥

唐徕渠支渠·良田渠

威堡桥

桥梁概况

威堡桥位于通达南街与宝湖路交叉口向北 450 米，通达南街跨良田渠处。所在道路等级为城市主干道。2005 年 6 月建。桥梁跨径组合 1×20 米，总宽 38 米，行车道宽 30 米，为六车道。桥梁类型为钢筋砼板桥，上部结构类型钢筋砼板，板式橡胶支座，钻孔灌注桩基础，伸缩缝类型 GQF-C40。汽车荷载等级城 -A 级，限载吨位 20 吨。抗震设防烈度 8 度。桥梁设计单位为银川市规划建筑设计研究院有限公司，建设单位为银川市建设投资控股有限公司，施工单位为宁夏水利水电局，管理、养护单位为银川市市政工程管理处。2022 年 6 月，因位于昔日威远堡地域，命现名。

威堡桥

威远桥

唐徕渠支渠 · 良田渠

威远桥

威远桥位于卫远路与通达南街交叉口向西约 90 米，卫远路跨良田渠处。单跨，钢筋混凝土板桥，长 30 米，宽 20 米。石质桥栏。2022 年 6 月命现名。明嘉靖年间（1522—1566 年），曾在这一带建有威远堡，明万历年间（1573—1620 年）被废止，仅存在了约 80 年时间，但其名称一直在民间传承。今桥附近的老地名如威堡桥、威堡桥庄，还有如今的威仪堡玉皇庙，其名称之源均指向于此。

唐徕渠支渠·良田渠

湛恩桥

桥梁概况

湛恩桥位于黄河西路与通达南街交叉口向西 450 米，黄河西路跨良田渠处，所在道路等级为城市主干道。1973 年建，时为钢筋混凝土板式结构，长 10 米，宽 9 米，因所在道路为双渠路，故名双渠口桥。2004 年改造，桥梁跨径组合 1×8.32 米，总宽 66 米，行车道宽 30 米，为八车道。桥梁类型为简支板桥，上部结构类型为钢筋砼板，板式橡胶支座，桩柱式桥墩，钻孔灌注桩基础，伸缩缝类型 GQF-C40。荷载等级汽 -20 吨、挂 -100 吨，限载吨位 20 吨。抗震设防烈度 8 度。桥梁设计单位为银川市规划建筑设计研究院，建设单位为银川市市政建设综合开发公司，施工单位为宁夏水利水电工程局，管理、养护单位为银川市市政工程管理处。2022 年 6 月更现名。

桥梁故事

在湛恩桥紧邻北侧、良田渠东，有一条自黄河路向北延伸的小巷，名曰湛恩巷。湛恩桥、湛恩巷，其名称中“湛恩”二字，因何而来？答案指向由此向西约 2 公里多的一条与良田渠几乎同向而行的渠流——新开渠。

《银川市地名志》中这样介绍新开渠：“良田渠支渠。清代始开，名湛恩渠。1939 年引水口移位并更名（新开渠）。原由唐徕渠引水，1957 年改由良田渠引水。”

何谓“湛恩”？恩字好理解，恩情、恩惠。湛字呢，与恩字连用，义为深厚；同时，此字亦有澄澈之义。充满古意的名称，背后确实有段鲜为人知的历史故事。

成书于 1926 年的《朔方道志》中，这样记载湛恩渠：“原满营在靖益堡唐渠（即唐徕渠）西掽开口，以溉满田。清宣统元年（1909 年），志都统接长渠堤，以溉满营贺兰山边一带新垦之地，长百余里。”

所谓“满营”，是指原银川新城前身——驻扎着清代八旗兵丁的“新满城”；满田，则指八旗兵丁的田地。至于文中提到的“志都统”，则指当时任宁夏副都统的志锐。这段史实反映的是，自雍正年间驻防宁夏的八旗官兵，一直过着“吃皇粮”的安逸日子，不识农务。但到了志锐所在时代，清王朝已是日暮，政治腐败，危机四伏。这一点，志锐不会没有察觉。他一方面想尽力挽救清朝危亡，一方面也想为不识农务的旗人找一条生存之路。于是开田垦荒，安置旗民学习农作。而要垦荒，首先得解决灌溉问题。于是，1909 年，在志锐等人的主导下，请拨款项 20 万两白银，将从唐徕渠西岸引水的一条旧渠，接长改造，修成一条新的渠道，并更名为湛恩渠。

这条渠道有多长呢？史料中记载，它南起靖益堡（今永宁县靖益村一带），北至镇朔堡（今平罗县兰丰村一带），全长约 75 公里。这个长度，在清代唐徕渠诸支渠中，超过了较长的良田渠（99 里）、大新渠（76 里），名列首位。

宁夏引黄灌溉，历史悠久，境内渠流密布、多若繁星。湛恩渠作为当时银川平原最靠西的一条渠流，其长度和来历令人印象深刻。不过，这条渠流之后的命运却比较“坎坷”。

20 世纪 50 年代，因渠线长，风沙淤积严重，渠下段改由良田渠引水。到 20 世纪 60 年代，由于各种原因，渠道长度缩短到 16 公里。1984 年，对其进行修建改造，渠口上移，并顺直渠道，改道后渠长 12.5 公里，引水条件得到改善。进入 20 世纪 90 年代，随着经济社会的发展，新开渠下游的农田逐渐被城市建设占用，渠梢继续上移，渠道缩短。1999 年以后，渠道全长缩短至 9 公里。至 2006 年，渠道长度仅剩 8 公里。

湛恩桥

唐徕渠支渠·良田渠

友谊桥

桥梁概况

友谊桥位于北京中路与通达街交叉口向西 220 米，北京中路跨良田渠处。1986 年命名。今桥 2003 年 9 月重建。所在道路等级为城市主干道，桥梁跨径组合 1×10 米，长 10 米，总宽 60 米，行车道宽 30 米，为八车道。桥梁类型为钢筋砼板桥，上部结构类型钢筋砼板，板式橡胶支座，钻孔灌注桩基础，伸缩缝类型 GQF-C40。汽车荷载等级城 -A 级，限载吨位 20 吨。抗震设防烈度 8 度。桥梁设计单位为银川市规划建筑设计研究院有限公司，建设单位为银川市市政综合开发公司，施工单位为宁夏水利水电工程局，管理、养护单位为银川市市政工程管理处。

桥梁故事

友谊桥 1959 年建，1981 年加固。时为双孔料石礅台、T 型梁结构。长近 10 米，宽 14 米。1986 年，在原桥两侧各建 6 米宽副桥，连接非机动车道。2003 年，拆除重建呈现状。

20 世纪 80 年代，从友谊桥上穿过的街道还叫新城西街。这是条“经历”丰富的街。其道路路线基本沿着昔日的“新满城”南城墙一线，旧称新城大街，1981 年命名为新城街。其街道西门巷口以东的路段，是 1953 年改建的银巴公路的一段；而西门巷口以西的路段则始建于 1959 年，后来几经翻修，于 1985 年才拓展成横贯银川新城地域的主干道——东起满城街连接银新北路，西跨良田渠至公铁立交桥与西夏路相接，长 2.2 公里，以新城北街（今福州街一部分）为界分东、西两街。

这是一条承载着老银川人无数记忆的街道。“老银川”们都记得，当年，在友谊桥的东侧，新城西街与铁东街的十字路口，有一个“新城转盘”，中间有一座大

友谊桥

型群雕——“银川之春”。在当年的新城，十字路口的“新城转盘”是一个地标性的存在，来新城办事的人，找不着路了、辨不清方向了，就赶紧找找“转盘”在哪里。每逢节假日，“转盘”这里都会被打扮得花团锦簇。今天的“老银川”们翻翻家里的箱子底儿，很可能就会出几张当年在这里的美丽留影。

由“新城转盘”再往南走，在铁东街旁，有一条向东伸出的小巷，名叫友谊巷。能查到的史料里，没找到这名字是否就是友谊桥之名的源头，但小巷的命名确实要比友谊桥早几年。20 世纪 80 年代的《银川市地名志》里，这样记述这条“好人缘”的老巷子：“（友谊巷）西起铁东南街，沿新城饭店南侧曲折向东，止于市第五建筑公司第二工区门前，长 200 米，宽 4~8 米。1971 年后逐步形成。1981 年命名。巷内有宁夏农垦局物资供应站及轮胎翻新厂等单位，余为居民住宅。”

一段串缀着一个个老地名的记载，当年熟悉新城的“老银川”们看后得唏嘘怀旧一番吧。岁月不居，城市巨变，昔日长不过 1 公里多的铁东街，如今已是纵贯南

友谊桥

北的通达街了。友谊巷依然还叫友谊巷，不过已经不再“曲折向东”，长度也已不足当年的 200 米。2003 年，东西横贯银川市区的“五十里长街”北京路建成通车，被新城人叫了好多年的新城街，成为北京路的一部分。还有分别与新城街两端相接的银新北路、西夏路，也一同融入这条通衢大道中，变成记忆中的老地名。

友谊桥，也是在这一年拆旧建新的。与八车道的北京路相匹配，桥的宽度由 20 世纪 80 年代的 20 多米，一跃升为 60 米。路广了，桥宽了，两侧的栏杆遥遥相望，匆匆的脚步，如织的车流里，如果不细看，可能你都不会察觉你正经过一座这么有故事的桥。然而，桥下的良田渠水，静静流淌，一如往常；不远处的友谊巷，市井烟火，亲切依旧……就像两位和蔼而淡定的老人，默默地看着身边这沧桑巨变。

唐徕渠支渠·良田渠

永青桥

桥梁概况

永青桥位于上海西路与通达北街交叉口西侧，上海西路跨良田渠处。原为永青西街（今属上海路）跨良田渠处桥梁。1971 年建，时为双孔料石礅台，钢筋混凝土板桥，长 13 米，宽 16 米。原新南公路（即原新城区至南梁农场）由桥西始起。1986 年命现名。后历经改造建呈现貌。

桥梁故事

永青桥的得名，来自其原先所在的道路永青街。但其实这座桥，在民间和更早的过去，有着另一个饱含历史韵味的名字——西门桥，即宁夏“新满城”西城门外的西门桥。

清康熙十五年（1676 年），清政府派八旗军驻防宁夏。雍正元年（1723 年），清廷拨银两用于在宁夏府城（今银川市俗称“老城”区域）东北建城，八旗官兵驻守于此。这座城池，“周六里有奇”，史称宁夏满城，其址在今兴庆区满春村一带。

清乾隆三年十一月二十四日（1739 年 1 月 3 日）宁夏发生大地震，满城震毁。城内房屋尽皆坍塌，“满城四门下陷，不能开展”。次年，清廷决定在距宁夏府城西 15 里处（今金凤区境内）重建满城，一年后建成。

新建的满城整体呈正方形，人称“八卦城”，周围均以砖为甃。城各边均长 3.7 里，周长近 15 里，城墙高二丈四尺，有东西南北四座城门，东为“奉训”，西为“严武”，南为“永靖”，北为“镇朔”。城池内，主街道东西、南北两条大街贯穿全城，中心十字大街口立牌楼 4 座，大街各自两端分别与东西南北城门相接。

后来，人们为了将前后两座满城相区别，便把被震毁废弃的满城称为旧满城，而将此处重建的满城称为新满城。

中华民国时，国民政府执行“化旗为民”的政策，遣散八旗武装，重新安置他们的生计，八旗驻军的满营就不存在了。1914年，宁朔县官署迁入新满城。1929年，这座城池的部分外层砖石被拆除，运往老城修建省政府官邸。1935年，当局又决定在此城内修建飞机场，毁城迁民，新满城由此更加荒废，并在之后的时代变迁和岁月风雨中，逐渐消失了所有的痕迹。

但是，这座历史中的城池，名称信息却在地名中被辗转保存了下来。今天人们俗称的“新城”，以及2002年之前银川市行政区划中的“新城区”，这“新城”二字，即为当年人们对“新满城”的简略之称。

昔日的新满城，遗迹今已全无。如果与今天的街区做一对应，大致为今新平巷以东、满城北街以西、周城巷以南、北京东路以北所围成的这样一个正方形区域。今永青桥昔日所在的永青街（今上海西路一段），其新平巷口以东路段即为当年新满城的东西大街，而我们要说的永青桥，也便是当年人们出新满城西门“严武”门后跨越良田渠的桥梁，时称西门桥。

这一名称，在1935年的《宁夏省水利专刊》所附渠流图中，还可以清晰看到。当时由新城出西门，有一条向西行的大车道，由西门桥跨良田渠，再西行过湛恩渠（今新开渠），就能到达当时在西花园的“新城机场”。这条东西向的大车道，1936年被拓为汽车路，后渐次筑为正式公路，1953年改建为银巴公路。而永青桥，即是其自新城西门外起始处的第一道桥梁要津。

1978年，自满城北街至火车站广场前的这一线道路，连通并合称车站东路。1981年，改称永青街。再到后来的2005年，上海西路续扩建工程（满城街—通达街）段建设，永青街并入上海路。而永青桥，便成为全新的上海路上一座最具历史底蕴的桥梁。

永青桥

唐徕渠支渠·大新渠

大新渠，又名新渠，为唐徕渠支渠之一，传唐代始开。由永宁县望远镇高庙桥南引水析出，流经永宁县的望远镇，兴庆区的大新镇、原满春乡，贺兰县的习岗镇，渠稍呈东西向分叉入湖。同为历经千年的古渠，大新渠上自古至今就有着众多桥梁，且与当地历史、民情紧密联结，可谓“资历”丰厚。今择记数座，述记如下。

唐徕渠支渠・大新渠

望远桥

桥梁概况

望远桥位于永宁县境内，望远镇政府东北约 700 米处，109 国道跨越大新渠处。桥长 20 米，桥面为八车道。古已有之，1965 年以前为木桥，1965 年建成钢筋水泥桥，1990 年加宽使用至今。现为钢筋混凝土结构板桥，有护栏，最大载重 50 吨。

桥梁故事

望远桥，在古史志资料中无明确记载。1988 年出版的《银川市地名志》中记录："原名王元桥（以人得名），1958 年后以谐音成今名。"清（乾隆）《宁夏府志》"桥梁"章节里，收录的 48 座旧志有载，但已"不能详考"的桥梁中，有"王原桥"之名，似有相关。

望远桥南侧有望远桥村（自然村），村因桥名，聚落原沿 109 国道两侧呈条状分布，为永宁县望远镇人民政府驻地。不仅望远桥村、望远镇，今这一带还有众多以"望远"为源头的地名，如望远人家小区、望远中心小学、望远现代金属物流园等等。

今望远桥所跨渠流为相传唐代所开的大新渠（唐徕渠支渠），桥所在道路属 109 国道，亦即昔日所称包兰公路。此段包兰公路前身为民国时期的宁兰路，而宁兰路又为清代宁夏西路驿道演变而来。所以，尽管望远桥最早存在年代以及得名由来已不可考，但其古桥的身份却是没有太多疑问的。

在望远当地，流传着一个民间故事。相传在古时，此地住着一王姓大户人家，家有三子，大儿子名王太，二儿子名王洪，三儿子名王元。三个儿子相继长大成人，

望远桥

老大王太离开家另择地买田置地，安家立业，逐渐成为当地首富。由于王太家居住在自己修筑的堡寨之内，久而久之，这个地方就被人们称作“王太堡”。

二儿子王洪也到其他地方另立门户，努力创业，也成为当地首屈一指的大户人家，声望很高。由于王洪家也有自己的大堡寨，久而久之，当地人也便把这个地方称作“王洪堡”，也就是后来的望洪堡。

至于三儿子王元则留家守业。他看到本村大新渠上的木制小桥破烂不堪，马车、行人过桥稍有不慎就有掉下渠的危险，决定为村里老百姓做一件好事，便出钱买料、筹工，改造危桥。村民们也出人出力，经过大家的辛勤努力，终于建成了一座既牢固又宽敞，比之前好许多的桥梁，从此马车、行人能够安全通畅地经过。当地村民为了铭记王元的善举，就在桥头立下桥名——王元桥。王元桥因此得名，后改名叫望远桥。

史籍有明确记载，望洪堡原为王鋐堡，王太堡原为王泰堡，均为明代宁夏卫所领堡寨，传以守将得名。民间传说，终归是传说，自然不能以严谨史料来苛求。不过它所传达出的诸如努力创业、修桥善举的信息，却无疑是教人向好、劝人上进。收录在此，也不失为望远桥的一则美谈。

过去的王元桥，附近还有座万缘寺。从名称读音方面看，“王元”“万缘”，应该也有关联。当地老人口传，万缘寺大殿于道光年间重修，庙内塑有一佛二菩萨。万缘寺庙门前还有两棵硕大粗壮的老白杨树，成为这里的一个地标性存在。南来北往的赶路人，远远看到这两棵大白杨，就知道王元桥到了，离银川城不远了。

过去王元桥旁的村子，街道南北长不到300米，两边基本上都是土坯房，包兰公路穿街而过。经王元桥南来北往远足的人们，会在这里歇歇脚。街市因此而热闹繁盛，有卖茶水的，有开饭馆的，还有给牲畜填料、饮水的地方……十来家饭馆、店铺，门面不大，生意却也做得红红火火。

20世纪90年代，在这座早已改名为望远桥的老桥旁，109国道两侧，饭馆、店铺更为众多，南来北往的人流，当地人灵活的生意头脑，成就着这一带的繁华。

如今，昔日的窄小木桥早已几经变迁，换了新颜，八车道的公路从钢筋混凝土筑就的宽阔桥梁上笔直穿过，伸向远方。曾经除了些许民居便是大片农田与郊野的望远桥周边，已是高楼林立、街区纵横。桥南，有密集分布的居民小区，美观有序；桥北，有规模颇大的农产品综合批发市场、望远现代金属物流园……曾经桥边简陋的乡村，如今已是永宁县的经济重镇。世事沧桑，今昔巨变，想必望远桥都将此默默地看在眼中。

新华路大新渠桥

桥梁概况

新华路大新渠桥位于新华东路与友爱街交叉口向东 650 米，新华东路跨大新渠处。所在道路等级为城市次干道。2011 年 4 月竣工。跨径组合 1×10 米，总宽 50 米，行车道宽 24 米，为六车道。桥梁类型为简支板桥，上部结构类型为混凝土板，板式橡胶支座，桩柱式桥墩，钻孔灌注桩基础。荷载等级公路 -I 级，限载吨位 20 吨。抗震设防烈度 8 度。桥梁设计单位为银川市规划建筑设计院有限公司，建设单位为银川市市政建设综合开发有限公司，施工单位为宁夏唐徕工程开发有限公司，管理、养护单位为银川市市政工程管理处。

桥梁故事

这又是一座“无中生有”的桥。时光回溯至30多年前，那时新华路还是真正的“城里的街”，其东端连清和街都没越过。今天的新华路大新渠桥一带，还是城郊大新乡的田野，附近有个村庄叫徐家庄，曾名燕鸽大队第六、第八生产队。昔日的大新中学也坐落于这一带，这所创建于 1964 年的学校，前身为大新农业中学，1978 年由大新渠东侧迁至西侧，占地 48 亩，建筑面积 1600 平方米，设有初中班 9 个。

2001 年，新华东路（时称新华街）延伸至丽景街一线；2014 年，新华东路再度起程，继续向东延伸至今石油城燕庆路。“无中生有”的新华路大新渠桥，就是在这不断延伸拓展的过程中诞生的。今天的新华路大新渠桥附近，东城人家、燕祥家园、燕舞园、燕依园……一个个居民小区楼宇林立。

当然，“不变”的地标也有，比如大新渠，比如那一个个小区名称所指向的与当地人一直相依相伴的燕鸽湖。

燕鸽湖湖域东临京藏高速公路，西临燕兴路，北临银川市大新镇燕鸽村，分为南北相隔两个部分。北部湖区较大，约 770 亩，紧邻银燕巷北侧，称燕鸽湖；南部湖区较小，约 130 亩，位于燕鸽湖基地内，习称燕鸽湖公园。湖水平均深度为 4~5 米。

燕鸽湖古已有之，它和银川人同样熟悉的鸣翠湖、阅海湖等湖泊湿地一样，同属古时泛称的“七十二连湖”。20 世纪 60 年代，燕鸽湖周围有许多村子，从燕鸽大队第一生产队直到第十生产队，都沿着燕鸽湖一带分布。在当地老人的记忆中，过去的燕鸽湖水域，要一直延伸到现在的京藏高速以东，湖里有很多芦苇，还有莲藕。20 世纪 90 年代起，此地开始建设长庆油田银川燕鸽湖基地。如今，共有来自宁夏、陕西、内蒙古、安徽等地近 6 万名职工家属，居住于这里并逐渐融入了这座城市，这里也被人们亲切地称为“石油城”。

《银川市地名志》记载，燕鸽湖的得名，缘于湖中常栖禽鸟。民国时期的水利地图中，这处湖泊被记为“燕池湖”或“燕翅湖”。无论这名称的由来是否真与禽鸟有关，一个事实却是毫无疑问——这处湖泊是众多鸟儿栖息的乐园。

宽阔的新华东路从古老的大新渠上笔直穿过，站在这诞生不久的城市桥梁上，四下观望——一座座烟火繁华的居民区，不远处“藏”在林立高楼中的燕鸽湖公园……哪里还能看到半点昔日郊野的面貌？时光前行，世事变迁，不是三言两语就可形容。

新华路大新渠桥

蝗虫庙桥

桥梁概况

蝗虫庙桥位于兴庆区大新镇，南薰东路与友爱街交叉口向东 600 米、南薰东路跨大新渠处。因昔日附近曾有蝗虫庙而得名。今桥始建于 1976 年，移用向西 200 米处原大新渠旧渠道上桥名，时为双孔钢筋混凝土双曲拱桥，长 15 米，宽 6 米余。后改建为轻型桥台空心板桥，长 16.74 米、宽 24 米。后又随城市交通发展，历经改造建设呈今貌。

桥梁故事

如今南薰东路跨大新渠处的桥梁——蝗虫庙桥，是一座毫不起眼的普通公路桥梁。行走在宽敞平坦的南薰东路上，如果不加留意，可能都发现不了它的存在。然而，这却是一座挺有故事的桥梁。

翻开 20 世纪 80 年代的银川市地图，在原郊区大新乡（今大新镇）、银横公路（今此段属南薰东路）与大新渠交会处，有座桥梁的名称——蝗虫庙桥。而在桥南不远处，有一座村庄——蝗庙桥庄。在这处地名形成中，“桥以庙名，村以桥名”的痕迹，清晰可辨。

时代变迁，蝗庙桥庄今已无存，如今这一带已是楼宇遍布的繁华市区。询问正在桥附近做清扫工作的朱姓师傅，他正好是当地大新镇人，1961 年出生。朱师傅证实了这座桥正是因为附近有座“蝗虫庙”，位置就在现在桥东南约 200 米处。

再问朱师傅对蝗虫庙的印象，他说在他小时候，庙就已经很破败了。“只剩下

蝗虫庙桥

一座大土台子，旁边还有一些平房。”朱师傅回忆的情景，是在20世纪60年代，“大土台子”应是指原先庙里大殿的台基。至于蝗庙桥庄，朱师傅已不记得有这个名称，只说他们这一片的村子过去都属“塔桥大队”。

寻访中，笔者还找到了一位叫黄宝山的老人。他今年70岁，小时候他的家，就在蝗虫庙旁。而他的爷爷，曾是该庙的看庙人。

在黄宝山的讲述里我们得知，这座庙宇在民国时期曾经充当过马鸿逵的炮兵营，士兵多为外地人，山东、河南的居多，所以当年这个庙在外地也有些名气。到了解放初，这里曾设立过学校，名为谢谷俊小学。黄宝山就是在这里上的学。

在黄宝山儿时的记忆里，庙宇的形制和建筑还是基本完整的。庙宇坐北向南，有大殿，东西两侧有厢房，庙门是彩花门楼子；庙里有棵巨大的白杨树，七八个人手牵手才能环抱。而每年的六七月间，这里会有一些祭祀活动；在庙前的大滩上还演过皮影戏……20 世纪 60 年代，庙宇建筑被陆续拆除，那棵白杨也在这一时期被砍伐。之后，这里成了村里的供销社和库房，一直到 2005 年左右。

蝗虫庙中国古代祭祀蝗虫的庙宇。古时，蝗灾多发，无计可施的人们为求消灾，只好立庙祭祀。明（嘉靖）《宁夏新志》“祥异”篇中，就记载了当时一种可怕的“异蝗”：“成化二十年（1484 年）夏六月，蝗虫大作。其头面皆淡金色，顶有冠子，肩背翅正紫如鹤氅，绝类道士，禾稼殆尽。是岁大饥，斗米值银二钱。人多掘地黎子充食。”由此可知，当时在宁夏地域，曾有蝗灾肆虐。而与之相对应的，或许正是当地蝗虫庙之所以存在的缘由。

蝗虫，在古代又被称作“八蜡”。清（乾隆）《宁夏府志》中这样的记载：“八蜡庙，在清和门外七里。”清和门，今解放街与清和街交会处附近，大新渠桥附近的这处蝗虫庙在其东南，二者之间的直线距离约为 3 公里，与志书中的“七里”大致相当，但是否就是一处？仍需考证。

追溯过神秘的蝗虫庙，再回到桥以庙名的蝗虫庙桥。在当地老人的记忆中，这座桥经历了多次迁建和维修。早先的老蝗虫庙桥在现在桥址的西侧，是用木头搭建而成的。20 世纪六七十年代时，大新渠还是弯弯曲曲的土渠，这座桥是附近最大的一座桥，能过去一辆马车。那时候银横路还是一条小土路，到了 20 世纪 70 年代末，新建的蝗虫庙桥就成了水泥桥。后来随着城市道路建设，又修了几次，成了现在我们看到的样子。而它的名称之源——蝗虫庙，也已于数年前迁址重建于附近的章子湖公园里。

由蝗虫庙桥处出发，沿燕庆街向南前行 1.5 公里，就是章子湖公园。在这里，一座大型庙宇坐落其中，正是重建的新蝗虫庙。看着眼前的章子湖公园，绿翠莹莹，碧波荡漾，遥想昔日人们为蝗灾忧心、建庙的情景，还有那因庙而名的桥梁、村庄，真令人有恍若隔世之感。

唐徕渠支渠·大新渠

红花寺桥

桥梁概况

红花寺桥位于银通公路与燕庆街交叉口向西40米，银通公路跨大新渠处。因昔日附近曾有红花寺而得名。今址桥初建于1978年，时为单孔石台矩形梁钢筋混凝土结构，长14米余，宽8米。1983年扩建，上部结构为空心板梁，桥梁长13.8米，跨径组合1×10米，桥梁总宽9米，桥面宽8.55米，行车道宽7.75米。净空高2.5米。设计荷载汽车-20级。管理、养护单位为银川市公路管理处。

桥梁故事

红花寺桥得名于红花寺。1988年出版的《银川市地名志》有明确记载，红花寺桥在银川城区东4公里、银通公路跨大新渠处。古已有桥。传清末桥旁有红花寺，桥以寺名。

如今看上去并无特别的小桥，却见证着祖辈生活于此的人们的生活变迁。寻访住在附近燕鸽家园小区的昔日村民，一位当时在燕鸽湖七队的老人说，他儿时就从上一辈人口中得知庄子附近有座红花寺，就在现在银通公路和福银高速交叉处附近，他和童年玩伴们还去那里玩耍过，当时那里已经没有庙宇建筑了，只剩下一个足足有2亩地大的大土台子，现在那个土台子也早已消失了。

在当地人的回忆中，20世纪70年代之前，红花寺桥还是木头搭建的简陋桥梁，用十几根圆木搭起来，上面铺上草和土，有五六米宽，能走马车。但别看这座简陋的小桥，当年却是这一带村民通往银川城区的必经之处。

如今从红花寺桥穿过的银通公路，全长 18.6 公里，为 1971 年后陆续改建而成。在当地人的回忆中，20 世纪 70 年代之前，这条路还是一条弯弯曲曲的小道。从东边进入银川的人，都要走这条路。后来，银通公路开始修建，人们对此印象非常深刻。路是在冬天开始修建的，人们用玉米秸秆码起两道边，然后往秸秆上糊泥巴，冬天冻住之后，再往里面填土，修建路基。如今回忆起这段往事，不由令人感叹。

1985 年 5 月，由银川东环路（今清和街）经大新乡（今大新镇）、金贵乡至通贵乡的公路改建工程竣工通车。银通公路由 3 个乡采取民办公助的方式改建。

如今，当年的老庄子已经消失，附近的地貌也发生了巨变。从燕鸽家园小区去银川城区腹地，交通便捷，十几分钟就能到。人们感慨，好多地方都变了，但是红花寺桥还在原来的地方。它承载着这里人们的记忆，看到这座桥，就能想起很多从前的事。

红花寺桥

唐徕渠支渠·大新渠

新水桥

桥梁概况

新水桥位于兴庆区大新镇新水桥村，满春公路跨大新渠处。桥梁长 6.05 米，宽 6.5 米，钢筋混凝土制，轻型桥台板式。

桥梁故事

一座桥，会对一方土地产生多大的影响？看看新水桥就知道了。

新水桥，旧已有之。在如今桥之西北不远处，有个村落名叫新水桥寨。《银川市地名志》记载其来历：清同治年间建寨，后以其东南桥名（即新水桥）得名。曾名新水桥大队第三、四、五生产队，1986 年复原名。聚落在大新渠西侧。

新水桥寨只是一个小小的自然村，它所隶属的行政村，也有一个同样的名字——新水桥村，曾名新水桥大队，得名自然也是因这座大新渠上的新水桥而来。而它下辖的 6 个自然村里，除了新水桥寨，还有个村落叫寨南庄（曾名新水桥大队第一、二生产队），得名是因坐落于新水桥寨南。如今，这片土地上，还有更多因新水桥而来的地名，如新水桥农贸市场、新水家园小区……

这一系列的地名，都是因为一座桥而来。至此，你可以体会得到它的重要性了吧。虽然从体量、规模还是制式上，跟那些新建的、现代化的桥梁相比，新水桥都是那么的微不足道。甚至，如果从专业角度衡量，它已经不能算作是严格意义上的桥了，而只能纳入“涵”的范畴。

在 20 世纪 80 年代关于这座小桥的记录中，从桥上穿行的是满春公路。这是一条西起双庄桥连双庄街，东越满春乡域通贺兰县金贵镇，因大部在满春乡境内而得名的公路。如今也因城市建设的发展，变化巨大。满春乡的建制如今已经不存，这

新水桥

条路西端的起始路段，以及双庄桥至中山街之间的双庄街，如今已纳入上海东路，而友爱街以东的路段也已被称为银佐路。

至于新水桥村的变化，今昔也是大不一样。如今的新水桥村，处于典型的城乡接合地带。最近的媒体报道中，这里常住人口 9424 人，流动人口 8000 余人。村民经济收入来源主要以庄稼种植业、外出务工等为主。2015 年，新水桥村对村集体经济组织产权制度进行了全面改革。结合村实际情况，成立专业合作社，开设劳务公司、农业开发公司，吸引村民入股成为“股民”，让村集体经济发展的成果切实落到村民的口袋里。2016 年 7 月，新水桥村成立宁夏新水桥实业有限公司，将原有的农资专业合作社、劳务公司、农业开发公司、产权交易服务公司等 6 家公司整合，主要经营农业产业开发、土地集约利用规划设计、苗木种植养护、物业服务等业务。同时，全面清理核实村集体经济组织的固定资产、可经营性资产等各类资产，按照一定条件进行量化折股，分配给全体村民。

如今的新水桥村，村幼儿园、村小学、村礼堂、村军乐队一应俱全。走进新水桥村村民服务大厅，宽敞明亮的服务环境、现代化的服务设施让人耳目一新。建设村养老服务和文化体育设施，全面推进人居环境综合整治等方面的探索与努力，今天的新水桥人正齐心协力，要把新水桥村建成整洁、美丽、宜居的现代化美丽村庄。

唐徕渠支渠·红花渠

红花渠，为唐徕渠支渠之一。传唐代始开。两岸旧产红花（系染料，古代为贡品），渠名盖由此而来。由今兴庆区凤凰南街与林华南巷交叉口西唐徕渠东侧引水，向东北流经银川市区，至原满春乡朱家寨子北（今清和街与沙渠路交叉口附近）止。长 8.8 公里，宽 6~3 米，引水量 3 米^3/ 秒。红花渠在银川市区所经主要街、巷跨渠桥梁共计 10 余座，按专业界定的话，相当一部分其实已经变为涵洞，但民众仍习惯称之为桥。今亦依民间习惯统称为“桥”，择记如下。

凤凰街红花渠桥

桥梁概况

凤凰街红花渠桥位于凤凰南街与民族南街交叉口向南 520 米，凤凰南街跨红花渠处。今结构制式为涵洞，路面为七车道。红花渠自唐徕渠的引水口在其西南。

凤凰街红花渠桥

凤凰街红花渠桥

桥梁故事

红花渠自唐徕渠引水口起始，穿过的第一座桥涵，桥上行经街道为凤凰南街。

在今天的凤凰南街与林华南巷交叉口西侧，唐徕渠东岸，一条支渠由此分出，向东北方蜿蜒流去，这就是银川人熟悉的红花渠。

我们“造访”之时正值冬末，渠底的残水结成一层薄薄的冰，两岸草木皆枯黄。显然，这并不是欣赏这条渠流的恰当时节。然而，无论古今，在银川地域的各条支渠里，这都是一条与银川城最为亲密的渠流。

这种“亲密”，可体现在史料记载的只言片语中。如明（嘉靖）《宁夏新志》里的那句：“抱城南门、东门而流。”所谓“抱城”，旧时的银川城，基本是以现在的清和街、凤凰街、南薰街、北京路围成的一片方形区域，而自西南向东北流去的红花渠，与这座城正是一种“环抱”般亲近。

红花渠因何得名？史料里有一些记载。古时，它所流经区域内种植着大面积红花，故名。关于渠名的形成年代，虽无明确记载，但由这种作物在宁夏的种植亦可做一推断。红花在汉代由北非经“丝绸之路”传入我国。1292 年，出于保证当地军需用粮的需要，元世祖还曾下诏将宁夏的红花田全部改种粮食作物，由此可推红花渠之名至迟在元代以前就可能已经形成。

今天的凤凰街红花渠桥，除了清晰可见的桥栏之外，若按专业分类已属涵洞范畴。红花渠自引水口起，此段大体向正北方向伸展，而凤凰街宽大的体量，呈微斜向纵跨此处宽不过四五米的渠流，让这处桥涵呈现出长长的斜向宽度，两侧的桥栏也斜向遥隔，不仔细辨认，或许都无从看出它们原是呼应的一对。城市发展日新月异，小小的渠流已是被“淹没”于城市的繁华之中。

唐徕渠支渠·红花渠

治平路红花渠桥

桥梁概况

治平路红花渠桥位于治平路与民族南街交叉口向东 200 米，治平路跨红花渠处。

桥梁故事

红花渠从唐徕渠分出，穿过凤凰南街，到治平路附近，与其相伴而行的一条小巷道叫“贡花巷”。这是今人的一个命名，对应的仍是“红花”的历史。

红花，又名黄蓝、红蓝、红花草，是一种非常古老的作物。银川种植红花的历史久远。《元和郡县图志》记载，唐时，红花就是灵州的贡品。西夏时，红花是与宋朝贸易的主要物资。

到了明代，红花更成为当地向朝廷进贡的头号贡品。明（嘉靖）《宁夏新志》里说：“国朝岁贡红花、马……但马为之贡，犹易为力；惟红花，岁役数千夫始竟其事。”可见当时的重视，甚至因此带来的劳民与负累。

今天红花种植于银川而言，早已不再，留下的便是这条渠流之名。而现实中，流过贡花巷的红花渠，此时也继续向东北方向伸展，越来越靠近昔日的银川古城。

治平路红花渠桥

唐徕渠支渠·红花渠

宝湖路红花渠桥

桥梁概况

宝湖路红花渠桥位于宝湖东路与胜利街交叉口向西400米，宝湖东路跨红花渠处。1998年建，时为单跨钢筋混凝土简支空心板桥，长8米，宽16米。后历经改造建设呈今貌。

桥梁故事

穿过治平路、永安巷，蜿蜒在多个居民小区之间的红花渠，在此处与另一条城市主干道——宝湖路邂逅。宝湖路（时称南二环路）开建于1997年，1998年8月正式竣工，当时全长不过5.3公里，东起109国道，西至今正源南街。此后又历经多次改造与建设，渐呈今貌。

今天宝湖路红花渠桥所在区域，早已是高楼林立、居民区密布的城市繁华地带，若将时光往前推上30多年，这里还是原郊区红花乡的田野村域。昔日，此桥南北两侧不远处，沿红花渠对称坐落着2处村庄——沙家庄和潘家庄。沙家庄，以姓氏得名，民国初年建有土寨，又称沙家寨子，曾名光华门大队第六、十一生产队；潘家庄，因清末潘姓居民居此得名，又称储家庄，曾名光华门大队第五生产队。二庄均在红花渠西，聚落呈带状分布。

时光飞逝，如今这座桥上每日车流如织、行人穿梭，已全然是一派繁华与喧嚣景象。这通达的马路、宽阔的桥梁，流过古今的红花渠，见证了太多物换星移，人事代谢……

唐徕渠支渠·红花渠

南门桥

桥梁概况

南门桥古名永通桥，“南北长五丈，广称之”“券砌一大空，上分为三衢，界以石槛”，后废，又立石墩木面桥。1965年改建为单孔石台钢筋混凝土板桥，长7米，宽11米。1996年拓宽建设，后又历经改造建设呈今貌。今位于胜利街与长城东路交叉口向南410米、胜利街跨红花渠处。单跨条形基础简支钢筋砼板桥，长5.5米，总宽26米。荷载汽-10吨、挂-60吨。因地近南薰门（俗称南门）而得名。

桥梁故事

南门桥是银川一座历史久远的桥梁。银川古城地处银川平原腹地，四面环水，周边湖沼密布。其中，由唐徕渠分出的红花渠，渠水自西南向东北与银川古城擦肩而过，环抱南、东两城门。南门桥，即为人们出银川南薰门后跨红花渠之要津。古时，由宁夏城（即银川）至北京、西安、兰州等地的驿道皆在此集结。官员的迎送、将士的征程，多经由此桥。

南门桥，相传明初已有此桥，名为“永通”。明成化二十一年（1485年），在巡抚宁夏的右佥督御史崔让的主持下，永通桥由之前的木桥，改建为焕然一新的石桥。

文史专家郑济淯先生曾著文《永通桥沉浮》，考证和描述了当时修建这座石桥的情形。成化二十三年（1487年）阳春，大地解冻，万物复苏。永通桥重建工程启动。为此，御史崔让从家乡石州请来工匠担任建桥总指挥。“首先，将红花渠两侧渠堤劈开并深挖，用大块条石垒起坚固厚实的桥墩。进而在两桥墩间打造出巨大的弧形木模。之后，由木模两端开始，在木模之上逐排向桥心垒砌扇形石块，石块之间以灰浆黏接。如是，直到镶砌完木模顶部中央最后一块扇形石块，拱洞合龙。这数十道独立的石拱纵向排列，既可以各自负荷载重，又便于修缮。待拱洞稳固后，撤去木模，拱桥最核心的工程告成。”

文中写道，桥洞券砌工序是石拱桥建造中最关键的环节，要求垒砌精确，缝隙均匀，黏接牢固。一些石块之间，备料时已打凿楔形槽口，两个石块缺口要相对嵌合。之后的工序，就是往楔形槽口内浇灌铁水，待铁水冷却后即可锁固桥石。“这种方法叫作‘腰铁连接法’，是古代建桥技术的精华，标志着宁夏建桥技术当时已经达到很高的水准。”

永通桥是宁夏第一座石拱桥，为单孔石拱桥，南北跨度长 16.5 米，东西宽度与桥长相近。整个桥分成 3 个通道，中间宽 10 米，可通车马；两边行道各宽 3 米，略低于中道，通行人。3 条通道之间以石栏分隔，加上桥边护栏，4 道石栏有序排列。

此外，永通桥的石栏，间隔 2 米立一石柱，石柱顶部均装饰小石狮 1 尊，每道石栏两端，又各踞大石狮 1 尊。“如此，永通桥共有小石狮 32 尊，大石狮 8 尊……人车分离，各行其道，不仅可使通行秩序井然，防止交通事故的发生，又使层面迭现，桥态华美，显示了桥梁建设者的智慧。”

透过文字，历史深处的永通桥仿若眼前。而与这座精美桥梁“匹配”的，还有后来此桥近旁一处同样精美的古代园林——南塘。

明（嘉靖）《宁夏新志》记载：“南塘在南薰门外，永通桥西南。旧为停潦之区，嘉靖十五年（1536 年），巡抚、都御史宇川张公文魁惜其废于不治，功作岁余未成。都御史南涧杨公守礼委指挥方舆，因势修浚，植柳千株，缭以短墙，注以河流。周方百亩，菰蒲苹藻、鸥鹭凫鱼，杂然于中。泛以楼船，人目之如西湖，居民喜为乐土。”从这段话可知，永通桥西南的南塘，原来是片积水、沼泽之地，后来由都御史杨守礼主持修建成一处宛若“西湖”的园林胜地，成为人们游玩的好去处。南塘之美，在流传下来的各种诗文中多有咏赞，《宁夏新志》中更是专门附有“南塘”图一幅。也由此可见，“南塘”在当时的兴盛与美誉。清初，宁夏巡抚黄图安增续的“宁夏八景”，即包括“南塘雨霁”，称“其尤佳者，云气初收，晴光乍展，鱼鸟花柳，别有情趣”。

在漫长的历史风雨中，与美轮美奂的南塘一样，永通桥这座500年来的“宁夏第一桥”最终也是石拱坍圮，淡出人们的记忆。然而，直至近代，在民国年间的《朔方道志》里，还能看到“永通桥”的名称仍在沿用。不过在民间，也以“南关桥”俗称此桥。所谓“南关”，即昔日银川城南薰门北的关城。出生于1927年的朱文华先生（已故），年少时对南关和“南关桥”附近区域很熟悉。在他的记忆里，出了南关城，过了红花渠上的南关桥，在桥西南侧有处寺庙——普济寺。普济寺庙门前有一片宽阔的盐碱滩，是举行法事和办庙会的地方，“每年的四月初八、端阳和八月十五、冬至……做小生意的人挤得水泄不通”。而在他的记忆里，由南门桥向南有一条土路，宽3米左右，能通到永宁、吴忠等地，这路便是如今穿过南门桥的胜利街的前身，当时叫宁兰路。

南门桥，是胜利街上的一个关键点。胜利街，在20世纪40年代初即有其名。直到20世纪80年代之初，其南端仅止步于南门桥，而南门桥之外的南街路段，旧名“南郊”，直至1981年时方才并入，并以南门桥为界，分为胜利南街、胜利北街。

20世纪80年代的南门桥一带，除了宁夏水利工程处、宁夏送变电工程公司等少数几处机构外，还有河坝湖庄、强家庄等几处当年的老庄子。如今的南门桥，周边已是林立的高楼、密集的居民区，西侧新建的南塘园小微公园，沿用了“南塘”的名字，算是对历史上南塘的纪念。

从历史深处走来南门桥，已烙印在一辈辈银川人的记忆里，渗透在这城市的细微肌理中，写在“南桥东巷”“南桥西巷”“南桥市场”这一处处因桥而生的地名里。清晨8点，南桥东巷的早市上一派热闹，售卖者的吆喝声，买菜人的还价声，一旁笼屉里的蒸气袅袅升腾……生活在这里的人们大概不知也不会去多想，身旁这座外观平平的桥原来有这么多的故事。这桥，已是他们生活的一部分。

南门桥

唐徕渠支渠·红花渠

安乐桥

桥梁概况

安乐桥位于清和南街与长城东路交叉口向南250米，清和南街跨红花渠处。原桥1982年建，时为石台钢筋混凝土板式结构，长13米，宽18米。后又历经多次改造与建设呈今貌。

桥梁故事

过了南门桥，红花渠就进入一个人群更为密集的城市区域。在一些路段，渠道几乎与两旁的居民楼擦肩而过，两旁不宽的道路上，人流穿行，商摊处处，一派浓浓的市井气息。如果说，昔日这条渠流从城郊将银川古城亲密环抱，那么如今，它已完全被这座城市纳入其中，成为它的一部分。

位于这一段渠流之上的安乐桥，值得一记。《银川市地名志》对早年间的安乐桥有零星记载，其上所经过道路为“城区东环南路”。至于名称得来，暂未查找到明确解释。不过从这座桥邻近的其他几处老桥名看，东北方向有民乐桥，向南有平安桥，它们共同组成的是一个寓意吉祥的地名组合。

至于“东环南路”，这是现在经过这座桥梁的街道——清和街的前身。

清和街，1952年沿银川原东城墙外围形成。其得名，正是源于银川古城东门——清和门。所谓“清和”，文史专家吴忠礼在《宁夏志笺证》中这样解释：“东方为太阳升起的方向，古时以东代表主位，命东门曰‘清和’，意味着升平气象也。”

《宁夏志》撰修于明宣德（1425—1435年）中期，在“城垣”一节记载上，清楚写明：“今之城……之门有四，东曰‘清和’……”这是清和门见诸宁夏志书的最早记载，距今580余年。明正统九年（1444年），宁夏镇城经历了一次扩修，城门从原先的四门增至六门，且城门上方均建有城楼，与清和门对应的是清和楼。

到了清代，由（乾隆）《宁夏府志》所附《府城图》可以清楚看到，清和门除建有城楼外，还筑有瓮城，瓮城向南开有城门一处，门上亦有城楼图示。这一形制一直延续至民国时期，1936 年的《宁夏省会图》中，亦可看到这一面貌。直至 1969 年，清和门被拆除，彻底从人们的视野中消失不见。

在清和南街，曾有处银川人熟悉的东环综合批发市场。它所对应的，正是昔日安乐桥上所经过街道名称——东环南路。20 世纪 50 年代，沿清和门所在的东城墙一线，街道的雏形开始形成。从最初的窄小土路，到 50 年代末期整修拓宽的沙石路，再到 1979 年建成的柏油路，清和街在城市建设中不断“成长”。不过，它当时的名称还远没有现在的古意，而是被称作“东环路”。

1984 年，此路经历了一次历时 2 年的大规模改造，被改造为宽 18 米、长 3002 米的城市道路。也是在这一年的 6 月，银川市设立了东环批发市场。这个市场一直存在到 2020 年才从此处搬离，是清和街上最为繁华的处所之一，其名称也见证了身旁这条街道的变化。

2001 年，因沿线有清和门旧址，东环路改称清和街，名称一直沿用至今。当清和街邂逅红花渠，两个古意浓浓的地名，“交织”出一座名寓吉祥的安乐桥，也成就了这样一段渠、街、桥共同织构的人文佳话。

安乐桥

唐徕渠支渠・红花渠

长城路红花渠桥

桥梁概况

长城路红花渠桥位于长城东路与清和南街交叉口向东 150 米，长城东路跨红花渠处。所在道路等级为城市主干道。1993 年竣工。桥梁跨径组合 1×6 米，总长 6 米，总宽 39 米，行车道宽 34 米，为八车道。桥梁类型为钢筋砼简支板桥，上部结构类型钢筋砼板，板式橡胶支座。伸缩缝类型 GQF-C40。荷载等级汽 -20 吨、挂 100- 吨，限载吨位 20 吨。抗震设防烈度 8 度。桥梁设计单位为银川市规划建筑设计院，建设单位为银川市市政综合开发公司，施工单位为银川市第二市政工程公司，管理、养护单位为银川市市政工程管理处。

长城路红花渠桥

桥梁故事

虽然初建年代至今也有近 30 个年头，但相比红花渠上其他的老桥，长城路红花渠桥算是很“年轻”的了。20 世纪 80 年代中期，当时还叫南环路的这段长城路，最东边的起点还在东环路（今清和街），它与红花渠的美丽“约定”，尚未到来。

这个时候，红花渠水无遮无拦地缓缓流淌，渠水东侧坐落着一个老银川人耳熟能详的工厂——银川市亚麻厂。这座工厂，建于 1957 年，厂区西靠红花渠，北邻银横路，占地 128 亩。

银川市亚麻厂是一个设备较为简陋的工厂，属于半机械半人工操作，工人多为临时招收，季节性生产。1980 年以前，厂子以胡麻秆为原料，生产亚麻纤维，出口日本和苏联等国。1981 年，厂里自行设计建设了一条以亚麻屑为主要原料的亚麻纤维板生产线，起初只生产小张的纤维板，用于低档装饰材料和家具的背板、底板。后改进设备，建成亚麻刨花板生产线，用于一般装饰材料和家具。1990 年以后，企业不景气，产品因销路不畅而陆续停产。1997 年，并入银川康乐木器社、银川民族家具厂。

一段渠流旁老工厂的故事，从开始到消失，说起来似乎有些平淡甚至枯燥，但其间却是 40 年的时光。40 年，已足够几代人与它发生交集，足够在许多人心中留下深深的印痕。建于 1993 年的长城路红花渠桥，厂子里的人自然也见证过，但可能想不到，当年这座桥梁上穿行而过的南环路，会变成如今横贯整个银川市区的长长的长城路，一如这身边飞速发展、日新月异的银川城。

唐徕渠支渠·红花渠

民乐桥

桥梁概况

民乐桥位于景明路（原银横公路起始一段）与南薰东路交叉口，景明路跨红花渠处。因南侧曾临银川市亚麻厂，又称亚麻厂桥。原为木桥，1971 年重建，时为单孔石台钢筋混凝土板桥，长 10 米，宽 8 米。后又历经改造建设，呈今貌。今桥北侧与南薰东路跨红花渠桥紧邻，周边多为居民区，人流如织。

民乐桥

桥梁故事

民乐桥古已有之。1949 年前为木桥，桥旁石碑题此名。或许正因其古老，民乐桥成为这一带的地名之源。昔日有民乐村、民乐新村；今天有民乐巷、民乐家园、民乐小学、民乐陶瓷市场。其名称来历，均可追溯至这一源头。

《银川市地名志》记载，民乐村，为行政村，在红花乡（今属兴庆区）南部，1983 年因民乐大队改置，因辖域北近民乐桥而得名。至于民乐新村，为当年银川

民乐桥

市民集居区之一，20 世纪 80 年代建成，因地处民乐村地域而得名，具体分布在今兴庆区永安巷北段（长城路—南薰路段）两侧。

现居民乐家园小区的原民乐村老人回忆，过去的红花渠上桥很少，民乐桥算是比较大的一座了。20 世纪 40 年代，民乐桥宽有四五米，桥面为木质，上面垫着一层草，草上面铺着泥土。那时银川城周边湖泊很多，出南门往东，走过民乐桥，沿途一个接一个的湖泊，一片一片的芦苇荡……

在老人的回忆中，过去的民乐村可是一个大村子，下辖 8 个自然村，包括蔡家庄、河坝湖庄、岔杆桥庄、纳家庄等，总共有 2000 多人。占地区域也很广，有近 2000 亩耕地。现在位于宝湖路和丽景街交叉口东南侧的民乐家园小区，绝大多数居民都是昔日民乐村的人。这个小区以及紧邻的颐园小区，都是过去民乐村的安置房。

与过去相比，今天的民乐桥位置没有太大变动，但周围的景况已经完全不同。尤其是因紧挨北侧南薰路跨红花渠桥，两桥间的渠道已被覆盖成平地，且后者南桥栏已经不设，让这 2 座原本呈斜角相邻的桥梁，变得浑然一体。与南薰路跨红花渠桥相比，体量小很多的民乐桥，几乎湮没其中，需细辨才能分清。

20 世纪 80 年代时，情景远不是如此。那时南薰路还只止步于东环南路（今清和街）。民乐桥是这附近红花渠上唯一的桥梁，从桥上穿过的不是现在短短的、与小巷无二致的景明路，当然更不是南薰路，而是由此处向东南一直伸展到黄河横城渡口的长长的银横公路。当时民乐桥西侧的清和街正是银横公路的起点，民乐桥是这条公路自西端出发经过的第一座桥梁。

时间过得如此之快，曾经还身处银川城市区域之外的民乐桥，如今已完全置身于闹市之中了。

唐徕渠支渠·红花渠

新华路红花渠桥

桥梁概况

新华路红花渠桥位于新华东路与清和南街交叉口向东 270 米，新华东路跨红花渠处。所在道路等级为城市主干道。1999 年拆除旧桥新建（原桥为单跨简支预制板桥，桥宽 15 米，长 7 米），桥梁跨径组合 1×7.26 米，总长 8 米，总宽 30 米，行车道宽 15 米，为四车道。桥梁类型为钢筋砼简支板桥，上部结构类型钢筋砼板，板式橡胶支座。伸缩缝类型 GQF-C40。荷载等级汽 -20 吨、挂 100 吨，限载吨位 20 吨。抗震设防烈度 8 度。桥梁设计单位为银川市规划建筑设计院，建设单位为银川市市政综合开发公司，施工单位为宁夏水利水电局一处，管理、养护单位为银川市市政工程管理处。

桥梁故事

今天的新华路红花渠桥，坐落于高楼林立的繁华商业区，宽阔平坦的新华路穿行其上，两旁精致的汉白玉桥栏遥相呼应，在高楼、大街与喧嚣车流的对比下，这座闹市中的桥梁显得“小巧”且默默无闻。在现代化城市的扩张与发展中，这是许多原本的渠流之桥不得不面对的“命运”吧。

关于这座红花渠上的桥梁，相比于它所跨越的这条古老渠流，以及穿行于它身躯之上同样有历史的新华路，它的年龄显然要“年轻”得多。

在 2019 年之前，银川人一直称呼新华路为“新华街”。这条街道有着久远的历史，其前身可追溯至有地图可考的明代。甚至直到 1970 年之前，组成它后来体量的各个小街巷的名字，仍是古意浓浓。以 20 世纪 80 年代新华路的长度来说，其以民族街为界而分的东街，由原仓巷子、新华街、财神庙街组成；西街由原后哈吧巷、小南门三道巷组成。

这些位于今新华路一线的小“段落”，在 20 世纪 70 年代时，合并统称为“新华街”。然而即便如此，当时这条街道也远远不到现在的长度。至 20 世纪 80 年代，新华路的规模还是这样的：东端起自东环南路（今清和南街），西端止于凤凰南街，全长 2.7 公里。

自然，这时新华路红花渠桥还不可能诞生。不过，那时止步于东环南路的新华路，在两路交叉口稍往南，还有一条向西而行的郊区小路，这条小路跨越红花渠处，便坐落着一座小桥——可以视作今天新华路红花渠桥的前身。

彼时，这一带已属银川郊区的红花乡地域。桥南不远处，是一处名为沈家庄的村落，因清同治年间沈姓居民住在这里而得名，曾名高台寺大队第十、十一生产队。村居分布在红花渠东、西两侧，这座小桥，是人们往来通行的重要纽带。

1995 年，新华路进行了一次规模较大的拓宽工程，完成沥青路面 1245 平方米。此时，这条大街的脚步还止步于东环南路。但是，城市的发展已是日渐提速，它与红花渠的“约会”已是呼之欲出。

1999 年 6 月，作为当年银川市政府为民办十件实事之一的“新华街打通工程”开工建设，并于 9 月 22 日顺利竣工。新华路红花渠桥便由此诞生。2000 年，新华东路清和北街至丽景街段，进行道路拓宽改造，将原城乡接合部的低标准道路改为机动车道宽 15 米，隔离带各 2 米，非机动车道各 4 米，长度为 951 米的一条城市主要干道……正是在这一次次城市建设的升级改造中，新华路红花渠桥也一次次焕发生机，最终成为我们今天所看到的模样。

新华路红花渠桥

唐徕渠支渠·红花渠

东门桥

桥梁概况

东门桥古名赤栏桥。今桥位于解放东路与清和街交叉口向东400米，解放东路跨红花渠处。所在道路等级为城市主干道。1996年竣工。桥梁跨径组合1×4米，宽28米，为六车道。桥梁类型为单跨简支板桥，上部结构类型钢筋砼板，限载吨位20吨。抗震设防烈度8度。桥梁建设单位为银川市市政建设综合开发公司，施工单位为银川市第一市政工程公司，管理、养护单位为银川市市政工程管理处。

东门桥

桥梁故事

东门桥，因其位于银川古城东门“清和门”之外而得名，为昔日东城门之外的交通要津。此桥在古籍记载中的名称，形象而富有诗意——赤栏桥。该桥所跨的红花渠灌溉之地多植红花，花开时节，四周田地一片红艳，使渠水、桥梁也映为赤色，故有此名。

于银川而言，早已不再种植红花，留下的只有这条渠流之名，以及史籍中形象而颇具诗意的“赤栏桥”。曾经，这里是从东边出入银川城的交通要津。在老银川市民回忆中，20 世纪六七十年代，出了银川城东门不远就全是湖，从东边出入银川城的行人，需要绕着湖边曲折行进。而那时的东门桥，还是木头搭建的简陋小桥。

20世纪80年代，从银川城区向东过东门桥，即进入位于郊区的银通公路。1996年，解放街（清和街—红花渠桥）道路进行拓宽改造，新增道路面积 7457 平方米。此后，又历经改造建设，渐呈今貌。

今日站立在东门桥头，昔日景象早已不再，四周高楼林立，解放东路笔直向东，只有桥两端精雕细刻的古意石栏，以及近旁仿古的墙壁建筑，似乎还能透露出些许这里的古老信息。红花渠畔已无花，赤栏桥头怀幽古。一个充满诗情画意的名字，让今人可以遥想昔日红花成田、一片火红的美丽景象。在宽阔的街道、如梭的车流的对比下，这座并不太显眼的小桥，就像是一位走过绵长时光的老者，见证着银川日新月异的发展。

唐徕渠支渠·红花渠

湖滨路红花渠桥

桥梁概况

湖滨路红花渠桥位于湖滨东路与清和北街交叉口向东 300 米，湖滨东路跨红花渠处。所在道路等级为城市主干道。2006 年 7 月竣工。桥梁跨径组合 1×8 米，总长 8 米，总宽 41 米，为四车道。桥梁类型为钢筋砼板桥，上部结构类型预应力钢砼板，板式橡胶支座。伸缩缝类型 GQF-C40。汽车荷载等级城 -A 级，抗震设防烈度 8 度。桥梁设计单位为银川市规划建筑设计研究院有限公司，建设单位为银川市市政建设综合开发公司，施工单位为银川市第二市政工程有限责任公司，管理、养护单位为银川市市政工程管理处。

桥梁故事

此处红花渠桥上经过的湖滨路，也是银川一条有历史的街道。但直到2007年之前，这条东西向的古老街道，都未曾突破原先银川古城四面城墙之内的范围。它与距东城墙（今清和街一线）还有数百米的红花渠，自然无从交集。

红花渠自西南而来，至此段，渠线与原银川古城东墙基本呈平行之态，一路相依。这段渠流之上原先未有桥梁，今址桥东侧不远处，有银川人熟悉的高台寺村，属原郊区红花乡辖域，因明代于此建有高台寺（已毁）而得名，其故址在今兴庆区六小湖滨分校（原高台寺小学）处。

高台寺最初为西夏时期所建寺院，位置在今兴庆区掌政镇洼路村一带，由于寺庙是建在很高的台基上，因此称之为“高台寺”。明（弘治）《宁夏新志》记载：“城（今银川市城区）东十五里。李夏废寺，台高三丈，庆恭王重修之。下有大湖千顷，山光水色，一望豁然。”后为黄河水崩没。

明万历年间，庆王朱栴于红花渠东丽景园内（今红花渠东堤下）重建，改名为延庆寺。因延庆寺的台基同样很高，人们仍习惯称之为高台寺。清乾隆三年十一月二十四（1739年1月3日），此寺被震毁，乾隆二十三年（1758年）民间又捐资重修。再建后，寺院台高约15米，建筑楼阁闲静、敞亮。“高台梵刹”载入清（乾隆）《宁夏府志》“朔方八景”之一。

高台寺，还有它所在的古丽景园，今均已无存。但昔日界定它们方位的地标红花渠仍在，古丽景园内的园林湖泊——今天丽景湖的前身，仍在。还有，那一个个因高台寺而生的地名一直存留。这些，都是可供今人遥想当年的生动“凭证”。

2005年，湖滨路（时称湖滨街）民族北街至中山北街段进行一次大规模重修，增加了路面宽度，并加设了非机动车道，大大改善了这一带的城市交通。但是，东端止步于中山北街，仍让这条丁字结构的路，无法达到城市交通的快速循环。

2007年，湖滨路向东打通工程完成，道路向东延伸至丽景街，实现了更进一步的东西畅通。湖滨路红花渠桥，便是在这一时期诞生，成为一座红花渠上“年纪轻轻”却又生动映照着周边古老历史的城市桥梁。

湖滨路红花渠桥

唐徕渠支渠·红花渠

北京路红花渠桥

桥梁概况

北京路红花渠桥位于北京东路与清和北街交叉口向东 270 米，北京东路跨红花渠处。所在道路等级为城市主干道。2002 年建。桥梁跨径组合 1×6 米，总长 6 米，总宽 62 米，行车道宽 32 米，为八车道。桥梁类型为钢筋砼板桥，上部结构类型钢筋砼板，板式橡胶支座。伸缩缝类型 GQF-C40。荷载等级汽 -20 吨、挂 -100 吨。抗震设防烈度 8 度。桥梁设计为单位银川市规划建筑设计研究院，建设单位为银川市市政建设综合开发公司，施工单位为银川市第一市政工程公司，管理、养护单位为银川市市政工程管理处。

桥梁故事

北京路红花渠桥的形成，与北京路的出现和变迁息息相关。

银川是一座历史文化名城，古城银川的前身（今兴庆区所辖原称“老城”范围），是唐仪凤三年（678 年）修筑的怀远新城。之后，历经宋、西夏以及元、明各代，到

北京路红花渠桥

清乾隆六年（1741年）时，古城规模发展为“周围长2754丈，东西4.5里，南北3.1里”。再往后，历经中华民国至中华人民共和国成立前，这一格局基本未变。

北京路最初的雏形，是红花渠之西，一段原先沿北城墙外侧形成的一条小路，相当于今天北京路清和街至凤凰街段。这条小路，是旧时那种简陋的“牛车路”，上面有两道经年累月碾压形成的车辙。

1958年，这条昔日的“牛车路”得到升级，被修成了当时已算“高级”的石子路——北环城路。20世纪70年代后，时称“环城北路”的北京路，经历过一次铺设沥青的改造。比起“石子路”，这在当时显然是个质的提升，但若与今日情形相比，仍然称得上“天差地别”。此后，这条路又经过多次的建设与改造，但直至21世纪到来之前，它的东端一直止步于东环路（今清和街），与红花渠自然也无从交会。

1999年5月，银川市北环路改扩建工程正式开工，7月竣工。改造道路工程西起西二环（今正源街），东至东环路，全长4公里。到了2000年7月，《银川市建设志》中的记载显示，此时对这条路的表述，西端仍为西二环路，东端已经变成了东二环路（今丽景街），但建成长度仍为4公里，道路总宽度46米。换言之，此时这条路的今清和街至丽景街一段，亦即跨越红花渠的这段道路，仍处于待建或建设的状态中。北京路红花渠桥，已是呼之欲出。

2003年8月18日，贯通银川市三区的“五十里长街”北京路正式建成通车。这条全长24.42公里，规划宽度60米，双向八车道的城市主干道，在建设过程中，沿途共翻建了红花渠桥、唐徕渠桥、三一支沟桥、良田渠桥、西干渠桥5座桥梁，修筑涵洞8个，改造铁路平道口1处。

今天我们所看到的北京路红花渠桥，便是在“五十里长街”的建设中正式诞生的。今天的北京路红花渠桥，虽然很宽——与通衢大道北京路相匹配的62米，但长度仅6米，在宽阔长街和周围高楼大厦的映衬下，完全可以用“毫不起眼”来形容。但这座桥，却是见证了北京路向两端伸展、最终形成这座城市轴心大道的一个重要节点；也见证了身边这座城市，一路走来的翻天覆地的巨变。

唐徕渠支渠·红花渠

双庄桥

桥梁概况

双庄桥位于上海东路与清和北街交叉口向东200米，上海东路跨红花渠处。原为木桥，1979年改建为单孔石台钢筋混凝土板桥，当时桥长近11米，宽约8米。2000年改建，单跨条形基础简支钢筋砼板桥，长7米，桥面为6车道。荷载等级汽-20吨、挂-100吨。此处桥梁，曾为双庄街与满春公路连接处，跨红花渠。曾称猪场桥、满春桥。1986年因西连双庄街得名。

桥梁故事

由唐徕渠引水口开始的红花渠一路北行，穿过凤凰街、宝湖路、胜利街、清和街、南薰路……直至与上海路相遇，开始步入渠道的末段。这蜿蜒一线所经过的地域，过去属于老银川人熟知的一个老地名——红花乡。其乡政府驻地，即位于双庄桥西侧不远处，今中山北街与上海路连接处东南角。

《银川市地名志》中这样记载：“（红花乡）被银川市城区分隔成东、北、西南不相连三片状……以境内红花渠得名。1983年改制为乡。”

在红花渠与上海路交会处西北侧的一处小微公园里，来自附近小区的一些居民闲坐于此。我们上前与几位老者攀谈，提起“红花乡”的地名，他们都说记得。不过，“也是好久之前的事了。”随着城市的发展，2005年左右，这一乡级建制被取消，红花渠自西南向东北流经的原红花乡区域，也分属各所在街道办管辖。这一地名逐渐成为记忆。

双庄桥的得名来自双庄街，而双庄街名称的源头又来自更早的双庄子，于是，这座桥也便承载了丰富的历史信息。双庄子原址在今海宝路与清和北街交叉口东北侧一带。1912年宁夏省政府主席马鸿逵叔父马福寿于此建寨，与已有村寨并立，因而得名双庄子。20世纪六七十年代，曾名双庄大队第二、三生产队，1986年复

双庄桥

原名。今已无存。

在 20 世纪 80 年代的银川市地图中，双庄街是很短的一条街道。东起双庄桥连满春公路，西接中山北街道，长 570 米，宽 7~9 米，沙石路面。为 1949 年随城市建设而逐渐形成的道路。曾在当地居住的老银川人，还记得昔日这条路的旁边就是大片的农田，人们去田间劳作、贩货拉粮，都是通过这条简陋的田间道路。20 世纪 80 年代，原先的土路被改造成了沙石路，通行条件得到了好转。1986 年，这条路有了它正式的名称——双庄街。

1997 年，银川市新建了北二环路（今上海路），东起中山街，西至西二环路（今正源街）。其东端起点即与双庄街相接。2003 年，北二环路一线道路正式命名为上海路，双庄街和它跨越红花渠的双庄桥成为这条城市大道的一部分。如今，走过车流如织的上海路，经过并不起眼的双庄桥，两旁尽是林立的高楼，密集的居民区，昔日景象，恍若梦中。

还有名称依旧的红花渠，在城市的巨变中，它也经历着自身的变迁。穿过上海路的红花渠，继续北行不到 700 米后，在海宝路停住了脚步。在昔日还主要承担灌溉功能时，这条渠还会继续北行，一直到今天的西北农资城附近。“上小学时，我们经常在这条渠边耍，两边的杨树像茶杯般粗细。现在，你看它们都长多大了。一晃几十年就这么过去了……”我们与附近居民攀谈时，一位老人说。

唐徕渠支渠·第二农场渠

第二农场渠是相对第一农场渠（先建于河东）而命名的，群众习称为“二唐渠”，实为唐徕渠支渠。渠道沿贺兰山洪积扇边缘而北，为国营农场开发西大滩荒原而兴建，1955年竣工，跨越贺兰、平罗、石嘴山两县一市，全长80.6公里，最大引水量23米^3/秒，灌溉面积24万亩。灌区先后建有西湖、南梁、暖泉、前进、潮湖、简泉等国营农场。

正源街农场渠桥

桥梁概况

正源街农场渠桥位于正源北街与大连中路交叉口向北380米，正源北街跨第二农场渠处。所在道路等级为城市主干道。2014年6月15日竣工。桥梁跨径组合1×16米，总长16米，总宽60米，行车道宽30米，为九车道。桥梁类型为钢筋砼板桥，上部结构类型钢筋砼板，钻孔灌注桩基础。荷载等级公路-I级，限载吨位20吨。抗震设防烈度8度。桥梁建设单位为银川市市政建设综合开发有限公司，施工单位为宁夏方圆建设工程有限公司，管理、养护单位为银川市市政工程管理处。

桥梁故事

正源街农场渠桥位于阅海壹号院居民小区东侧，桥虽不长，但却十分宽阔，此处九车道的正源北街南北通达、纵贯其上。桥因路而阔，其诞生与形成，自然与这条通衢大道密不可分。

正源街（时称西二环路）自20世纪80年代诞生后，虽然中间经历了一次延伸，但直至2005年之前，其北端也仅止步于上海路一线。2005年，正源北街改扩建工程启动，北端终于突破上海路，延伸至贺兰山路一线。2014年，已延伸至大连路的正源北街，再度向北伸展，当年7月18日，正源北街（大连路—北环高速）道路改扩建工程正式完工。

在此次工程中，之前只有24米宽的正源北街，被扩展为双向九车道、宽60米的城市主干道。改造工程总长6.5公里，其中增设9米辅道可作为公交车专用道。另外还设有机动车道、人行道、辅道以及绿化隔离带，功能更加完善。正源北街农场渠桥，即是在此次改扩建工程中修造完成，为不断伸展的正源街再添一座雄壮的桥梁。

正源街农场渠桥

汉延渠

汉延渠是黄河青铜峡河西灌区四大干渠之一，又名汉源渠，俗称汉渠。原直接由黄河引水，开口于青铜峡出口黄河西岸，是古老干渠之一，位于唐徕、惠农两渠之间。

关于汉延渠的开创年代，据清代《大修汉渠碑记》称：“汉之有斯渠，殆元封太初（前110—前101年）间。”又据《朔方新志》记载：浚汉渠者，为虞诩、郭璜二人，可见西汉时已有此渠。而地方文献记载汉延渠之名，最早见于《天盛改旧新定律令》（1149—1169年）。

历代对汉延渠整修不断。年代距今较近些的几次“大动作”，包括：1903年和1914年曾2次上移渠口；1938年将渠口由陈俊堡之九道沟上移于西河口，与惠农、大清二渠并口引水。1962年，将汉延渠改由河西总干渠（原唐徕渠引水渠）引水。之后，历经裁弯取直、除险加固、灌区续建配套等项目实施，对渠道及配套建筑进行多次扩整和改造，渐呈现状。

汉延渠干渠长88公里，蜿蜒伸展，流经青铜峡市、永宁县、兴庆区、贺兰县，渠流之上，桥梁众多，各有故事。

汉延渠

大观桥

桥梁概况

大观桥位于永宁县杨和镇境内，杨和镇政府北 5000 米，109 国道跨汉延渠处。原名官桥，自古为银川向南的驿道所经，故名。后演变改今名。今桥建于 2011 年。

桥梁故事

由银川市区胜利街一路向南，过红花渠上的南门桥（古称永通桥），再向南近绕城高速时与 109 国道相接，继续南行入永宁县境，过大新渠上的望远桥（昔称王元桥），再南行，就到了跨越汉延渠的大观桥。这是昔日民国时期宁兰路的通行路径，也是更早时候清代宁夏西路驿道的路线，甚至，还可以追溯至更早。

大观桥是现在的叫法。过去，大观桥的名字叫官桥，是古代迎送朝使、官员的地方。明时，藩封宁夏的庆王朱㮵作《西夏八景图诗序》，其中《官桥柳色》写道：

桥北桥南千百树，绿烟金穗映清流。
青闺娟眼窥人过，翠染柔丝带雨稠。
没幸章台成别恨，有情灞岸管离愁。
塞垣多少思归客，留着长条赠远游。

饱含感情的诗句里，也描绘出当年官桥一带的景色：桥南桥北翠柳成荫，一渠平缓流过的汉延水，多少离情别意的画面在这里上演……

平缓流淌的汉延渠，流过了数百年。今天的大观桥，早已变了昔日模样。如果

1945 年，达观桥更名为胜利桥

不知道这些往事，那么作为 109 国道上一座公路桥的大观桥，你可能会觉得它实在平淡无奇。甚至即便知晓了，也不太能理解，彼时的古人送个别，为何要依依不舍送出（银川）城南四十里?

“塞垣多少思归客，留着长条赠远游。”交通落后的古代，烽烟戍边的宁夏，那时的远游，真的是一别就今生再难相见的远游啊！

清代乾隆年间的志书里，官桥柳色已成“旧时八景”，取而代之的是“西桥柳色”（西桥，即今西门桥），理由是“此胜于彼矣”。可能是吧，不过美则美矣，少了的，是美景中那份感人的离愁与别意。

时光似乎越走近，诗意便会愈变少。民国时，官桥的故事已经很现实和无趣了。据说，当时因王泰堡有“马公馆”，来往银川城的官员甚多，大官桥（更名后的官桥）及所接道路动辄会被戒严、禁行，当地老百姓又戏称其为“当官的桥”。

1941 年，这座桥改名为“达观桥”。后来，为庆祝抗战胜利，达观桥更名为胜利桥，今永宁县胜利乡地名即源于此。中华人民共和国成立后，此桥更名为大观桥，在此设胜利公社永丰大队。1982 年，永丰大队更名为观桥大队，后名观桥村。

昔日的官桥，早已走远。今天的大观桥，书写的是属于一片发展热土的故事。

于银川人来说，永宁县的大观桥桃，是记忆里最深刻的美味之一。早在 20 世纪 50 年代，大观桥桃就是银川人最喜爱的水果之一。每年 8 月，白里透红的大观桥桃挂上枝头，桃农采摘新鲜桃子拉到银川卖，颇受欢迎。

汉延渠的自然灌溉，气候昼夜温差大……得益于当地得天独厚的自然条件，造就了大观桥桃的高品质——个头大、颜色鲜艳、口感香甜。2006 年，可谓是大观桥桃发展最鼎盛的一年。这一年，永宁举办了首届大观桥桃评优会；2007 年，大观桥桃的商标被正式注册下来。

然而，一场天灾让大观桥桃的繁盛戛然而止。2007 年底到 2008 年初，受低温天气、大雪等因素影响，抗冻能力差的大观桥桃树几乎遭受了灭顶之灾，农户们种植的桃树荡然无存。一棵桃树 4 年方能挂果，6 年才能进入盛果期，农户种植的积极性也因此被极大挫伤。从此，市面上再难见大观桥桃的身影。

大观桥桃断档多年。如今乡村振兴的号角吹响，当地人又开始重塑大观桥桃的美名。不仅如此，当地的人们期望通过重振大观桥产业品牌，更广泛地带动本地特色种植和生态采摘旅游产业。

一座桥梁，一方热土。古人的诗景离情，今人的开拓进取。桥下的汉延渠水，平展流过；桥上的国道公路，伸向远方。属于这座古桥的动人故事，还将在今天继续上演。

大观桥

汉延渠

掌政桥

桥梁概况

掌政桥位于张政路与京藏高速公路相交处向东南 350 米，张政路跨汉延渠处。2004 年 10 月建。桥梁跨径组合 3×13 米，总长 42.74 米，总宽 10.5 米，桥面净宽 9 米，混凝土空心板梁结构，设计荷载公路 -II 级，管理、养护单位为银川市公路管理处。

掌政桥古已有之。明代曾于桥西设张政堡，桥以堡名。1949 年后改“张”为“掌”。今桥初建于 1973 年，时为双孔灌注桩墩台、装配式工字梁微弯板结构，长约 38 米，宽 7 米。后又历经改造建设呈现状。

桥梁故事

掌政桥原为银横公路跨汉延渠处桥梁，现此段道路命名为张政路。张政路之名，缘于昔日此地的一个历史地名——张政堡。

在明代，银川平原因其优越的农耕条件和军事上的地理位置，成为明王朝防御北方蒙古游牧部族的战略要地。于是，屯堡作为明代驻边屯垦军队的城堡便被大量修筑，构织出一个抵御蒙古诸部侵掠的军事据点系统。张政堡，即为这众多屯堡之一，修筑于明洪武年间。

这些密集分布于银川平原的屯堡，在特定的历史时期发挥着它们的使命和作用，并在之后对这片土地的地理和文化产生了深远的影响。比如，现在银川很多地名就是由这些屯堡得来，张政堡便是其中一例。

张政堡，堡以人名。张政，乃明初人，是明初统帅级将领蓝玉的偏裨，战功赫赫。洪武二十六年（1393 年），朱元璋为加强中央集权，借口凉国公蓝玉欲图谋反，将其逮捕并处死。同时，大肆株连杀戮功臣名将。蓝玉被处死后，官拜前军都督的

掌政桥

张政被捕入狱，本在被诛杀之列。幸运的是，半年之后朱元璋下诏："自今胡党、蓝党概赦不问。"于是，张政被赦，发配到宁夏卫，降级使用。

明代的张政堡，作为一座军事城堡，驻扎军队，垦种土地。到了清代，张政堡成为隶属宁夏县的堡寨之一，履行管理职能，以保证本地民众的生命财产安全。1949 年后，依其谐音，改名掌政。曾设掌政乡、掌政村等建制，隶属银川市郊区。桥以地名的张政桥，亦随之称为掌政桥。

2002 年，掌政划归银川市兴庆区，称掌政镇。2010 年，掌政镇被确定为自治区重点建设的 12 个沿黄特色小城镇之一，启动特色小城镇建设后，掌政开始了从"乡"到"城"的蜕变。镇区建设围绕"打造宁夏塞上江南水乡、宁夏生态湿地旅游产业第一镇、宁夏农民工创业孵化园区"功能进行定位，规划了东至鸣翠湖，西至汉延渠，南至银古高速，北至永二干沟，面积 5.4 平方公里，设计人口规模 5 万人的特色小镇。

小镇环境优美，恬静宜居，村民们过上了和城市居民一样的生活，住宅小区、商业街、学校、幼儿园等硬件设施俱全。原先从乡政府驻地掌政桥寨经过的银横公路，也被建设成宽敞亮丽的小镇街道。2014 年，兴庆区民政局会同掌政镇政府，为掌政镇特色小城镇建成的道路街巷命名出谋划策，与典农城、高台寺、张政、赵良栋等有关的历史文化信息被注入这些现代的街巷。此次命名中，这一段的银横路被命名为张政路，承载着当地的历史底蕴。而这段道路经过的跨汉延渠桥，也在掌政多年来的变迁与发展中，历经多次改造、建设，见证着这片土地悠久的过往与充满生机的今朝。

赵家湖路汉延渠桥

桥梁概况

赵家湖路汉延渠桥位于掌政镇赵家湖路与京藏高速路相交处向东 240 米，赵家湖路跨汉延渠处。2011 年 7 月建。桥梁跨径组合 2×13 米，总宽 24.5 米，桥面净宽 23.5 米，桥长 31.04 米，桥梁上部结构为空心板梁，设计载荷为公路 -I 级。管理、养护单位为银川市公路管理处。

赵家湖路汉延渠桥

桥梁故事

2010年，兴庆区掌政镇被确定为自治区重点建设的12个沿黄特色小城镇之一。自此，掌政特色小镇的建设进程也日益加快，成为兴庆区一片新兴的开发热土。

2011年，典农公园建成，还相继建设了安置区、创业园、商业街、乡镇路网等。2012年，对银横路两侧实施绿化整治，对滨河大道两侧的绿化带、水系进行了提档升级。穿镇而过的银横路两旁的鱼池、水沟等已变为观光型水系，赵家湖生态公园正在加紧建设中……

此桥所在的赵家湖路，即是2014年因地近赵家湖而得名。全新打造的赵家湖生态公园位于鸣翠湖国家湿地公园之北。20世纪30年代的《宁夏省水利专刊》所附渠流图中，今日赵家湖所在区域，名为赵府滩。所谓赵府，即历史上在掌政居住的清初名将赵良栋家族的府第。

康熙十七年（1678年），吴三桂在衡州称帝，赵良栋主动请征平乱。他带领宁夏绿营兵屡战皆捷，攻克成都，平定四川，授兵部尚书，总督云贵。继而，提10万大军攻取南坝，破昆明城，吴世璠（吴三桂之孙）自杀。

战功赫赫的赵良栋，后急流勇退，告退归宁。他在宁夏的府邸有2处，一处在宁夏城（今银川）羊肉街口东南，一处在张政堡（今掌政镇）。张政堡的赵府，有府邸，也有庄园，占地颇广，至今留下赵府、赵家湖、赵家滩等多处地名。

2011年赵家湖路跨汉延渠桥梁修建，2012年初赵家湖整治工程开工，2014年赵家湖生态公园建成，成为银川市东部的一处生态湿地“大花园”。自西向东的赵家湖路，跨过汉延渠后继续东行一段后，转而向东南画出一道优美的弧线，从景色旖旎的赵家湖生态公园穿过，像一条柔美伸展的花柄，串联起如瑰丽花朵般的赵家湖，向世人展示着这片土地的沧桑巨变、焕然一新。

五渡桥

桥梁概况

五渡桥位于兴庆路与青银高速相交处向东 1.1 公里，兴庆路跨汉延渠处。原桥为 1978 年建，时为三孔排架钢筋混凝土板桥，长 18 米，宽 5.3 米。后历经改建，成今貌。长 33 米，宽 30 米，混凝土空心板梁结构，桥型为组合式，中心桩号 K3+941。管理单位为银川市兴庆区交通局，养护单位为兴庆区道路养护所，监管单位为宁夏交通运输厅。

今址五渡桥在 1978 年修建时，桥名移用了其北侧 400 米处的旧桥名。此旧桥在明、清时名“五道渠桥”“五道桥”，后演化为“五渡桥”。今旧桥称“老五渡桥”，仍可供行人通行，但不再通行机动车辆。

桥梁故事

五渡桥，是银川一座相当有名的桥。这种有名，一是跟它久远的历史有关，此桥早在明、清即存在，清（乾隆）《宁夏府志》载：五道桥，去城东十五里，在汉延渠上。这里的“五道桥”即为今人所称的五渡桥。二是跟它所派生的地名有关，围绕这座桥的存在，这片区域被称为五渡桥村，在桥东侧也有五渡桥庄。

▲老五渡桥

早年间的五渡桥，在今天五渡桥桥址北侧约 400 米处，今日仍存。随着今址五渡桥的修建，遂被称作老五渡桥。以前穿过五渡桥的是一条东西向的乡村路，由五渡桥至镇河堡，俗称洼路。与五渡桥村相邻的东侧的洼路村，即以此得名。

昔日，从五渡桥上经过的只是条乡村路。这条路几经变迁，至 2016 年还只是一条三级农村公路（时名孔司路），公路等级偏低，周边群众出行不便，经济发展需求受限。2016 年 12 月，“兴庆路工程”（原孔司路改建工程）批准立项，2017 年 4 月实施修建。2018 年 8 月，全长 13.6 公里，西连南薰东路、东接滨河大道的兴庆路改扩建工程正式通车。建成的兴庆路，为一级公路，路面结构为双向四车道外加两条彩色沥青路面自行车道，堪称一条高颜值的公路。

平坦笔直的兴庆路，贯通了兴庆区大新镇、掌政镇、通贵乡，是连接各乡镇的主要道路，为发展区域经济、改善沿线居民生活环境和出行条件提供了保证。当这条高颜值的现代公路与古老的五渡桥相遇，一个自久远处走来，一个在新时代诞生，路的变迁，桥的更新，岁月前行的步履中，总有一个个生动鲜活的故事发生。

新五渡桥

沙窝桥

桥梁概况

沙窝桥位于银川市城区东约9公里,银通公路跨汉延渠处。古已有桥，清代即称此名。清（乾隆）《宁夏府志》记载：“沙窝桥，去城东二十二里。”今桥为1990年建，桥梁跨径组合2×10米，长25.4米，宽8.1米，行车道宽7米，净空高3.5米。桥梁上部结构为实心板梁，下部结构为双柱式桥墩。设计荷载汽车-20级，管理、养护单位为银川市公路管理处。

桥梁故事

沙窝桥，是银川城区来往贺兰县金贵镇、兴庆区通贵乡等乡镇时，要经过的一座汉延渠上的桥梁。沙窝桥之名因何而来，史料中未找到记载，倒是民间流传的一则传说故事，与此有关。

故事是这样的：这座汉延渠上的桥原先叫大高桥。相传康熙皇帝访宁夏时，在宁夏府城住了几天后，觉得烦闷，就想到乡下去走走。他带着两个侍从，骑着毛驴慢慢悠悠地行进，从银川东门往金贵方向走去，沿途柳树成荫，渠水淙淙，庄稼茂盛，果园连片，不知不觉就来到了大高桥。大高桥坡大桥长，桥附近有很多沙子，四周除了庄稼和树林，别无人家。

康熙站在桥上，俯视渠水流淌，鸟跃长空，一派天高气爽的景况。忽然间，从树林里窜出三个大汉，手持棍棒，挡住了去路。康熙知道是来劫道的毛贼，根本不

沙窝桥

把几个小毛贼放在眼里，于是放开毛驴，手拿皮鞭，与侍卫一道，几下子就把毛贼们打得抱头鼠窜。等到赶跑了强盗，康熙回头一看，毛驴不见了。他又累又渴，四下张望。这时天色已晚，远远看见桥东边有一丝光亮。他们迎着光亮走过去，到跟前一看，原来是个看瓜的小窝棚，窝棚里住着一个当地老汉。老汉一看康熙也是个老头儿，开口道："客官好大胆呀。大高桥这个地方，一到黄昏就没人敢路过，你没出啥事吧？"康熙回答："遇到三个小毛贼，让我们打跑了。"老汉说："没事就好。看你又累又饿，我这里有西瓜，有小菜，你先吃点吧。"

老汉打开西瓜，又端来一盘油饼、一碟酱好的螺丝菜。康熙西瓜泡油饼，就着螺丝菜，一口气吃了个饱。吃完后，康熙称赞连连。老汉说：“这个地方叫张家湾子，土质含沙大，种出来的西瓜、螺丝菜，品质特别好。”第二天早上，老汉帮康熙找回毛驴，康熙说：“我走得急，没带银两，就给你留首诗吧。”老汉笑笑答应了。于是康熙写下一首诗：

宁夏城东十里遥，汉延渠上沙窝桥。
西瓜蜜瓤螺丝香，君王食之不思朝。

后来，康熙为此地写诗的事一传十、十传百，家喻户晓。从此后，人们就把大高桥改名为沙窝桥，这里的螺丝菜也名扬天下，成了贡品。

这个故事，除了上面讲述的，还有其他几个版本，内容大同小异。比如有的最后是强调西瓜好吃，有的则强调其他特产好吃。民间故事透着民间的智慧，助兴谈资，也顺便推广一下当地的土特产。

历史上，康熙到访宁夏有确切记载。当然，民间传说不能用严谨历史的标准来要求。但这传说在给人们讲述一个有趣故事的同时，也能真实反映当地一些历史上的风土人情与地理与地貌。比如，地域多沙；比如，地处渠湾。事实上，如果追究“沙窝”之意，银川平原上这样的地名并不鲜见，如西沙窝、南沙窝、蒋家沙窝、陈家沙窝……这些地名里的“沙窝”，其实就是指多沙的土地，俗称“沙窝子”。

古已有之的沙窝桥，其今天所在的银通公路，原为大车路，1971 年后才陆续改建。20 世纪 80 年代时，此路西起银川市城区东门桥，经原红花乡、大新乡，贺兰县金贵镇，至通贵乡大寺庄连接永通公路，全长 18.6 公里，跨桥 10 座，沙窝桥即为其中之一。如今，此路的西端起点与解放东路延伸段衔接，东端终点止于与黄河西岸滨河大道相交处。世事更迭，道路变迁，置身其中的沙窝桥，如汉延渠上的一位老者，默默地见证着眼前发生的一切。

惠农渠

惠农渠，黄河青铜峡河西灌区四大干渠之一。清雍正四年（1726年）由工部侍郎通智主持修建，雍正七年（1729年）五月竣工，渠成赐名“惠农”，民间又称为“皇渠”。原开口于黄河左岸叶盛堡俞家嘴花家湾，至平罗县西河堡入西河，长200里。现自河西总干渠三闸（原为汇畅闸）引水。

历史上的惠农渠，渠口数易其址，渠道也历经变迁、多次修复。中华人民共和国成立后，1952—1953年建成一排、二排倒洪洞，1956年将昌润渠等六渠并入惠农渠。1961—1963年实施河渠分家工程，惠农渠并入唐徕渠三闸供水，同时对龙门桥至阮桥段近百公里渠道进行扩整。1969年春至1970年春，改建惠农渠龙门桥进水闸、退水闸。

之后历经裁弯取直、除险加固、灌区续建配套等项目实施，对渠道及配套建筑进行多次扩整和改造，现干渠全长256公里，灌溉面积113.4万亩。流经青铜峡市、永宁县、兴庆区、贺兰县、平罗县，至石嘴山市入第五排水沟。

惠农渠渠道宽阔，渠线漫长，横跨渠上的桥梁也是各有故事，“经历”丰富。

碱富桥

桥梁概况

碱富桥位于兴庆区掌政镇东南，银横公路跨惠农渠。梁式桥，长53.04米，桥面宽8米，行车道宽7米。轻型桥台，T型梁。2011年7月建成通车。此处古已有桥，今址桥初为1967年建，时为三孔灌注桩墩台、装配式工字梁微弯板结构，桥长近41米，桥宽约5米。后又历经改造、建设呈现状。管理单位为银川市交通运输局，养护单位为银川市公路管理处，监管单位为宁夏交通运输厅。

桥梁故事

碱富桥，旧已有之。《银川市地名志》记载：“（碱富桥）清代始建。曾名永固桥，1981年复原名。”

查看1936年《宁夏省水利专刊》所附渠流图，昔日由宁夏省城（今银川）南关东门起始的宁盐路（今银横路前身），向东南方向蜿蜒伸展，穿行于诸多湖泊、河渠之间。当经张政桥过汉延渠，就要到达惠农渠上的永固桥时，道路由两处紧邻的湖泊间穿过，路南为“陆家湖”，路北为“蒋湖”。与现在地图比对，“陆家湖”这片水域便是今天鸣翠湖所在。

再查同时期其他涉及此地的地图，此处跨惠农渠桥梁也有标注为“兼夫子桥”的，桥旁湖泊湿地的面貌几近相同。

探究“碱富桥”之名由来，《银川市地名志》称：“传其周围多碱，民以采碱致富，故名。”但若考虑昔日银川普遍多盐碱之地的实际，并结合当地地形地貌，此说法不尽合理。走访当地时，碱富桥村民也对这一说法并不知晓，只知过去桥附近都是大碱滩，白茫茫一片。虽然过去人们熟羊皮子时会用到碱土中的芒硝，但这东西也不用专门花钱去买。

据文史专家鲁人勇先生回忆，20 世纪六七十年代时，他曾多次来过此地，当时这座桥名为永固桥（永固乡的地名便是因此而来），在桥附近，曾有碱湖。结合鲁先生的回忆和昔日地图中的地貌，宁夏方言“湖”“富”音近，那么“碱富”为“碱湖”之演变，这样推断应该更为合情合理一些。

在碱富桥村民的记忆里，村西惠农渠上的这座桥，在 20 世纪 60 年代中期之前还是木头桥。那时惠农渠没有现在这么宽，桥长大约五十米，宽十六七米，能并排过 2 辆大马车。桥下大概有 6 排柱子（桥墩）支撑，桥面是木头板子做的，上面铺有碎石子。

1967 年，这处木桥被拆除，另建了一座混凝土桥，桥址也有变动——改在原木桥南侧约 30 米处，也就是今天碱富桥的位置。从木桥到水泥桥的进化，对这座古已有之的桥梁而言，自然是一次质的飞跃。此后，随着时代的发展，所在道路的多次改造与拓宽，碱富桥也一次次更新、升级，最近一次改造，桥上的铭牌写得清楚——2011 年，随着此次银横路的拓宽改造，碱富桥成为今天我们看到的模样。

历经变迁、一路走来的碱富桥，也在这片土地上派生出一个个地名印记。因为这座桥的存在，这一带被命名为碱富桥村。2002 年之前，碱富桥村属银川市原郊区永固乡下辖的行政村，1972 年由永南大队析出，组成永红大队。1981 年改名碱富桥大队，1983 年改碱富桥村，因辖区西近碱富桥而得名。下辖碱富桥庄、顾家庄、杜家庄、鲍家庄、上红庙子、下红庙子 6 个自然村。其中，庄因桥名的碱富桥庄，曾名碱富桥大队第四、五生产队，聚落在银横公路两侧，呈块状分布。

随着时代的变迁发展，以及近年来掌政镇特色小城镇的建设，今天的碱富桥周边的面貌也发生了较大的改变。桥南不远处有房舍林立的碱富桥新村，旁边是漂亮的金岸花园。沿着银横路再往东行，路南还有兴庆区第六小学碱富桥分校，再往东不远处就是通畅笔直的滨河大道，一旁的黄河水从这片美丽的土地上缓缓流过。

碱富桥

惠农渠

上司家桥

上司家桥位于兴庆路与河西高架桥相交处向东 530 米，兴庆路跨惠农渠处。原桥 1999 年建成，桥全长 65 米，宽 7.8 米，混凝土空心板梁。2017 年拓宽改造后，三跨，桥长 83 米，中心桩号 K8+807.05，组合式桥型。管理单位为银川市兴庆区交通局，养护单位为兴庆区道路养护所，监管单位为宁夏交通运输厅。

桥梁概况

桥梁故事

此处兴庆路跨惠农渠桥梁，西侧为司家桥村。昔日，这里惠农渠上有一座老桥——上司家桥。司家桥村即因此得名。据 20 世纪 80 年代的《银川市地名志》记载："司家桥村以辖域内上司家桥得名，辖司家寨子、王家庄、杨家庄、刘家庄等。这些村庄均以姓氏而名，其中村委会驻地司家寨子，是因 1941 年司姓居民在此建寨居住而得名。"这也是上司家桥的地名源头。

为何起名"上司家桥"？事实上，这是为与其北侧（下游）不远处的"司家桥"相区分。

在当地村民的记忆中，20 世纪 70 年代的上司家桥，是一座简陋的水泥板桥，没有栏杆，桥下有 6 个桥墩。这座桥，是当时司家桥村一带人们通往银川的唯一通道。

今天的兴庆路惠农渠桥上，兴庆路平坦笔直。开车从司家桥村出发，用不了 20 分钟就能到达银川城区。据当地人回忆，过去从司家桥去银川，得沿着一条不知名的土路，弯弯绕绕地走上 2 个小时才能到达。这条不知名的土路，后来陆续铺上了石子、沥青，逐渐延长、取直，20 世纪 90 年代命名为孔司路。后来又经拓宽改扩建，最终成为了现在的兴庆路。兴庆路是一条较有特点的公路。2017 年 4 月实施改扩建，2018 年 8 月建成通车。西起南薰东路，东接滨河大道，全长 13.6 公里，是一条带有彩色自行车道的公路。

"彩色的路"一路伸展，经过的司家桥村今天也建设得新颖多彩。曾经的村子，农田高低不平、大小不一，巷道两侧杂草丛生。自开展高质量美丽宜居项目以来，这里发生了巨大的变化。水稻是当地最主要的农作物，村里建设了稻香广场，并以稻文化为主题，通过梯田稻浪、老司家桥等绘画场景，展现村落的历史变迁。此外，村里还引进企业流转土地，建设集休闲观光及娱乐体验于一体的稻蟹乐园，打造不同主题的民宿样板间。

充满现代气息的公路，跨过古老的惠农渠，穿行在这片广阔的土地上，穿过那些悠远时光里的往事。时代前行，景貌变迁，这桥、这路所见证的今昔，值得我们记住。

司家桥

桥梁概况

司家桥位于兴庆区通贵乡，乡村路跨通二支渠（惠农渠支渠）处。长约5.2米，宽约5.4米，钢筋混凝土板桥，无桥栏。

桥梁故事

司家桥是一座简陋的小桥，简陋到连桥栏都没有。不过当你置身这座小桥旁，侧身于岸边的草丛中想给它拍张照时，就会发现镜头中的它，有着一种别样的美。桥下的水澄澈，桥旁的草油绿，掩映在盛夏绿意中的小桥，婉约而静美。

前文中提过，司家桥的得名，源于其东南不远处的司家寨子。司家寨子为司家桥行政村下辖的自然村之一。《银川市地名志》中记载，司家寨子因1941年司姓居民居此建寨得名，曾名司家桥大队第一、二生产队，1986年复原名。

在当地的采访中，据村里老人回忆，这座寨子有六七亩地大，寨门是两扇厚度达10厘米的大木门，寨子的围墙宽2米多，城墙四个角还有4个“更房”。民国时期，因为土匪多，这个寨子的主要功能就是为了防土匪。这座老寨子于20世纪50年代被拆除。

20世纪40年代，银川像这样的老村寨很多，如杨家寨子、马家寨子、王家寨子等，这些老庄子都是因为曾建有这种寨子而名。采访中，出生于1957年的当地村民张秀花说，当年的司家寨子在这一带是“大户人家”，多年来人们在这一带生息劳作，才有了如今的司家桥村。对于司家桥村人而言，这个老寨子是一处已经消失，但又

司家桥

永远留在他们心里的“地标”。

20世纪80年代的银川市地名图中，在惠农渠一线，司家桥与上司家桥一南一北，遥相呼应，两桥之名也仅一字之别。但如果细看即会发现，司家桥并非跨惠农渠，而是与惠农渠东侧紧紧相邻的通二支渠。

通二支渠为惠农渠支渠，自司家桥南侧的惠农渠东岸分水口处引水，然后沿惠农渠东侧一路向北，直至与银通公路在闸庙桥东侧交会后，才与惠农渠分向而行，转而朝东北方向延伸。通二支渠是当地一条主要的灌溉支渠，全程在通贵乡延伸，像一条毛细血管，将惠农渠中珍贵的黄河水引入周边的农田，润泽着这片美丽的土地。

在通二支渠自惠农渠的引水处，笔者与正在一旁农田中劳作的当地金姓村民攀谈。金师傅今年49岁，是通贵乡通南村人。说起身旁的这条通二支渠，他说他们一般称呼它为“二干渠”，村里的农田，现在主要种着大豆和玉米，主要就靠这条渠流来灌溉。

笔者不由想起在司家桥村拜访时，生于1970年的村民袁志平回忆：“我小的时候，村里种的多是小麦、水稻、高粱等作物，用的水，都是惠农渠里的黄河水。”他说，“黄河水灌溉着这一带的土地，也给了儿时的我们留下许多欢乐。每年当渠水下来时，就约上村里要好的伙伴，去渠沟里耍水，水有点浑，但我们仍然玩得不亦乐乎。而等到渠水退去的时节，我和小伙伴们又会去附近的小沟渠里抓鱼。”想起当年这些经历，袁志平笑得很是开心，仿如昨日。

从小小的司家桥走过，向西不过六七十米，一座高大的水闸建筑便矗立在你的面前。这便是司家桥闸，为了提高渠水水位，便于上流灌溉而设，此节制闸始建于1969年，当时长42米，宽6米，钢筋混凝土结构，桥下设4孔闸门，配置手摇启闭机，另有两口无闸明孔。今闸建于1995年，六孔，设计流量85米^3/秒，卷扬启闭机2套，螺杆式启闭机4套。它的得名，正是因为一旁的司家桥。站在司家桥闸旁，你能看到一路“温柔”流过的惠农渠，展露出的激越的一面。宽阔平缓的惠农渠水流到这里，经由水闸的6个孔道流过，闸另一侧涌出的渠水发出雄浑的涛声，激越的水流泛着浪花继续流向远方。此桥西侧紧邻为惠农渠上的司家桥节制闸。

司家寨子、上司家桥、司家桥、司家桥闸、司家桥村，一个有趣的地名小群落，它们从过往走来，藏着昔日的故事与温度。如今，它们所置身的这片土地已是沧桑巨变、面貌一新。

闸庙桥

桥梁概况

闸庙桥位于兴庆区通贵乡，银通公路跨惠农渠处，中桥。1963 年改建，时为七孔双柱排架墩台 T 型梁结构，长近 44 米，宽 7 米。1992 年改建后，上部结构为 T 型梁，下部结构为双柱式墩，桥梁跨径组合 3 × 16 米，长 52.1 米，宽 9 米，行车道宽 7 米。两侧有护栏。净空高 3.6 米。设计荷载汽车 -20 级。管理单位为银川市交通运输局，养护单位为银川市公路管理处，监管单位为宁夏交通运输厅。

桥梁故事

闸庙桥，古已有之。清雍正四年（1726 年）开挖惠农渠，于此架设木桥，桥下设闸。清末桥西侧建小庙，故名闸庙桥。桥如此有年头，自然派生出一些耳熟能详的老地名。如闸庙桥庄，曾名通西大队第七生产队，在闸庙桥北侧。还有闸桥西庄，曾名通西大队第八生产队，在闸庙桥西侧。

闸庙桥还一个名字叫“上闸庙桥”。今天桥旁即有上闸庙桥管理段。之所以有这样的称呼，是为与不远处的“下闸庙桥”相区别（详见下文）。但无论是上闸庙桥还是下闸庙桥，它们均属于这里的通西村地域。通西村是通贵乡下辖行政村。在银川，若问起哪里的豆腐最好吃、最有特色？人们大都会推荐——通贵老豆腐。这里，便是大名鼎鼎的通贵老豆腐的产地。

进入通西村，路过的人家院里只要砌着炭火炉膛的，必是豆腐作坊无疑。通西

闸庙桥

村，东距黄河 6 公里，流淌着黄河水的惠农渠从村境穿过，可谓处于黄河水的怀抱之中，是历史悠久的引黄灌区之一。

在这里，如果你问当地人，为何这里的豆腐风味独到？他们往往会自豪地告诉你，因为这是用黄河水做的豆腐啊。在村民们的心中，对身边的黄河水有着一种浓浓的情感。要做出好豆腐，主要靠好水。通西村制作豆腐的用水，采自千百年来被黄河水所滋润的这片土地的地下水。曾有其他地方的人特地来拉通西村的地下水，回去做豆腐，第一天还能做出来，第二天就无论如何也点不出老豆腐了。

在通西村，当地人们靠着这一方得天独厚的水土、一双勤劳肯干的巧手，独一无二的老豆腐从这里走向银川人的餐桌。古老的闸庙桥坐落于此，黄河水滋润的这片土地，古老与现代，传统与发展，烟火人家，生生不息。

下闸庙桥

桥梁概况

下闸庙桥位于兴庆区通贵乡，通西路跨惠农渠处。今桥 2014 年建成通车。长 40 米，宽 7.6 米，两跨，钢筋混凝土，组合式桥型，桥身微拱。管理单位为银川市兴庆区交通局，养护单位为兴庆区道路养护所，监管单位为宁夏交通运输厅。

桥梁故事

下闸庙桥位于今通贵乡通西村。之所以冠名“下”，是为与其南侧（上游）惠农渠上的“上闸庙桥”（即闸庙桥）相区分。

前文闸庙桥一节中已提及，闸庙桥，古已有之。清雍正四年（1726 年）开挖惠农渠，于此架设木桥，桥下设闸。简短的表述，其中却蕴含着丰富的信息，指向近 300 年前桥下这条渠流的诞生史。

下闸庙桥

清雍正时期，宁夏灌区属甘肃省宁夏府。当时黄河西岸一带叫查克汉托护地区。由于汉、唐二渠无法灌溉到这一带，因此未能开垦，旷为荒地。故此，清政府特命工部左侍郎通智会同陕甘总督岳钟琪详细踏勘，之后拨帑银16万两，命通智偕同单畴书（先任宁夏道台，后升任户部侍郎）负责凿渠，经两年十个月艰辛劳动方始修成。

通智，是宁夏水利史上一位贡献甚多的人物，除了主持修建惠农渠，他还将惠农渠东北隅的黄河支流——六羊河改建为昌润渠，用以灌溉惠农渠难以涉及的地方。此外，他还沿黄河修筑长堤以障黄泛，又对唐徕、汉延、大清三渠进行彻底整修，并建立一套测量水文办法。由于水利的兴修，使宁夏大片荒地变为良田。因此于新垦区添设了新渠、宝丰两县。

雍正十年（1732年），通智完成了在宁夏的治水任务回京。宁夏人民为了纪念通智的功德，在新垦区为新村堡定名时，多以"通"字冠之，并修庙祭祀他。这些"通"字地名如：通宁、通朔、通贵、通昶、通吉、通义、通城、通伏，便是民间常说的"通八堡"。其中的通贵堡，即为今日通贵乡、通西村（因处通贵堡西而得名）的地名源头。

如今，因闸庙桥而派生的下闸庙桥，位于乡村公路通西路上，其东南侧近旁，惠农渠东岸，有因它而派生出的地名——下闸桥庄，曾名通西大队第三生产队，今又称通西村三组。

下闸庙桥虽与上游惠农渠上的上闸庙桥"相对而称"，但时光变迁中，如今的下闸庙桥与上闸庙桥之间的惠农渠上，还有一座现代化的桥梁横亘于二者之间，它就是贺兰山东路跨惠农渠桥。这座桥面为双向四车道的中型桥梁，开工建设于2014年，属当时的兵沟黄河大桥及连接线工程。这段一级公路，东接兵沟黄河大桥，在黄河西岸接连跨越了汉延渠、第二排水沟和惠农渠。

一座"后起之秀"的新修桥梁，横亘于两座"年老资深"的闸庙桥之间，是今昔的有趣映照，也是这片土地进步与变迁的鲜明见证。

新生桥

桥梁概况

新生桥位于兴庆区掌政镇碱富桥村，银横公路跨民生渠（惠农渠支渠）桥。今桥为 2011 年 7 月改建，梁式桥，长 18.04 米，中心桩号 K10+911。桥梁管理单位为银川市交通运输局，养护单位为银川市公路管理处，监管单位为宁夏交通运输厅。

桥梁故事

新生桥所跨渠流为民生渠，为惠农渠支渠之一。1934 年始开，1935 年建成。曾名云亭渠（取民国宁夏省政府主席马鸿逵之父马福祥之字云亭），1949 年后更现名。原渠自永宁县至贺兰县，长 45 公里。1970 年被截为 3 段，此为中段。渠道宽 6~3 米，有斗口 245 座，渡槽 2 座，节制闸 3 座。1982 年后，相继开挖四条支渠（永一、永二、通一、通二），由惠农渠横向引水入此渠，总引水量 10.5 米 ³/ 秒。灌溉面积 1.2 万亩。

此处民生渠上原无桥梁，往来行人需向南绕道，经过今桥址南侧 1 公里多永红一队（顾家庄）处的桥梁，跨越民生渠。据村民回忆，今址桥初建于 20 世纪 70 年代。《银川市地名志》记载其 1980 年时的情况为：灌注桩台工字梁微弯板结构，长 18.5 米，宽 7 米。后又历经改造建设，最近的一次为 2011 年银横路拓宽改造，桥梁亦进行了拓宽，遂成今貌。

新生桥

惠农渠

望洪桥

桥梁概况

望洪桥位于永宁县城之南约 8 公里，望洪镇望洪村北侧，109 国道跨惠农渠处，东至黄河约 1.5 公里。明代设王鋐堡，以堡官姓名为名。清雍正六年（1728 年）修建惠农渠竣工后建桥，名王鋐桥。1941 年 8 月宁夏省人民政府因“以私人姓名为名”“鄙俚不堪”，下令更名望鸿桥，为宁兰公路、宁平公路所必经。1945 年抗日战争胜利后一度由官方更名复兴桥，但未流传。当代更名望洪桥，先后为兰包公路、109 国道所必经。历经多次拓宽改建。现有建筑为 2015 年改建，下部为钻孔灌注桩重力式墩台，上部为预应力混凝土空心板简支梁。长 54 米，桥面宽 9.5 米。

望洪桥

青银高速惠农渠桥

桥梁概况

青银高速惠农渠桥在银川市兴庆区掌政镇东南、银川黄河大桥西行约 3.5 公里，青银高速公路跨惠农渠处。桥长 67.7 米，桥面宽 22 米，其中机动车道 20.5 米，设六车道。下部为桩式墩台，上部为空心版梁。1993 年 11 月建成通车。

青银高速惠农渠桥

西干渠

西干渠为黄河青铜峡河西灌区四大干渠之一。因居灌区最西部而得名。于 1959 年冬兴建，1960 年春通水，由河西总干渠（原唐徕渠引水渠）引水。

明弘治十三年（1500 年），宁夏巡抚王珣为绝虏寇，兴水利，对昊王渠进行修复，并更名为“靖虏渠”。但终以“石坚不可凿，沙深不可竣，财耗力困，竟不能成，仍为废渠”而没成功。今之西干渠与靖虏渠平行，部分段落借用故道。

1958 年，为保障西干渠进水量，兴建河西总干渠节制闸（潜坝）。1959 年兴建进水闸，开挖渠道。1966—1970 年对渠道进行扩整加固和砌护。1974—1984 年重建、新建 9 座退水闸。2005 年秋，实施唐西合并工程，扩整上游 4.3 公里渠道，改造进水闸闸室及闸后设施。近年来历经除险加固、灌区续建配套等项目实施，对渠道及配套建筑进行多次扩整和改造，现全长 113 公里，同时肩负银川市及贺兰山沿线防洪安全重任。

西干渠是青铜峡河西灌区自流部位海拔最高的一条新干渠。干渠沿贺兰山东麓洪积扇地带和黄河冲积平原之间北行，横贯青铜峡市、永宁县、西夏区、贺兰县、平罗县，止于平罗县崇岗镇暖泉村，尾水入第二农场渠。沿线桥梁众多，与这道漫长的渠流一样，见证着一方土地的变迁与故事。

园艺桥

桥梁概况

园艺桥位于北京西路过西绕城高速向西 1 公里，北京西路跨西干渠处。所在道路等级为城市主干道。2003 年 8 月建。桥梁跨径组合 2×16 米，长 32.3 米，总宽 60 米，行车道宽 32 米，为八车道。桥梁类型为钢筋砼板桥，上部结构类型钢筋砼板，板式橡胶支座，桩柱式桥墩，钻孔灌注桩基础，伸缩缝类型 GQF-C40。汽车荷载等级城 -A 级，限载吨位 20 吨。抗震设防烈度 8 度。桥梁设计单位为银川市规划建筑设计研究院有限公司，建设单位为银川市市政建设综合开发有限公司，施工单位为宁夏水利水电工程局，管理、养护单位为银川市市政工程管理处。

桥梁故事

从如今一马平川的北京路一路向西，渐行渐远之时，街道两边的高楼大厦也渐渐稀少，等经过从头顶高处穿过的银川绕城高速立交后，前方不远处，一座宽阔硕大的桥梁横亘于视线之中。

园艺桥，原为银川市西夏西路（今属北京路）跨西干渠处桥梁。1960 年始建，当时还只是一座木面桥。1966 年，此桥改建为三孔简支梁钢筋混凝土板桥，长 15 米，宽 8 米。后又历经改造建设。到了 2003 年，随着北京路的建成，原西夏西路成为北京路一段，此桥也于这一年拆旧建新，拆除前的桥梁为三跨简支 T 型梁桥，净宽 17.2 米。

园艺桥之名，为 1986 年因其临近银川市园林场而得名。银川市园林场 1959 年始建，初为银川市桑果试验场，后更现名。场部在今西干渠东、北京西路两侧。今天的园艺桥附近还有西夏广场、西夏风情园旅游景区等。

站在今天的园艺桥上，宽阔的桥面，美丽的汉白玉栏杆，整座桥梁雄壮而大气。桥下便是整齐砌着水泥渠壁、深而宽大的西干渠。西干渠建成于1960年，园艺桥与它同岁。曾参与开挖西干渠的老人马东，回忆起当初那段挖渠岁月，记忆犹新。“太苦了，这条渠是几万人用小背篓背出来的。”老人的记忆中，20世纪60年代的西干渠沿线，大部分都是盐碱滩，唯一的植物就是芨芨草。没有地方住，大家就在盐碱地上挖个坑，上边搭几根木棍，再搭上茅草居住，就是人们常说的“地窝子”。冬天没有水做饭，就找来一堆堆的雪倒进铁锅里，融化后再做饭；因为风沙大，吃饭的时候，嘴巴里老感觉有沙子和泥。就是在这样艰苦的环境下，5万名修渠人仅仅用了半年多的时间，就开挖出了100多公里长的西干渠。时至今日，这条渠的实际灌溉面积，已达到80万亩。

从最初窄小简陋的木桥，到如今承载八车道北京路的现代化宽阔大桥，园艺桥见证了一条百里长渠的诞生，见证了身边这片土地上的人事代谢与沧桑巨变。

园艺桥

挹兰路西干渠桥

挹兰路西干渠桥

桥梁概况

挹兰路西干渠桥位于挹兰路与银川绕城高速相交处向西630米，挹兰路跨西干渠处。今桥为2016年9月建。桥梁上部结构为空心板梁，桥梁跨径组合1×30米，全宽22.5米，桥面净宽21.5米，桥长37.6米，设计荷载公路-I级。管理单位为银川市交通运输局，养护单位为银川市公路管理处。

桥梁故事

此桥所在的挹兰路也是条挺有历史的路。挹兰路原名新干公路，始建于1959年，起初只是一条砂砾路面的道路，起点在今文昌北街西侧的广武巷。1981年改道后，南起银川市原新城区西夏西路（今西夏区北京西路）、西干渠管理处西侧，中途折向西，跨过西干渠后继续西行，止于贺兰山干沟、套门沟口。

西干渠一路沿贺兰山东麓洪积扇边缘穿行，至挹兰路桥时，其西侧六七公里外有著名的贺兰山沟谷——套门沟。套门沟因沟口南侧山脊上原有烽堠墩，俗称桃木墩，所以沟以墩名，后来又演变成今天的名字。套门沟一带，有着丰富的石灰岩矿床，始建于1958年的原银川市水泥厂，即坐落于此。昔日的新干公路，就是连接此处与银川市区的重要通道。

“俯凭驼岭临河套，遥带银川挹贺兰。”这是明朝万历年间，坐镇西北四大军镇的三边总督刘敏宽所作《秋日杨楚璞中丞抚临良晤长城关四首》之一中的诗句。诗中明确写到了河套，并与贺兰山同时出现，所描写的长城和黄河就如同两条带子，不仅“遥带”着“银川”，而且还“挹”着“贺兰”。这也是“银川”之称首次在古人的诗句中，以确指宁夏银川平原或宁夏镇城的形式出现。挹兰路之名，便是取自这一对银川地名形成和演变有着特殊意义的著名诗句。

今天，更名为挹兰路的原新干公路，也已是新的模样，其东侧与宽阔笔直的城市主干道贺兰山路相连，一路向东即可横穿整个银川市区。一条承载着过往的亲切老路，一座跨越西干渠的普通桥梁，让日新月异的银川与巍巍贺兰山变得如此之近。

西干渠

青山桥

桥梁概况

青山桥位于新小公路与银川绕城高速公路交叉口向西 760 米，新小公路跨西干渠处。1960 年始建，为木面桥。1964 年改建为双孔钢筋混凝土板桥，长 20 米，宽 6 米。今桥为 2002 年 10 月建。桥梁上部结构为空心板梁，下部为多柱式桥墩，桥梁跨径组合 10 米 +13 米 +10 米，宽 12 米，桥面净宽 11 米，桥长 37.04 米，设计荷载汽 -20 吨。管理单位为银川市交通运输局，养护单位为银川市公路管理处。

青山桥原为新苏公路跨西干渠桥梁，今此段属新小公路。原新苏公路，自今新小公路起点出发，终点直至贺兰山苏峪口，1953 年始修，1973 年陆续改建为三级公路，跨桥 12 座，青山桥为其中 1 座，1986 年因其西近贺兰山命现名。

桥梁故事

青山桥原为新苏公路跨西干渠桥梁，如今此段已归入新小公路一线。新小公路的形成，与曾经的新苏公路和高小公路有关。

昔日的新苏公路（新城区—苏峪口），东起原新城区文昌路（今西夏区文昌北街凝翠公园处），至高家闸折向北过镇北堡（此段与沿山公路重合），又西北行入贺兰县境，至贺兰山苏峪口止。而当时在高家闸处与沿山公路、新苏公路相接，并以此为起点，西行至贺兰山滚钟口（俗称小口子）的公路叫高小公路（高家闸—小口子）。所以，今天的新小公路，其实是原新苏公路一段，加上原高小公路后形成的。

不得不说，今天这条路“新小”的名字，听起来更动听且带着亲切——有一种清新和玲珑可爱的意味。而事实上，这条穿过青山桥向青翠缀染的小口子一路伸展的公路，虽然谈不上宽大阔气，但在今天的银川人眼中，却是一条美景之路、宜行之路。

2021 年，一条“网红公路”频繁亮相于人们的朋友圈，它就是新小公路。为申报宁夏“美丽农村路”和全国“十大最美农村路”，新小公路经历了一系列提升改造工作，以全新的姿态呈现于银川人眼前，也让人们的出行体验有了不一样的感觉。

而回顾往昔，最初的新小公路，不过是一条乡间沙石小路，人们经由它的路径，可以从银川到达滚钟口。滚钟口自古就是园林胜地，楼阁、庙宇众多。每年农历三月初三、四月初八为赶庙会的日子，早年间的银川人老幼相携，前往此地进香，称为“朝山”。当年新小公路的这条线路就是一条“朝山”的去路。每到赶庙会的日子，这条小路就是一幅热闹的景象。

从 20 世纪 70 年代末开始，银川市加大城市路网的改建。新小公路在 20 世纪 80 年代改建后，道路质量和通行能力得以大幅提升。同时期建设的，还有路两边的防护林。在新小路两边的防护林带里种有云杉、獐子松、国槐、白蜡、杨树等 10 余种乔木，以及红刺梅、黄刺梅、榆叶梅、迎春、丁香、山桃等花灌木。三季开花，四季常绿，不仅丰富了公路景观，还有防风固沙、涵养水源等作用。

2015 年，新小公路的道路两边又各修建了一条自行车道。这条通往景区且本身也景色优美、绿树成荫的小路，是银川骑行爱好者的心头钟爱。路上，总能看到有骑行者装备齐全，轻快穿过，有些还一边播放着音乐，留下一路欢快。

如今新小公路已经成为一条“车在路上行，人在画中游”的“网红公路”。就像它经过的青山桥的寓意，通往山之青翠，感受路之美景。

青山桥

高贺路西干渠桥

桥梁概况

高贺路西干渠桥位于高贺路与银川绕城高速相交处向西820米，高贺路跨西干渠桥处。

桥梁故事

在今天银川市西北部，沈阳路以北，有一处被银川人俗称为“军马场”的地方。在被这名称涵盖的面积广阔的区域内，至今仍留存着“军马场”“农牧场”“五七路”等与此相关的地名。今天的高贺路，曾名马场路，也是其中之一。

军马场这个历史名称，确切地表述应该是——贺兰山军马场。其前身可追溯至20世纪30年代末。1939年初建，初为宁夏省畜牧总场。1942年改为国民党军队军马场。1949年后接收为西北军区司令部军马场。1961年归中国人民解放军总后勤部，为贺兰山军马场。

贺兰山军马场场部所在地，就在明代宁夏右屯卫所设烽堠墩——北沙城墩。墩南原建有城堡，推测墩名由此而来。其附近区域由此得名，又称北沙城子。明代宁夏巡抚罗凤翱曾作《寻边望拜寺口》诗句：“午下翻旌盖，阅关到水西。沙城连塞草，龙刹映晴霓。亘地层峦障，参天乔木齐。从来形胜具，胡马望中迷。”当时，初来此地的农场职工还记得，沙城的四边角城墙还有残留，遗迹内外荒草遍布，周围没有一户人家，也没有树，就是个大石头滩。

军马场饲养的马多来自内蒙古、新疆等地，马的个头普遍不大，比较温顺，毛色大多为黑棕色。这些马并不全饲养在马厩里，大部分时间被放养在贺兰山的山沟和山坡上。马群还需要不停地换草场，从贺兰山口到西夏陵这一带都曾是喂养马群的丰美之地。待到马匹膘肥体壮之时，便会有军车将它们拉到各大军区。

高贺路西干渠桥

1968 年秋，军马场里正是稻浪起伏，马声嘶鸣。从银川火车站通往军马场的唯一一条简易公路上，开来了一辆接一辆满载人员和物资的军车。此时，军马场的另外一个身份隆重登场——中国人民解放军总后勤部五七干校机关所在地。近万人的现役军官集聚军马场，其中不乏曾浴血沙场、九死一生的高级将领，在军事、科学领域卓有建树的专家学者等。

1973 年，此处复名为贺兰山军马场。但从 1975 年开始，军马场的马声嘶鸣越来越少。20 世纪 70 年代中期，军队开始了由骡马化向摩托化和机械化的转化。1976 年，贺兰山军马场移交宁夏农垦局，改称“贺兰山农牧场”，成了以种粮、种菜、挖渠、栽树为主的国营农场。在那前后，国内有数十个军马场被裁撤，移交地方改制为国营农场。

彼时的贺兰山农牧场，东邻银川市原郊区芦花乡，西抵贺兰山东麓，南与银川市原新城区相连，北与贺兰县接壤，面积达 200 平方公里。场部有中小学、医院及商业服务网点。

时光流转，那段军马嘶鸣的往事已经远去。今天的“军马场”一带，在城市日新月异的发展脚步中，也已是面貌全新。只有那些如“马场路”般的老地名，透露着这片区域丰富的过往，讲述着属于它的动人往事。而在一旁，便捷通达的沈阳路东西伸展，崭新宽阔的路面，迅疾掠过的车流，穿过这片有故事的土地。

镇芦路西干渠桥

桥梁概况

镇芦路西干渠桥位于镇芦路与银川绕城高速路相交处向西 570 米，镇芦路跨西干渠处。

桥梁故事

此处西干渠桥梁所在道路为镇芦路。这是一条相对年轻的公路，修建于 2004 年，全长 9.65 公里。镇芦路西起镇北堡，向东跨过西干渠，穿过银川绕城高速，至五七路交叉口折向南再向东，直至如今的芦花村。

这是一条穿行于贺兰山农牧场和原芦花乡境域的公路。贺兰山农牧场，因地处贺兰山麓而得名。在农牧场广阔的地域内，有耕地、果园、枸杞园、林地、草场、鱼池等，以西干渠、四清沟为主组成灌排网系，有牧一渠、牧二渠、五七渠、牧三渠等。

与老地图比对，今天镇芦路西段的路径，基本是沿着昔日五七渠一线。在这段镇芦路的附近，就有以此命名的五七渠新村居民小区、五七路。

1969 年，中国人民解放军总后勤部贺兰山军马场，改名为“总后五七干校”。众多当年的高级将领，在军事、科学领域卓有建树的专家学者会集于此。当年，五七干校的这些军人、专家们，给军马场带来了巨大的变化和影响。他们创建了一所五七中学，因为当时整个银川市只有 7 所中学，所以这所五七中学后更名为银川八中。这所中学虽然远离市区，但当时的教师队伍在全国都堪称一流，都是解放军总后勤部的军事院校的高才生。这些高技术军人，还发挥他们所长，在这里创办了机械修理厂和生产弹簧板的工厂，这所工厂后来生产的贺兰山牌汽车钢板在之后的10多年里，为场里创下过不菲的经济效益。

这条名为五七渠的农场小渠，其名称所对应的，正是这段给当地人留下深刻记忆的往事。而如今镇芦路跨西干渠桥南侧，就是这条五七渠自西干渠的引水口。

除了路本身的故事，镇芦路的两端还连着更久远的历史。其西端所连的镇北堡，为明代十八屯堡之一，在当年处于重要的军事地理位置。明（嘉靖）《宁夏新志》载："沿山空旷三百余里。虏入境，视如无人之地。镇城迤西，恒受其患。"于是，弘治十三年（1500年）始在此处建堡。清乾隆三年十一月二十四日（1739年1月3日）

镇芦路西干渠桥

震毁，乾隆五年（1740年）重修。现有南、北两处堡址，南城推为明代所筑，北城当为清代所建。早在20世纪80年代，此处古城即被银川市列为重点文物保护单位。更因镇北堡西部影城，而享誉海内外。2002年，银川市原郊区设立镇北堡镇；2003年，西夏区原芦花乡和镇北堡镇合并成立芦花镇；2004年，由于之前镇北堡到原芦花乡没有公路，为了加强两地联结，方便群众出行和当地经济发展，修建了镇芦路。2005年，芦花镇更名为镇北堡镇，镇政府驻地镇北堡。

至于镇芦路东端所连接的芦花村，属原芦花乡。这个以“芦花”命名的地域，源于其原乡政府驻地芦花台。芦花台庄内原建有高台基寺庙。明嘉靖二十年（1541年）巡抚、都御史杨志学在此筑芦花桥墩（烽火台），由此得名。1983年，原芦花人民公社改为芦花乡，其乡域东邻西湖农场（今阅海湖一带），南与银川市新城区及郊区银新乡（今分属西夏区、金凤区）接壤，西、北分别与贺兰山农牧场、南梁农场为邻。是银川市中北部一处竖长形的区域，包兰铁路就像一道中轴线，纵贯整个芦花乡，沿线设芦花台站、西湖站。

如今，银川人熟悉的“芦花乡”建制已经不存。2015年，原芦花乡村民搬进了新建的社区，社区取名“芦花洲”。明时墩以桥名的芦花桥已不可考，但流传下来的“芦花”之名，堪称这一带地名的点睛之笔。芦花，即芦苇之花，又称葭花、蓬茸。“晚风亭院倚阑干，两岸芦花飞雪絮。”（宋·陈允平《玉楼春》）无论是芦花桥，还是芦花桥墩，还是芦花台、芦花乡，以至今天的芦花洲。“芦花”之名，不仅透出一份诗意，还能准确反映出银川平原多水多湖、芦苇丛生的地理特征。

一座普通的跨渠桥，连通了绵长的镇芦路；一条有故事的镇芦路，串起两端的古堡与芦花。古往与今来，过去与现在，时代变迁中，有那么多就在身边的故事，值得我们去探求和铭记。

惠农渠

金玉桥

桥梁概况

金玉桥位于永宁县与西夏区交界，永宁县望洪镇西部金玉公路跨越西干渠处。桥长 42.74 米，桥面宽 9 米。始建于 2002 年。桥梁上部结构采用钢装配式预应力混凝土简支空心板，下部结构采用双柱式桥墩，柱式桥台，基础采用钻孔灌注桩，桥面采用 C50 混凝土。最大载重量 20 吨。

金玉桥

西园桥

桥梁概况

西园桥位于永宁县与西夏区交界，永宁县黄羊滩东西滩公路跨越西干渠处。桥长 23 米，桥面宽 4.5 米，最大跨度 11.5 米。2004 年建成至今。因该处有果园，故命名为西园桥。桥梁上部结构采用钢装配式预应力混凝土简支空心板，下部结构采用重力式桥墩，柱式桥台，基础采用钻孔灌注桩，桥面采用 C50 混凝土，最大载重量 20 吨。

西园桥

银川平原沟渠纵横

沟桥映今昔

银川平原地下水位高，如无排水沟，将会使土壤盐碱化，不利于种植。中华人民共和国成立以来，银川市在灌溉渠道体系形成的同时，逐步形成较为科学、合理的排水体系。至20世纪80年代中期，银川市境内排水沟道从南到北，东西交错，从根本上改变了以往有灌少排的局面。排水工程的修建，有利于农业，但也破坏了大量湿地。市境内有1.3万余公顷湖泊沼泽变成了农田和渔业基地，昔日的“七十二连湖”已成为历史。

20世纪90年代以后，银川市对排水沟道进行科学合理的建设和治理，对沟道进行疏浚清淤和加固维护。进入21世纪，治理工作进一步深入，以2002年开建、2004年竣工的典农河为例，其水系连通工程即改造和串联了诸多原先的排水沟道，使昔日简陋甚至水体受到污染的沟道，变身为水清岸绿的生态景观水系。

“十三五”以来，银川完成了第二排水沟、银新干沟、西大沟等一批入黄排水沟治理，清淤整治沟道65公里，治理岸线超900万平方米，城市建成区黑臭水体全面消除，9条入黄排水沟水质稳定达到Ⅳ类，黄河银川段国测断面水质稳定达到“Ⅱ类进Ⅱ类出”。

今日银川的诸多排水沟，已在生态发展、科学治理的理念与实践中，旧貌换新颜。一座座横跨沟道之上的桥梁，也如一位位映照今昔的见证者，述说着属于这片土地的进步与变迁。

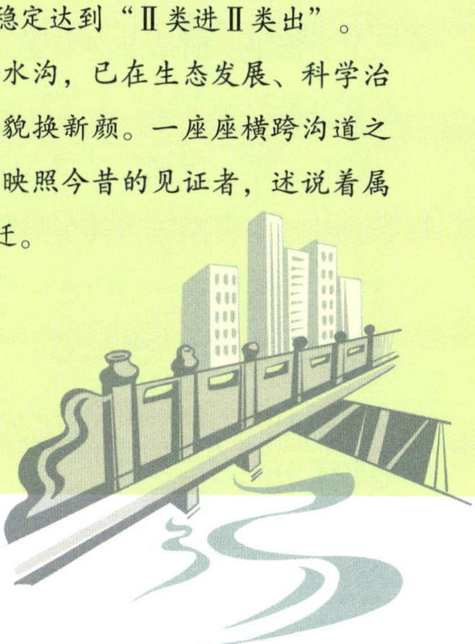

六盘山路二排沟桥

桥梁概况

六盘山路二排沟桥位于六盘山路与唐徕渠相交处向西 1 公里，中海城北侧，六盘山路跨第二排水沟处。桥梁结构为钢筋混凝土简支板桥。建于 2012 年。

桥梁故事

此桥所跨的第二排水沟，位于银川市东部，呈西南—东北走向。以宁夏排水干沟序数命名，亦简称二排沟。此沟 1952 年建成，自永宁县胜利乡旧西大沟起，穿行于永宁县、金凤区、兴庆区、贺兰县，至贺兰县通昌村附近汇入黄河。承担着排泄滞洪区洪水及沿线农田排水任务，全长约 34 公里。

2012 年 6 月，当时东、西两端还分别为丽景街和亲水大街的六盘山路，实现建成贯通，此处的六盘山路二排沟桥，即为贯通工程中的节点之一。桥梁所跨的这段二排沟，并非原先的沟道路线。原先此段的二排沟沟道，自西南而来行至今兴燕路南侧时，并未像今天这样转而向北，沿高桥街行至与六盘路相交处，然后再折向西行至唐徕渠。而是方向未变，一直前行，从这片区域斜向穿过，与唐徕渠以东的沟道基本是一条直线。

昔日，这一带属永宁县望远乡高桥村地域（2003 年划归至金凤区）。高桥村村委会驻地为蒋家庄，其东侧原二排沟沟道上有桥梁 1 座（今银川市金凤区第十幼儿园东），灌溉这一带田地的唐徕渠支渠——高渠，亦从此桥处流过。

城市的建设中，这条沟道在此折出一个直角，两旁已是楼群林立的居民住宅区。六盘山路二排沟桥东南侧的高桥家园，今天二排沟沟道旁的高桥街，即因高桥村这一地名而来。

六盘山路二排沟桥

凤凰街二排沟桥

桥梁概况

凤凰街二排沟桥位于凤凰南街与六盘山东路交叉口向北90米，凤凰南街跨第二排水沟处。所在道路等级为城市主干道。2011年11月建。桥梁跨径组合1×16米，长16米，总宽40米，行车道宽34米，为六车道。桥梁类型为简支板桥，上部结构类型为钢筋砼板，板式橡胶支座。伸缩缝类型GQF-C40。汽

凤凰街二排沟桥

车荷载等级城-A级，限载吨位20吨。抗震设防烈度8度。桥梁设计单位为银川市规划建筑设计研究院有限公司，建设单位为银川市市政建设综合开发公司，施工单位为宁夏永建建筑工程有限公司，管理、养护单位为银川市市政工程管理处。

桥梁故事

第二排水沟自西南而来，穿过古老的唐徕渠后，紧接着便与凤凰街相会。

20世纪80年代，凤凰街北起北环路（今北京路），南至南环路（今长城路）。这一起止长度持续了较长时期后，凤凰街开始向两端伸展。就与我们要说的凤凰街二排沟桥有关的南端而言，至2003年，这一端已延伸至双医路（今治平路）一线。与还在南边不远处的二排沟，已是抬首可望。

2011年，银川城南掀起一轮建设的热潮，贯通东西的主干道六盘山路、七子连湖水系治理工程，都在加紧建设中。与此同时，另一条城南通道凤凰南街的扩建工程也在如火如荼地进行之中。

凤凰南街双医路（今治平路）至六盘山路段全长1.8公里，2011年3月正式动工建设，10月下旬完成沥青铺设建成通车。与此同时施工的民族南街与凤凰南街打通工程，也于该年完成。正是在这一轮建设热潮中，凤凰南街的长度得以进一步延伸，成为银川市区内又一条南北通达的城市主干道，同时也完成了它与二排沟的“美丽相遇”，凤凰街二排沟桥就此诞生。

这是一座尚算“年轻”的桥梁，无论桥本身，还是穿行其上的道路，均是如此。但若往前追溯几十年，其所处地域还是银川苗木试验场的大片苗木林场，而如今这里已是林华苑、绿秀苑、嘉木花园等高楼林立的现代化城市小区。它的诞生，见证着一条城市大道的延伸、一片城南热土的兴起，以及生活其上的人们生活的巨变。

谢家寨桥

桥梁概况

谢家寨桥位于胜利街与治平路交叉口向南400米，胜利街跨第二排水沟处，西邻宁夏医科大学总医院。所在道路等级为城市主干道。1997年建，桥梁跨径组合2×9米，长20米，总宽29米，行车道宽16米，人行道2米，为四车道。桥梁类型为钢筋砼板桥，上部结构类型钢筋砼板，简易垫层支座，桩柱式桥墩，钻孔灌注桩基础，伸缩缝类型跨搭钢板式。荷载等级汽-20吨、挂-100吨，限载吨位20吨。抗震设防烈度8度。桥梁设计单位为宁夏回族自治区规划建筑设计研究院，建设单位为宁夏交通厅，施工单位为宁夏公路工程局，管理、养护单位为银川市市政工程管理处。

桥梁故事

1953年始建谢家寨桥，因东近银川市原郊区红花乡谢家寨而得名。20世纪80年代时为三孔料石墩台、钢筋混凝土肋板结构桥梁，长约22米，宽约7.5米。谢家寨是一处今已消失的老村落，清代，因谢姓居民在此建寨而得名，1942年庄址被国民党军队占用而迁至今谢家寨桥西北侧的江南水乡小区一带。村南原有彭家湖。

今天的谢家寨桥，为自南门起东西穿行于银川市区的长街——胜利街上的桥梁，周边密集分布着众多的居民区和各类社会机构、企商单位。发生巨大变迁的不仅是这街道和周边的景况，从这座老桥下穿行的第二排水沟，与过去相比也已是完全换了容颜。

谢家寨桥

第二排水沟是一条承担城市泄洪、农田排水，以及第五污水处理厂排水的沟道。曾经因疏于管理和综合治理，多年来，这条水沟都“戴”着脏、乱、臭的“帽子”。家住谢家寨桥附近小区的居民回忆，以前这一段的沟水是浑浊的，很黄很脏的那种，一到夏天就会发出一种臭味，让人一点也不愿靠近。

从 2017 年开始，银川市开展河道清淤，同时对二排沟农村沿线的近 20 多个污水直排口进行了封堵；并且通过生态治理，栽种芦苇、荷花等净化水质、美化水景的水生植物，让二排沟水质得到进一步提升。相关部门还对二排沟两侧的坡岸进行砌护，使得沟岸更加整洁美观。

从旧日时光走来的谢家寨桥，见证了周边这片土地的变迁，也见证了它身下这条沟水的蜕变——从过去的污浊到现在的岸绿水清，从过去的“龙须沟”，到现在水质清澈、环境宜人的景观水道。

治平路二排沟桥

治平路二排沟桥

治平路二排沟桥位于治平路与胜利街交叉口向东270米，治平路跨第二排水沟处。所在道路等级为城市支路。2015年建。桥梁跨径组合1×6米，总宽40米，为四车道。桥梁类型为钢筋砼简支板桥，上部结构类型钢筋砼板，板式橡胶支座，重力式桥墩。伸缩缝类型GQF-C40。限载吨位20吨。抗震设防烈度8度。桥梁管理、养护单位为银川市市政工程管理处。

桥梁概况

桥梁故事

20 世纪 80 年代时，今治平路二排沟桥处即有小桥 1 座，通过小桥的是一条小土路，东与东环南路（今清和南街）相连，向西有小路可通往宁夏医学院（今宁夏医科大学双怡校区）一带。小桥东南不远处，即是其南侧谢家寨桥得名之源的谢家寨村，曾名友爱大队第一生产队。而当年的宁夏盲聋哑学校（今宁夏特殊教育学校），亦坐落于这条路旁。如今担任该校副校长的姬学峰，建校之初便在此任教。在他的记忆中，当年从学校旁经过的这条路还只是一条乡间的小土路，土路与二排沟相交处的桥自然也较简陋。而盲聋哑学校校址所在地起初是个大水洼，比地面低了好几米，建校之时，全靠人工填平水洼，才有了最初的校园。时光向前，学校又历经好几次的建设，才有了今非昔比的校园风貌。就如学校旁，同样经历了巨大变迁的街区景况。

治平路二排沟桥上的治平路，是一条近年来新打造和建设的城市道路。昔日的治平路，以胜利南街为界，西段原名治平巷，东段原名胜达巷，后统称治平路。其后，这条路又历经拓宽改造，成为目前东端起自丽景南街西侧，西端止于凤凰南街的一条东西向城市道路。如今跨越二排沟的桥梁，也是在这 过程中，历经改造与建设，成为我们今天看到的模样 。

平安桥

桥梁概况

平安桥位于清和南街与宝湖东路交叉口向南 210 米，清和南街跨第二排水沟处。所在道路等级为城市主干道。桥梁跨径组合 3×12 米，总宽 32 米，行车道宽 14 米，为六车道。桥梁类型为箱型涵桥，整体式基础。抗震设防烈度 8 度。桥梁管理、养护单位为银川市市政工程管理处。

桥梁故事

平安桥是今天南北纵穿银川市区的清和街上的两座桥梁之一，另一座便是清和街跨红花渠的安乐桥。一平安，一安乐，互为对应，都是吉祥美好之名。

清和街原名东环城路，1952 年沿银川古城东城墙外围形成。南北两端原分别止于南薰东街、北环东路（今北京路）。1986 年时，这条经过改造建设的道路，长度已大大延伸，成为一条南起原郊区大新乡潘家庄西岔路口（今胜利街与丽景街交叉口北），北至原郊区红花乡倪家庄南岔路口（今清和街与中山街交叉口处），两端连接包兰公路（今 109 国道），全长 9 公里、宽 18 米的绵延长路。并于同年更名为东环路，以解放东街为界，分为南、北路。

平安桥当时便位于东环南路。它最早可查的建造记录为 1975 年，为 109 国道跨二排沟桥，当时桥长 58.7 米，桥面宽 17.5 米，净空高 2.9 米，行车道宽 16 米；上部结构为空心板梁，下部结构为桩柱式墩台。1982 年东环城路改造后，桥长 58 米，宽 18 米，桥梁结构为灌注桩板式。当时“守护一方平安”的宁夏武装警察总队，即坐落于平安桥东侧。

东环南路是老银川人都很熟悉的一条环城道路。银川市第一条公交环城线路，当时就行经此路。1999 年 2 月 10 日，20 路公交车开通。始发东安小区，经东环南路、南薰路、北环路等 21 个站点返回东安小区，为银川市第一条公交环城线路。线路长 10.2 公里，发车间隔时间上下行各 9 分钟，投入 10 辆中型客车运营。

2001 年，因沿线有清和门旧址，东环路改称清和街。2003 年 9 月，在穿过平安桥的清和南街最南端，还诞生了一座迄今都是银川市区最南端的广场——迎宾广场。广场位于丽景街和清和街交叉口，占地面积为 24 万平方米，是以生态绿化为主的绿色景观广场。在银川的南大门，欢迎着四面八方的来客。

清和街的名称一直沿用至今，所谓“清和”，寓意国泰民安、气象升平。而平安桥，作为一座“平安之桥”，与穿行其上的清和街之名一样，寓意安宁、吉祥美好。

平安桥

宝湖路二排沟桥

桥梁概况

宝湖路二排沟桥位于清和南街与宝湖东路交叉口向东 100 米，宝湖路跨第二排水沟处。所在道路等级为城市主干道。2001 年建。桥梁跨径组合 2×10 米，总宽 40 米，行车道宽 15 米，为四车道。桥梁类型为钢筋砼板桥，上部结构类型钢筋砼板，板式橡胶支座，桩柱式桥墩，钻孔灌注桩基础，伸缩缝类型 GQF-C40。荷载等级汽 -20 吨、挂 -100 吨，限载吨位 20 吨。抗震设防烈度 8 度。桥梁设计单位为银川市规划建筑设计研究院有限公司，建设单位为宁夏交通厅，施工单位为宁夏水利水电工程局，管理、养护单位为银川市市政工程管理处。

桥梁故事

第二排水沟穿过平安桥，仅仅百余米，便与宝湖东路邂逅。这是一座比平安桥要年轻许多的桥梁。时光追溯至平安桥诞生的 20 世纪 80 年代，宝湖路还远没有出现。此时在平安桥北侧，有一段连接胜利南街与东环南路（今清和南街）的道路，基本吻合于今天宝湖路胜利街至清和街这一段。这便是宝湖路最初的前身。

这条短短的“线段”，东端伸展到今清和街即止步，并未与二排沟发生交集，桥梁自然也无从产生。依今桥位置而言，此处的二排沟东侧为宁夏武装警察总队，再往东的郊野中，分布着一连串湖泊湿地。湖泊之北，便是新生风机厂（后为银川风机厂）。工厂西侧的二排沟西岸为旧的友爱路，可向西一直通到南门。此友爱路今天已以清和街为界，清河街西段名永通巷，东段称新生巷，为东西向路，并非今天人们熟悉的南北长街友爱街。

宝湖路二排沟桥

宝湖路的修建情况，最早可追溯至 1998 年。1998 年 8 月 29 日，银川南二环路竣工通车。南二环路位于南环路以南 1.3 公里处，东起东二环路，西过唐徕渠与西环路和长城路相接，全长 6.3 公里。一期工程兴建 109 国道以西的 5.3 公里，由当时的郊区政府组织建设。

“南二环路”指的就是宝湖路，“东二环路”则指的是现在的丽景街。虽然道路的修建计划中，已涵盖了今宝湖路二排沟桥所在路段，但一期工程兴建的是 109 国道（今清和街一线）以西的路段，所以，这处二排沟上的桥梁仍未诞生。

2001 年，上述道路工程的后续工程（即宝湖路清和街至丽景街段）完成，作为其中工程节点的宝湖路二排沟桥，也随之正式落成。

新世纪翻开篇章后，我们身边的城市就以日新月异的速度加快节拍，大步向前。就像宝湖路的形成和变迁，从最初那一条小小的“线段”，到现在成为横贯银川东西的通衢大道。二排沟上的这座“宝湖”之桥，也是在这日新月异的变化之中，从无到有，历经建设，为这时代之变、城市之变，再添一座有力的“见证”之桥。

丽景街二排沟桥

桥梁概况

丽景街二排沟桥位于丽景南街与长城东路交叉口向南 80 米，丽景南街跨第二排水沟处。所在道路等级为城市主干道。1997 年建。桥梁跨径组合 2×10 米，长 20 米，总宽 60 米，行车道宽 32 米，为八车道。桥梁类型为钢筋砼板桥。三幅分离式。上部结构类型钢筋砼板。桩柱式桥墩，钻孔灌注桩基础，伸缩缝类型跨搭钢板式。荷载等级汽 -20 吨、挂 -100 吨，限载吨位 20 吨。抗震设防烈度 8 度。桥梁设计单位为宁夏回族自治区规划建筑设计研究院，建设单位为宁夏交通厅，施工单位为宁夏水利水电工程局，管理、养护单位为银川市市政工程管理处。

桥梁故事

很少有人留意，在南北贯穿银川市区东部的漫长的丽景街上，只有唯一一座桥梁，就是这座跨二排沟桥。

这是一座所处地况比较“复杂”的桥梁。第二排水沟自西南向东北延伸至距丽景街还有近 200 米时，即被建筑物和路面覆盖，成为一条“地下河”。一直到它斜向与丽景街交会后，才在街道中间的绿化隔离带里短暂露出“真容”，随后又没入地下，穿过丽景街、长城路、大团结广场、南薰路……直到约 900 米外的新华路路面北缘，方才又重现地面。

这复杂的情况，是多年来建设与变迁的结果。时光往前推 30 多年，一切都“简单明了”。20 世纪 80 年代，二排沟流过平安桥后便是“一马平川”，沿途只经过新生风机厂、胡家庄等地，然后便直抵与银横公路相交的友爱桥。今丽景街二排沟

丽景街二排沟桥

桥处并无桥梁，只在沟东附近有胡家庄自然村。

今天的丽景街南起南绕城高速北侧迎宾广场处，向北直至贺兰山路，全长11公里；两端分别与京拉线（109国道）相接。彼时，若让人们站在胡家庄旁的二排沟边，想象着会有这样一条横贯南北的大道由此穿过，几乎像是“天方夜谭”。

1997年5月16日，银川郊区在上前城举行满城东路开工奠基仪式。满城东路即银川城区东二环路（今丽景街），位于东环路（今清和街）外1公里处，北起八里桥，南至上前城，全长11公里，建设宽度14米，规划控制宽度29米。

1997 年 10 月 28 日，北二环路（今上海路）一期工程、东二环路竣工通车。两条道路的开通，形成了银川老城的二环框架，缓解了市内道路的交通压力，拓展了城市发展空间。

丽景街至此形成。其两端的起止点以及街道长度，至今都无太大变化。而最初的丽景街二排沟桥，便是在这一背景下诞生的。这是一条从无到有全新修建的城市长街，这条长街的名称从最初的东二环路，到短暂使用的“满城东路”（因途经原满春乡旧满城故址得名），最终于 2002 年确定为“丽景街”，一直沿用至今。

丽景街的名称，缘于道路中段与之擦肩而过的丽景湖。而此湖名称则来源于明代时存在于这一带的庆王府私家园林——丽景园。此园规模宏大，建筑精美，园中有园，园内园外有湖，步步见景，景景各别。园内主体建筑为芳林宫和群芳馆，是庆王的避暑宫。宫内建有望春楼，围绕宫楼与馆舍，则有溪水、湖沼勾连全园。

丽景园有北门名曰青阳门，门外就是大型水上乐园金波湖。金波湖又称东湖，“垂柳沿岸，青阴蔽日，中有荷芰，画舫荡漾，为北方盛观”。湖之南岸，建有雄伟的宜秋楼。湖之西岸亦建有临湖亭。湖之北有鸳鸯亭，亭之东为古刹高台寺（又名延庆寺）。庆王朱㮵最喜此园此湖，凡宴会朝使和阅边大臣，或与诗人墨客玩文，多安排在园湖之中。

丽景街二排沟桥自建成之后，从未停止变迁。2002 年 8 月 11 日，作为当年银川市城市建设重点项目之一的丽景街道路拓宽改造工程动工。2003 年 9 月 6 日，于当年 6 月开建的今丽景街二排沟桥旁的大团结广场顺利竣工。广场占地 35 万平方米，是以绿化、休闲为主题的景观广场，配套建设了长度为 260 米的音乐喷泉、水幕投影、民族花坛、大型雕塑、体育健身器材和道路硬化、草坪……

正是在这一次次的城市建设和道路建设中，丽景街二排沟桥也随之改造与更新，最终成为今天我们眼中的模样。

新华路二排沟桥

桥梁概况

新华路二排沟桥位于新华东路与丽景南街交叉口向东470米，新华东路跨第二排水沟处。所在道路等级为城市主干道。2004年10月建。桥梁跨径组合3×8米，长24米，总宽50米，行车道宽24米，为六车道。桥梁类型为钢筋砼板桥，上部结构类型钢筋砼板，板式橡胶支座，桩柱式桥墩，钻孔灌注桩基础，伸缩缝类型GQF-C40。荷载等级汽-20吨、挂-100吨，限载吨位20吨。抗震设防烈度8度。桥梁设计单位为银川市规划建筑设计研究院有限公司，建设单位为宁夏宏友工程项目管理有限公司，施工单位为宁夏水利水电工程局，管理、养护单位为银川市市政工程管理处。

桥梁故事

第二排水沟自西南而来，自丽景街二排沟桥后被覆盖于地下，斜穿长城路、大团结广场、南薰路和一片商住区后，至新华路二排沟桥北桥栏处，终于重现地面。

第二排沟此处原无桥梁，今桥是在进入21世纪后，银川市城市区域进一步扩展中，随着新华路向西延伸而诞生的一座桥梁。20世纪80年代，今桥址南侧不远，有一座老银川人熟悉的友爱桥，是银横路跨越二排沟的公路桥。随着城市区域的扩展，此段银横路今已归入南薰东路，虽二排沟仍从此路下穿过，但路面上已看不到桥的踪迹。今记述于此，以资记忆。

友爱桥因临近银川市原郊区红花乡友爱村地域而得名，又称皮革厂桥。1972

年建，为单孔钢筋混凝土桥台、双曲拱结构。长 27 米，宽 7.5 米。其得名由来的友爱村，是红花乡下辖的行政村之一，1983 年由友爱大队改置，因农业合作化时期辖域内曾建军民友谊社而得名。辖谢家寨、李家庄、赵家庄、友爱庄等自然村。今天新华路红花渠桥东侧不远处的友爱街，也是因友爱村而得名。

今天新华路二排沟桥南侧地域，昔日为银川市制革厂，其前身为银川皮革厂，创建于 1958 年，就是前文中提到的皮革厂。过去银川的工厂企业不像现在这么多，出现一处，而且还是处于城郊，自然会成为当地重要的“地标”。这处制革厂，生产人们喜闻乐见的皮夹克、皮手套、皮带等用品。

追述完过往的这些珍贵记忆，我们再说说今天这座新华路二排沟桥的诞生。

新华路是一条在银川具有“老资历”的街道，也是银川城繁华的代名词。但直到 20 世纪 90 年代末，这条老街的东端都止步于原银川古城东城墙一线的位置。1999 年，这条古老街道的东端，终于开启拓展的步伐——向西延伸至丽景街。此后，此段路又得以拓宽改造，宽度达到 30 米。至 2014 年，新华街向东已延伸至石油城燕乐园西侧，街道宽度也达到了 50 米。而新华路二排沟桥，也便是在这一不断延伸的过程中得以修建。

如今的新华路二排沟桥，桥面宽广，汉白玉桥栏美观雅致，桥下的二排沟砌护精良、笔直伸展。站在桥头四下观望，热闹街区高楼林立。昔日此处的老厂子，不远处银川人熟知的友爱桥，均已消失于城市的变迁发展之中。

新华路二排沟桥

鸡鸭场桥

桥梁概况

鸡鸭场桥位于解放东路与友爱街交叉口西南约200米，银通公路旧道跨第二排水沟处。桥长39.2米，实心板梁，多柱式桥墩，净空高3米，桥面宽11.1米，行车道宽9.1米。又称大新沟桥。

桥梁故事

鸡鸭场桥是一座颇有年头的老公路桥了,《银川市地名志》记载,此桥1963年建，时为石台钢筋混凝土板式，长18.9米，宽5米。如今随着解放东路延伸至友爱街，且建有崭新而现代化的宽阔桥梁，与之紧邻的这座老公路桥，更显窄小而陈旧，昔日交通要津的地位也不复存在，但出于对老桥的纪念，也将之记录在这里。

20世纪70年代后陆续改建、修筑的银通公路，其西端起点原在银川市城区东门桥头，然后一直绵延伸展至通贵乡大寺庄，与永通公路接连。全长18.6公里。鸡鸭场桥，是这条公路自起点出发后经过的第一座桥梁。

20世纪80年代，银通公路从东门桥头出发，向东而行，很快便进入一长段的湖沼地带，路两侧密集分布着湖泊与渔场，一直到鸡鸭场桥附近。银川市食品公司渔场和鸡鸭场，便位于这一带区域。鸡鸭场桥的得名，即来由于此。

银川地区畜牧业发展历史悠久，畜产品产量较为丰富。20世纪80年代，银川

鸡鸭场桥

市制定“服务城市，建设郊区，富裕农民”的方针，把畜牧业作为调整农村产业结构的突破口。在畜牧业生产中，以奶、蛋、肉为主攻方向，以养鸡业为突破口。除个体养殖外，当时全市有多处大型专业化养鸡场，如自治区种禽场、粮食局种鸡场、贺兰山农牧鸡场，以及鸡鸭场桥的得名源头——银川市食品公司鸡鸭场。

今天的鸡鸭场桥，已比较破旧，桥头铭记有斑驳的“大新沟桥”字样。今桥所在路段，西与业成街和解放东路相通，东与友爱街相接。与友爱街交叉口向北不到50米，即是解放东路与如今银通公路的衔接处。这段经过鸡鸭场桥的路段，是银通公路的一段旧道，保留着这条老公路最初的一些历史信息。

随着城市的发展，解放东路的延伸，这段老路以及它所经过的这座老桥，已不复当年的“光彩”与作用。但它们身上所保存的故事与历史，却值得我们深深记忆。

解放路二排沟桥

桥梁概况

解放路二排沟桥位于解放东路与友爱街交叉口向西50米，解放东路跨第二排水沟处。桥长约20米，总宽约85米。单跨，钢筋混凝土板桥。

桥梁故事

解放路二排沟桥是一座比较年轻的桥，它是随着解放路向东延伸后形成的新的城市桥梁。

解放路在银川有着特殊地位，被誉为“银川第一街”。老银川人有个顺口溜：“一条街，两幢楼，一个警察看两头……”。其中的“一条街”，指的就是解放路。

这是一条承载着丰富历史的古老街道。它不仅是银川原城区（俗称“老城”，今属兴庆区）中轴线上的主要大街。在历史上，也是唐宋以来，宁夏古城东西向的骨干街道，从东向西分别由旧名东门大街（清和门大街）、鼓楼（谯楼）街、什字大街和财神街、猪市街、西门大街（镇远门大街）的各区段组成。

1949年9月，解放军第十九兵团在银川城东、西大街举行解放军入城式，银川各界群众自发组织起来上街庆祝游行。从此这条穿城而过，东西走向的大街，便拥有了新的名字——解放街，以此纪念宁夏人民的新生。

解放路“一路走来”，经历了许多次的修建与改造。1951年3月，银川市政府为了初步改善银川市政主要街巷道路的落后状况，决定把解放东、西大街和中山南、北街的土路修成石子路。

当时修路的条件非常艰苦，细沙、石子、石灰都是从贺兰山用汽车、驴车、马车拉到银川城的。修路的工艺比较原始，只将原来路面的黄胶土铲起一层来，按适当比例拌上石灰、石子、黄胶土、水等，用锹摊平到路面上，用压路机压平压实。石子路相比解放前的黄胶土路有了较大改善，方便了人们的出行。经过 2 个多月的紧张施工，这 2 条石子路终于在当年的五一节这天竣工通车。银川城的男女老少都拥上街头，亲身感受目睹了银川解放后，人民政府为人民修建的新道路。

解放路二排沟桥

1960 年，解放路再次进行改建，将原来的碎石路面改为沥青灌入式路面，这也是银川市第一条沥青路。

撷取上述几次解放路早期的改造情况，只不过是它漫长建设史里的一星半点。作为这样一条重要的街道，解放路承载着太多的历史与记忆，也在银川人心目中有着特别的情感与地位。

虽然有着如此“厚重”的身世，但放到当下，解放路的体量却很难称得上长。自 1949 年命名解放街起，它的东、西两端逐渐延伸。至 20 世纪 80 年代，东起红花渠连银通公路，西至唐徕渠接银新南路（今黄河路），全长 3.65 公里。这一状况一直保持到 21 世纪初，才开始发生变化。

2006 年，解放路由原先止步的东门桥处，开始向东延伸，与丽景街相交。2012 年，解放路丽景街到友爱街段也开始建设，中间因种种原因，经历了一些波折，至 2019 年终于建成通车。解放路二排沟桥，便是在这一过程中修建。

解放路二排沟桥紧邻南侧，是原先银通路穿越二排沟的鸡鸭场桥（又名大新沟桥）。两座桥梁，一新一旧，一大一小，映照着这一带今昔的巨变。20 世纪 80 年代，今天这座新桥位置东侧，是银川油毡厂（后改为银川造纸厂）。桥位置的东南不远处，有一处名叫吕渠庄的村落，因庄北侧的吕渠得名，曾名友爱大队第七、八生产队。而在此庄东侧，有当地人熟悉的锅底湖。

这个湖泊，有着一个有趣的名字——因湖的坡度较陡，越向中央走，湖水越深，以至平时岸边苇丛茂密，而湖中央寸苇不见，所以被人们形象地以“锅底”相称。

与解放路脚步的延伸同步，随着附近街道、桥梁的建设与畅通，这一带的面貌也发生着巨大的变化。昔日这一段银通路两旁密布的渔场，早已不见了踪影，一处处高楼林立的居民区，拔地而起。连那个有趣的锅底湖，如今也已被包括在高层住宅小区里，被称为“阁第湖”，以谐音的变更，寓意美好的前景。

友爱街二排沟桥

桥梁概况

友爱街二排沟桥位于友爱街与解放东路交叉口向北70米，友爱街跨第二排水沟处。所在道路等级为城市主干道。2012年10月建。桥梁跨径组合1×20米，路面为八车道。桥梁类型为简支板桥，上部结构类型钢筋砼板，板式橡胶支座，钻孔灌注桩基础，伸缩缝类型GQF-C40。荷载等级公路I级，限载吨位20吨。抗震设防烈度8度。桥梁建设单位为宁夏公路建设管理局，施工单位为宁夏华侨园公路工程有限公司，管理、养护单位为银川市市政工程管理处。

桥梁故事

流经此处的第二排水沟，先是穿过银通公路旧道，接着再由友爱街与解放东路十字交叉口稍偏西斜向穿过，分别与3条道路产生“交集”，由此形成鸡鸭场桥、解放路二排沟桥、友爱街二排沟桥，三桥紧邻的独特“景观”。

友爱街二排沟桥也是座比较“年轻”的桥梁，它的形成，源于穿行其上的友爱街。而要说起这条长街的修建，得先说说国道109线。国道109线是宁夏境内北起宁蒙省界石嘴山黄河大桥以东约700米处，南止宁甘省界郝家集，历经宁夏8个县（区），全长355公里，是宁夏南北公路运输的大动脉之一，也是宁夏境内三纵九横公路网主骨架的一部分。随着银川市的经济发展，城市框架的扩展，国道109线的银川过境线，从最早的中山街依次东移至清和街、丽景街。

自成为国道109线的银川市区过境线路后，丽景街两侧已发展为银川物流带，分布着银古物流中心、宁夏众一物流中心、原野物流中心、甘肃西部物流银川配送中心和国际物流港，成为周边大中型企业、市场赖以生存的大动脉。此外，作为城市道路的丽景街同时又是青银高速连接线，成为连接空运港口的迎宾大道，交通高峰车流量达到每小时 2000 多辆（次），道路时常拥堵，难以适应城市经济的发展。

而友爱街的建设，正是要接替丽景街的角色，将这一过境线路再次东移。

2011 年底，友爱街（时称友爱中心路）开工建设。2013 年全面建成通车。竣工通车的友爱街，北起沈阳路，南至六盘山路，全长 11.63 公里。连通起银川市南北的望远工业园区、德胜工业园区，使纵行车辆可经此路顺利往来于 2 个物流园区，为银川市物流带的发展提供保障。在完善银川市路网、提升交通功能的同时，向东扩展城市框架，为银川市东部经济发展奠定了基础。

友爱街二排沟桥，正是在这一过程中，作为友爱街上的桥梁节点工程修建完成的，成为一座承担着繁忙交通和物流重任的桥梁。

友爱街二排沟桥

友爱街银新干沟桥

桥梁概况

友爱街银新干沟桥位于友爱街与贺兰山东路交叉口向北20米，友爱街跨银新干沟处。所在道路等级为城市主干道。2012年10月竣工。桥梁跨径组合1×20米，长20米，总宽60米，行车道宽28米。为八车道。桥梁类型为钢筋砼板桥，上部结构类型钢筋砼板，板式橡胶支座，钻孔灌注桩基础，伸缩缝类型GQF-C40。荷载等级公路Ⅰ级，限载吨位20吨。抗震设防烈度8度。桥梁建设为单位宁夏公路建设管理局，施工单位为宁夏华侨园集团公路工程有限公司，管理、养护单位为银川市市政工程管理处。

桥梁故事

此桥所跨的银新干沟是银川市主要的排水沟道之一。它最初起于原银新乡的宁城桥北侧（今银川文化城东侧附近），东穿原银新乡、满春乡地域，至八里桥与第四排水沟汇合，折向东北入贺兰县境，直至接入黄河。在城市的建设与发展中，如今银新干沟在银川市区内的部分，已分别融入典农河水系、贺兰山路北侧景观水道，自八里桥之后才能看出当初排水沟的模样。

20世纪70年代初，在银川市原老城区与新城之间，有一处地域，名叫银新乡，属于当时银川的郊区。其“银新”得名，正是因为地处银川（特指原城区）、新城之间。

1971年4月，为解决城市排水，并减轻四二干沟（排水沟）的负担，银新干沟开始修建。修建历时3年，于1974年5月完工，全长33.79公里。银新干沟修成后，由于排水畅利，土壤盐渍化逐渐减轻，粮食产量提高，小麦亩产由200公斤达到350公斤，水稻亩产有的超过千斤。

友爱街银新干沟桥

进入21世纪，银川大力恢复湿地，开始建设水系连通工程，市区内的银新干沟逐渐融入其中，渐成今貌。今天，当我们从贺兰山东路经过，可以看到北侧连绵的典农河景观水系，水清草绿，景色旖旎。它们，曾经都是银新干沟的一段。如今的银新干沟，起始处一般是从八里桥算起，至贺兰县通伏村附近穿过滨河大道入黄河，沟道全长21.16公里。是构成银川市城市防洪体系的重要洪水排泄通道之一。而在其绵长的身躯之上，一座座桥梁连通两岸，一个个桥梁所见证的变迁故事也便因此而生。比如下面要说的友爱街银新干沟桥。

友爱街银新干沟桥的修建，源于2011年开始的友爱街建设。在银川市区东部，1997年建成通车的丽景街，肩负着青银高速连接线、109国道银川过境线以及空运港口迎宾道的重要任务。再加上道路地处城乡接合部，许多农用车辆也在此行驶，交通拥堵不说，事故也时有发生。

2011年底，友爱街（时称友爱中心路）开工建设。2013年，友爱街全面建成通车，北起沈阳路，南至六盘山路，沿线与大连路、贺兰山路、北塔路、上海路、北京路、银通路、新华东路、银横路、青银路、宝湖路等相连接。全长近12公里的友爱街，不仅连通了望远、德胜两个工业园区，而且向东扩展了城市框架，为银川市东部经济发展奠定了基础。同时，一些原本在丽景街行驶的大型车辆也被分流于此，不再打扰城市交通，丽景街也回归到城市街道的单纯身份，交通压力得到极大缓解。

正是在这一建设过程中，友爱街银新干沟桥作为整个工程的节点之一修建完成。在银川市区东北部，又添加一座实用而美观的宽阔桥梁。

八里桥

桥梁概况

八里桥位于丽景北街与贺兰山东路交叉口向北 150 米，109 国道（京拉线）跨银新干沟处。旧以距宁夏省城（今银川俗称老城区域）里程而得名。1960 年改建，1974 年原桥所跨排水沟拓为银新干沟，桥亦北移改建，时为三孔双柱工字梁结构，桥名沿用旧名。1986 年扩建。桥长 40.7 米，桥面宽 12.5 米，行车道宽 9.5 米。上部为 T 型梁，下部为桩柱式墩台，净空高 4.1 米。

八里桥

桥梁故事

在银川众多桥梁中，八里桥是一座颇有历史的桥，这从它“别具一格”的名字就能窥得一斑——因位于银川北行道路上距城八里处而得名。八里桥最早形成于何时，已无从考证，但它作为银川向北道路中的一处要津，历史脉络还是比较清晰的。

今天八里桥所处的109国道，前身可追溯至民国初期的宁包（银川—包头）大车道。宁包大车道是旧时银川北行要道。据《宁夏交通史》记载，民国初期的宁包大车道，其中宁夏城（今银川）至石嘴子一段，因穿过宁夏平原北部，灌排渠沟，纵横交错。道路虽然经常维修，但桥梁通行能力很差。沿途数十座桥梁，一般都是在木质排架上，纵置柳木，横铺树枝或柴草，上垫一层泥土，即谓之桥。

1925年，冯玉祥部署国民革命军入甘，因军运“急待行驶汽车”，遂派兵工整修宁夏城至包头的大车道，以通过辎重、炮车和汽车。但当时整修这条路，只是为了执行一次大的军事行动，是应急措施。整个工程既无周密计划，也未进行勘测。修筑的标准，以能通行汽车为原则，对于道路修筑的主要技术指标，都无明确规定。所有桥梁、涵洞，也均属临时或半永久式。这条历经8个月整修才完工的宁包路，被公认为“宁夏第一条汽车路”。

此后，这条汽车路又经过多次的整修和改造，包括桥梁在内的路况和通行，得到不同程度的改善。在1936年《宁夏省水利专刊》中所附的《渠流图》中，可以看到此路的身影。它从银川城北门外开始，穿过沿途密布的湖泊沼泽、渠流水沟，一路向北伸展，而八里桥即在最开始的几座桥梁之列，当时它所跨越的水流为“西大沟”。这条在地图上以粗重线条标示的大水沟，南起银川北城墙外的教场湖（今已消失），然后一路向东北方向延伸，直至远方的黄河西岸附近。

八里桥在此后的岁月里，又经历了多次变迁，但桥名一直沿用至今。《银川市地名志》记载，1974年，（八里桥）原桥所跨排水沟拓为银新干沟，桥亦北移改建，沿用旧名。由此可知，今天我们所看到的八里桥，“八里”之距已“名不副实”，它原先的位置，是在如今银新干沟和109国道交会处的南边。

据当地老人回忆，20 世纪五六十年代的时候，八里桥比较简陋，是用数块水泥板拼起来的，水泥板之间还有缝隙。20 世纪 70 年代，原桥所跨排水沟改造时，八里桥也进行了新建。新建的八里桥，长有 40 多米，宽度大约 10 米，构造和外观也得到了较大改善，3 孔结构，上部有了规整的方形柱状栏杆。

寻访到的几位老银川人，除了对当年这座桥印象深刻外，还讲到他们曾经通过这座桥，沿路北上去汝箕沟拉煤、去内蒙古阿拉善左旗贩卖水果的经历。八里桥，于远行的人们是一个地标性的存在。远行开始，这里是与家人惜别的止步地；远行归来，到了八里桥，不远处银川城里家的温度，似乎已能提前感知到。

因八里桥知名，附近诞生了八里桥庄、八里桥村（行政村）等老地名，均是地以桥名。八里桥村，因辖域内八里桥而得名，1983 年由八里桥大队改置。八里桥庄，位于八里桥之东，曾名八里桥大队第五生产队，聚落原在 109 国道与银新干沟交会处东北角，呈三角状。

昔日村民的记忆中，20 世纪 60 年代到 90 年代，八里桥这一片区域的土地肥力不错，种庄稼也是连年丰收。水稻、小麦、玉米……一到夏天，站在村前放眼望去，一片绿油油的田地。20 世纪七八十年代的时候，八里桥一带还有占地几百亩的银川郊区良繁场蔬菜基地。人们把自家地里种的蔬菜拉去城里卖，为生活增加收入。

时光变迁，城市发展，老村落如今已经无存，曾经种地为生的村民，也已搬进现代化的城市小区，八里桥连带它附近的老村落，已全然融入曾经“距离它们八里”的热闹城市。今天的八里桥及附近区域，现代化的道路四通八达，人们向北而行的要路不再只是“仅此一条”。这片区域内，新兴的汽车、服饰批发、房地产等产业生机勃勃。

时至今日，无论是那座水泥板搭起的简易八里桥，还是后来新建的有石栏柱的八里桥，都已不见踪迹。车流穿梭的 109 国道，从今天的八里桥上经过，继续诉说着属于八里桥的前尘与今事。

文昌街四二干沟桥

桥梁概况

文昌街四二干沟桥位于文昌南街与长城路交叉口北侧 70 米，文昌南街跨四二干沟处。所在道路等级为城市主干道。桥梁跨径组合 2×14 米，总宽 50 米，行车道宽 30 米，为八车道。桥梁类型为钢筋砼板桥，上部结构类型钢筋砼板，板式橡胶支座，桩柱式桥墩，钻孔灌注桩基础，伸缩缝类型 GQF-C40。荷载等级汽 -20 吨、挂 -100 吨，限载吨位 20 吨。抗震设防烈度 8 度。桥梁设计单位为银川市规划建筑设计研究院，建设单位为银川市城市投资控股有限公司，施工单位为宁夏水利水电工程局一处，管理、养护单位为银川市市政工程管理处。

桥梁故事

此处原为富平路跨四二干沟桥梁。1981 年，原经五路更名文昌路（今文昌街）。当时的文昌路长度还远不及今日，其北端在宁夏军区西大门处，接银苏公路；南端止于铁西专用铁路，与银巴公路、富平路相连。

而昔日的富平路，北接文昌南路，南至原宁夏炼油厂厂区，长约 5.4 公里。原为炉渣路面，仅通至原银川灰砂砖厂，1985 年改建为铺装路面，并于 1987 年取宁夏境内古县名富平县命名。现此路中国石油宁夏石化公司以北路段，已并入文昌路。

此桥所跨四二干沟也是一条比较有历史的排水沟，它的修建起因是 1961 年西干渠建成后，排水量增大，三排沟线长，负担重，于是 1961—1964 年改建了

文昌街四二干沟桥

四二干沟。因是将 2 条旧沟道（即三一支沟中、下段及三一分沟）扩整，并入新建干沟，其退水入第四排水沟，故而得名。

四二干沟的西端起自西干渠方家圈（退水）闸，然后沿银川市原新城区南侧（今长城西路与济民路中间一线）向东而后北行，沿途经过今银川市西夏区、金凤区、贺兰县，沟道全长 53.75 公里，沿线桥、涵众多。

通达街四二干沟桥

桥梁概况

通达街四二干沟桥位于通达南街与黄河路交叉口向南 400 米，通达南街跨四二干沟处。所在道路等级为城市主干道，1995 年修建。桥梁跨径组合 2×12 米，总宽 34 米，行车道宽 28 米，为六车道。桥梁类型为拱桥，上部结构类型钢筋砼拱圈，板式橡胶支座，桩柱式桥墩，钻孔灌注桩基础，伸缩缝类型 GQF-C40。荷载等级汽 -20 吨、挂 -100 吨，限载吨位 20 吨。抗震设防烈度 8 度。桥梁设计单位为银川市规划建筑设计研究院，建设单位为银川市城市投资控股有限公司，管理、养护单位为银川市市政工程管理处。

通达街四二干沟桥

宁城桥

桥梁概况

宁城桥位于北京中路与亲水大街交叉口向西 750 米，森林公园北门东侧，北京中路跨典农河处。简支板桥，钢筋混凝土结构。原为银新北路跨四二干沟桥。1986 年因其西临银川市郊区银新乡宁城村得名，时为单孔钢筋混凝土双曲拱桥，长 26 米，宽 15 米。2003 年，桥梁改造建设后呈今貌。

桥梁故事

宁城桥，为原银新北路（今北京路一段）跨四二干沟桥梁。

随着近年来城市建设的快速发展，四二干沟在银川市区内的沟道行走脉络，已不是那么容易分辨。尤其在 2003 年典农河水系连通工程开始后，银川市区内四二干沟穿过黄河路向北的沟道，已经与森林公园景观水系，以及一路向北的典农河水系紧密交融。但是，作为当年四二干沟的一个关键节点，宁城桥的位置基本没有大的变动，是回眸这段排水沟历史的一个标志物。

宁城桥的得名，是因西临银川市原郊区银新乡宁城村。宁城村为银新乡的一个行政村，1983 年由宁城大队改置，因西近原新城，取安宁之义得名。而因为宁城桥，在宁城村辖域内还诞生了一个名为宁城桥庄的自然村，其位置就在今银川文化城临北京路一带。

当年的宁城桥东南侧，还有老银川人熟悉的银新中学。银新中学 1973 年由良田中学析出，1974 年迁至银新北路南侧之现址，占地 59 亩，在校教职员工和学生千余人，设 21 个教学班。学校位于四二干沟东侧，靠西先是一处大操场，再往东

宁城桥

便是人片的教室以及食堂和教工宿舍。

据当年在此读书的胡建平先生回忆，20 世纪 70 年代后期，银新中学地域属银川郊区银新人民公社，当年学校还没完全建好，同学们已从四面八方骑着自行车来此上学了，有的同学没车就步行往返。那时郊区一带多半是土路，银新北路情况好点，但也只是条简陋的石子路。往返银新中学的同学们，晴天一身土，雨天两脚泥，有时自行车轱辘让泥塞住了，还得推到水坑用棍子把泥捅掉，才能继续骑。家远的学生，中午就不回了，条件好点的，带着干馍馍和咸菜；条件不好的，就得忍饥挨饿……

世事变迁，如今宁城桥附近，南有绿意盎然的森林公园，北有古香古色的银川文化城，还有四周众多高楼林立的现代化小区，笔直宽阔的北京路从桥上东西伸展。曾经从桥下穿过的四二干沟，以及在附近与之交会的银新干沟，如今均已融入典农河水系的生态美景之中，今昔对比，不能不令人感叹。

上海路四二干沟桥

桥梁概况

上海路四二干沟桥位于上海西路与亲水大街交叉口向西840米，上海西路跨四二干沟处。所在道路等级为城市主干道，今桥2004年建。桥梁跨径组合1×23米，长23米，宽48米，行车道宽22米，为六车道。桥梁类型为钢筋砼板桥，上部结构类型钢筋砼板，板式橡胶支座，钻孔灌注桩基础，伸缩缝类型GQF-C40。汽车荷载等级城-A级，限载吨位20吨。抗震设防烈度8度。管理、养护单位为银川市市政工程管理处。

上海路四二干沟桥

桥梁故事

上海路四二干沟桥所处位置，在原银新干沟与四二干沟交会处附近，两道排水沟由此分野，一道折向东北，一道绵延向北。

桥周边原有拐角楼、哈家庄、小李庄等老村落。其中，拐角楼，是因地近清代新满城东北角楼而得名，俗称赵家庄。至于哈家庄、小李庄则均以姓氏得名，分别是原宁城村、罗家庄下辖的自然村，现均融入城市区域。

今天桥旁的银川文化城，即位于原先这些老村落之间的地域。银川文化城建设于2008年，是自治区五十大庆献礼工程之一。在这处整体风格古朴却又不乏现代创意感的城中之“城”，人们通过对文化产业的集中整合，去带动区域高新技术、产品加工、创意设计、旅游特产等传统行业的转型升级，让传统文化在这里扎根，得以传承、延续、发展和融合。

此桥南侧的一带水域，是文化城最具悠闲气质的“后花园”。在这里，人们可以临水而坐，惬意休闲，一旁的宽阔水域，水清苇绿，鹊飞鸭游，古朴的文化城建筑倒映水中，一幅塞上江南的水意佳境。眼前的这一切，水上这座昔日横跨于水沟之上、置身于郊野农田之间，如今已是上海路一部分的老桥，也一定看在眼中，感慨周遭这一切的巨变。

贺兰山路四二干沟桥

桥梁概况

贺兰山路四二干沟桥位于贺兰山中路与亲水北大街交叉口向西 940 米，贺兰山中路跨四二干沟处，东北侧为银川九中。2005 年 8 月竣工。桥梁跨径组合 1×20 米，总宽 51 米，行车道宽 30 米，为八车道，所在道路等级为城市主干道。桥梁类型为钢筋砼板桥，上部结构类型钢筋砼板，板式橡胶支座，钻孔灌注桩基础，伸缩缝类型 GQF-C40。荷载等级汽 -20 吨、挂 -100 吨，限载吨位 20 吨。抗震设防烈度 8 度。桥梁设计单位为宁夏交通厅公路设计院，建设单位为宁夏交通厅，管理、养护单位为银川市市政工程管理处。

桥梁故事

四二干沟在穿过宁城桥、上海路后，继续北行。这一线的四二干沟，是利用原三一支沟段的 13.5 公里和三排沟上段的 7.8 公里，其后在贺兰县常信乡五渠村转向东北，开新沟道东穿唐徕渠、109 国道，流经清水堡汇入第四排水沟。

贺兰山路四二干沟桥虽为单跨简支板桥，却也因之有一种简约、古朴之美。石质的桥栏，雕刻朴素而精致。抚栏北望，从桥下穿行而过的四二干沟岸壁整齐、水流清清，延伸向远处的一片簇新的林立高楼区。

桥旁，有“河长制公示牌”。牌上“碧水蓝天，明媚银川”的字眼，与眼前的景况十分契合。公示牌背面详细描述了这一段的四二干沟如今在市区内的情况：

自包兰铁路起始，沿东北方向依次穿过长城路、凤翔街、通达街、六中西巷、福州街、黄河路至满城南街处入森林公园水系结束，全长 3490 米，其中，明沟

贺兰山路四二干沟桥

长度2765米，涵洞总长725米。沿线经过颐和城府、福通小区、森林九里3个小区；其中，桩号0+305~0+756段由于周边多个小区相继建成，该段已建成景观水系，水系起止处筑有土坝；桩号1+426 ~ 1+845（良田渠渡槽—通达街）位于颐和城府小区内，该段沟道已建成景观水系，水系内边坡栽满垂柳，断面相对较窄，平均底宽为2米；桩号1+936~2+204（通达街—六中西巷）穿福通小区，该段为中1.8米双孔圆涵形式；桩号2+204~2+993（六中西巷—黄河路）段现状断面内杂草丛生，平均底宽为6米；桩号3+118~3+490（黄河路—满城南街）段位于森林九里小区内，该段沟道现已改为浆砌石矩形槽砌护，该段沟道有3×2.4米双孔方涵铁路桥一个，直径1.5米双孔圆涵2个。

四二干沟治理后的情况，折射的其实也是一段“塞上湖城”的开发与治理历程。21世纪初，自治区和银川市提出建设“塞上湖城”的构想，开掘水道，实施水系连通工程，保护开发湖泊湿地，形成水系良性循环，使其不再继续减少并适当扩大。在当时的规划中，包括大西湖—小西湖—北塔湖、大西湖—沙湖的水系连通，对宝湖、鸣翠湖、鹤泉湖、北塔湖、西湖、金波湖等15个湖泊进行重点保护与开发，实施退耕还湖。整个工程由西湖湿地（今阅海）、景观水道（即典农河水系，时亦称“银川防洪排水及水资源综合利用工程”）和四二干沟扩整三部分组成。

2002年12月，绘制湖城胜景的银川水系连通首期工程——大、小西湖连通正式挖土“合湖”。西湖湿地生态工程将原来的1.2万亩湿地，经过扩大改造和实施退耕还湖，建成后湿地连片面积达到2万亩，成为宁夏境内最大的自然湖泊湿地。同时，蜿蜒的景观水道工程也破土动工。而四二干沟通过扩整改造，将直线距离35公里的阅海国家湿地公园与国家5A级旅游区沙湖（位于宁夏平罗县境内）最终实现连通。

宁安街丰庆沟桥

桥梁概况

宁安街丰庆沟桥位于宁安北街与哈尔滨路交叉口向南 70 米，宁安北街跨丰庆沟处。所在道路等级为城市次干道。2007 年建。桥梁跨径组合 1×10 米，总宽 35 米，行车道宽 21 米，为六车道。桥梁类型为钢筋砼板桥，上部结构类型钢筋砼板，板式橡胶支座，钻孔灌注桩基础，伸缩缝类型 GQF-C40。荷载等级汽 -20 吨、挂 -100 吨，限载吨位 20 吨。抗震设防烈度 8 度。桥梁、养护单位为银川市市政工程管理处。

桥梁故事

宁安街丰庆沟桥的修建，缘于 2006 年宁安北街（时称万寿路）的建设。

迈入 21 世纪，银川的发展驶入快车道。体现在城市建设方面，银川城市骨架的扩展就是一个显著特征。引用 2007 年的一则新闻报道：

横贯银川市三区的北三环、北四环路建设 5 月 25 日正式开工了，在银川市北部城市区域内，又有两条东西贯通的主要干道将在今年建成通车。北三环施工起点位于亲水大街，终点至正源北街，全长 2.95 公里，规划红线宽度 50 米；北四环路今年施工的是亲水大街至唐徕渠东侧德胜工业园一段，全长 6.6 公里……同时，去年已经开工建设的万寿路今年也将继续向北延伸，过北三环、北四环至北五环路。道路规划红线宽度 50 米，其中机动车道 30 米，沿线共有 5 道涵洞、1 座桥梁……

三环、四环、五环……这样的字眼，可能会让今天的你看得有点眼花缭乱。不过这却是当年的真实写照，体现的也正是一个快速发展中的城市拓展其骨干框架的火热过程。这其中的北三环、北四环、北五环，分别对应的是今天的大连路、沈阳路、哈尔滨路。

而上述引用段落里提到继续向北延伸的万寿路，“沿线共有5道涵洞、1座桥梁”，其中的一座桥梁，就是宁安街丰庆沟桥。

2006 年，作为银川市新规划修建的 15 条城市道路之一，宁安北街开工建设。这条南端起于贺兰山路的南北向道路，自 2006 年开建后，一路向北延伸，跨过阅海（今悦畅桥处），经过大连路，穿过沈阳路，得以与丰庆沟相接。

如果将正在建设中的宁安北街，比作一个新生的婴儿，那他当时遇到的丰庆沟，已经是一个饱经世事的沧桑汉子。丰庆沟建成于 1978 年，至 20 世纪 90 年代初的沟情概况是：西起丰登乡西新村的西湖（今属金凤区阅海），截去红旗沟上段，向东穿过唐徕渠，过包兰公路（今 109 国道）至习岗镇南入银新沟，长 12.5 公里，排水量 4 米 ^{3}/ 秒，有支、斗沟 8 条，共长 25 公里，排水面积 10.11 万亩。原定与西干渠高家闸沟连接，因市县界所限，迄未实现。

时光远去，地域变迁。跟当年相比，这条排水沟如今的情形已经发生了较大的变化。不过它所保留下来的一些地名信息，还是比较清晰的，比如其中与它相伴而行的丰庆西路；比如，这座宁安北街丰庆沟桥。

2008 年 8 月底，随着这一系列道路工程的完成，位于银川城市区域北部的宁安北街，和这一带其他新建的街道，共同“织”成了一幅快速的交通网，打开了银川北部的快速出行通道。

宁安街丰庆沟桥，算不上雄壮，也谈不上精美，但它见证的这不平凡的一切，却值得我们铭记。

宁安街丰庆沟桥

清净巷四排沟桥

桥梁概况

清净巷四排沟桥位于清净巷与民族北街交叉口向东420米，清净巷跨第四排水沟处。所在道路等级为城市支路。2011年10月竣工。桥梁跨径组合1×13米，总宽30米，行车道宽20米，为四车道。桥梁类型为钢筋砼板桥，上部结构类型为钢筋砼板，板式橡胶支座，伸缩缝类型GQF-C40。荷载等级汽-20吨、挂-100吨，限载吨位20吨。抗震设防烈度8度。桥梁设计单位为银川市规划建筑设计研究院，建设单位为银川市市政综合开发公司，施工单位为银川市第一建筑工程公司，管理、养护单位为银川市市政工程管理处。

桥梁故事

此桥上跨的第四排水沟，简称“四排”，建成于1958年。四排起自银川俗称老城区之北的校场湖（已消失），上段利用北大沟旧道，连通诸湖泊经八里桥至贺兰县立岗镇清水村进入平罗县境内。在银川市境32.73公里，设计排水能力33米/秒，排水面积2万公顷。1957—1958年，先后建成四一支沟、四二支沟、四三支沟。20世纪70年代四三支沟被永一、永二、银东、银新沟截为4段，直入黄河。

从这座小桥跨过的清净巷，是一条比较年轻的街巷。据当地人回忆，2009年，原八里桥大队第七生产队（即原满春乡乡政府驻地朱家寨子）征地拆迁后，平房改建为楼房，为了方便居民出行，2012年建成清净巷。从时间点来看，这也与清净巷四排沟桥的修建时间基本吻合。在当地人的回忆中，如今的清净巷，在2009年之前

清净巷四排沟桥

还是一条水沟，这一带农田排出的水，经此沟汇入西边的第四排水沟。而昔日这条水沟的南北两侧，住着八里桥大队第一生产队（即五里墩）和第七生产队的村民，周边是大片农田。

今天的清净巷，路面平坦，两旁店铺林立，人来人往。但若翻开 20 世纪 80 年代的银川市城区图，清净巷所在位置，没有太多标记，大部分为城郊田野。清净巷名称中“清净”二字，寓意“清洁纯净”，在古时多用于道、佛用语，指心境洁净，不受外扰，远离恶行与烦恼。今清净巷西侧即为海宝公园，园内有著名的海宝塔寺，巷名取此二字也与之颇为对应。

大连路西大沟桥

桥梁概况

大连路西大沟桥位于大连西路与丽子园北街交叉口向西 70 米，大连西路跨西大沟处。所在道路等级为城市主干道。2010 年 7 月竣工。桥梁跨径组合 1×13 米，总宽 50 米，行车道宽 22 米，为六车道。桥梁类型为简支板桥，上部结构类型钢筋砼板，板式橡胶支座，钻孔灌注桩基础，伸缩缝类型 GQF-C40。汽车荷载等级城 -A 级，限载吨位 20 吨。抗震设防烈度 8 度。桥梁设计单位为银川市规划建筑设计研究院有限公司，建设单位为银川市市政建设综合开发公司，施工单位为银川第二市政工程有限责任公司，管理、养护单位为银川市市政工程管理处。

桥梁故事

此桥所跨西大沟，建于民国初年，南北流向。沟首起自永宁县靖益堡，沿新开渠东侧至盈南、盈北、同庄、于祥，在洪广北进入平罗县境。在银川市境内长 65 公里，流量约 4 米 ^{3}/ 秒，排水面积 0.37 万公顷。西大沟上段由于穿过沙漠边缘，常被风沙阻塞，加之比降平缓，排水不利。1952 年进行过疏浚，在 1961 年和 1971 年由新建的四二干沟和永二干沟所代替。

与西大沟相比，穿行于此桥之上的大连西路，是一条很年轻的路了。它最早开建于 2007 年，当时还被称作北三环路，修建的路段也仅止于亲水大街至正源街一段。其后，这条东西向的城市主干道，陆续向两端延伸，如今它的东西两端，分别抵达友爱街、宏图街，已贯穿整个银川市区。此桥所在的这一段大连路，修建至今不过十年多的时间。一条已有百年历史的排水沟，与一条新兴的城市道路在这里邂逅，也算是一桩奇妙的缘分吧。

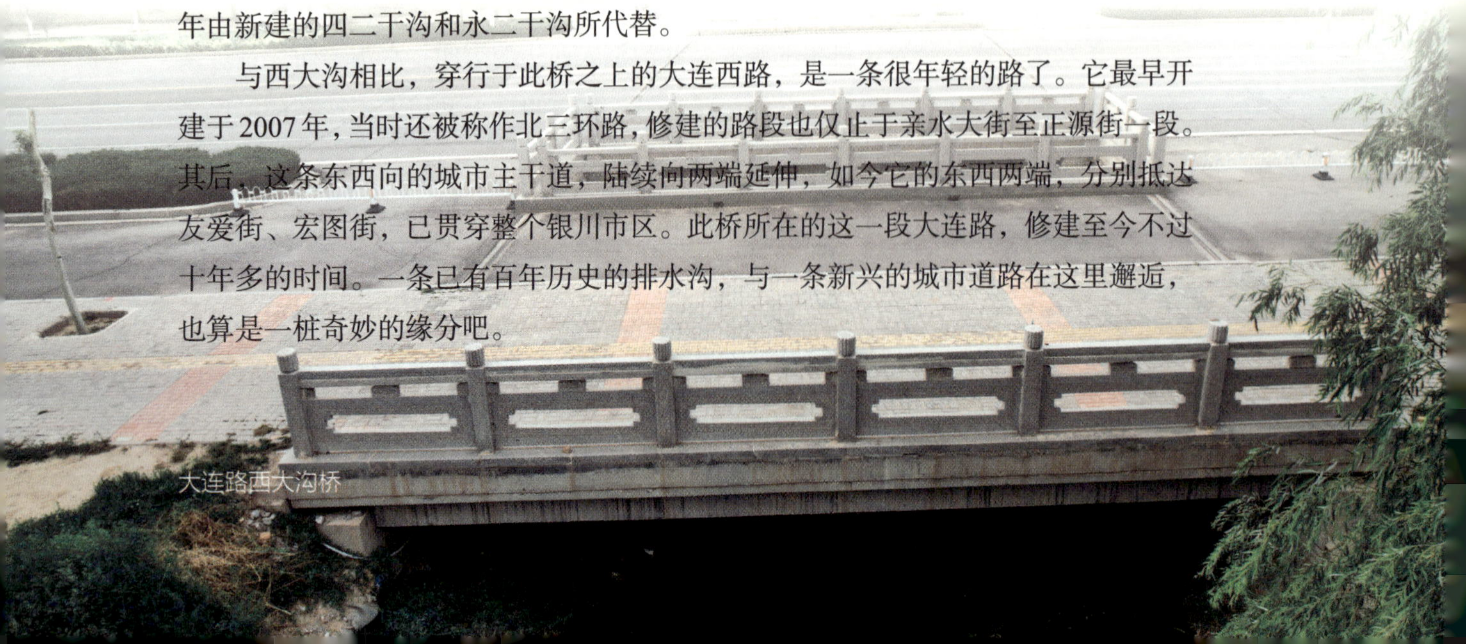

大连路西大沟桥

长虹桥

桥梁概况

长虹桥位于黄河东路与福州南街交叉口向东 120 米，黄河东路跨四二干沟处。所在道路等级为城市主干道，2004 年 11 月改造中拆除原来的隔离带新建桥梁，与原桥相接，呈现状。桥梁跨径组合 2×13 米，总宽 46 米，行车道宽 32 米，为八车道。桥梁类型为钢筋砼板桥，上部结构类型钢筋砼板，板式橡胶支座，桩柱式桥墩，钻孔灌注桩基础，伸缩缝类型 GQF-C40。荷载等级汽 -15 吨、挂 -80 吨，限载吨位 10 吨。抗震设防烈度 8 度。桥梁设计单位为银川市规划建筑设计研究院有限公司，建设单位为银川市市政建设综合开发公司，施工单位为宁夏第一建筑公司，管理、养护单位为银川市市政工程管理处。

长虹桥

陈家圈沟桥

陈家圈沟桥

桥梁概况

陈家圈沟桥位于文萃北街与培华路交叉口向北220米，文萃北街跨西大沟处。所在道路等级为城市主干道。1999年10月建。桥梁跨径组合1×8.8米，总宽10米，行车道宽7米，为两车道。桥梁类型为钢筋砼板桥，上部结构类型钢筋砼板，钻孔灌注桩基础。荷载等级汽-20吨、挂-100吨，限载吨位20吨。抗震设防烈度8度。桥梁设计单位为银川市规划建筑设计院，建设单位为银川市市政建设综合开发有限公司，施工单位为宁夏水利水电工程局，管理、养护单位为银川市市政工程管理处。

丽子园街平伏桥沟桥

桥梁概况

丽子园街平伏桥沟桥位于丽子园北街与培华路交叉口向北150米，丽子园北街跨平伏桥沟处。所在道路等级为城市主干道。2001年修建时，跨径组合1×13米，桥宽12米，行车道宽12米，为两车道。桥梁类型为简支板桥，上部结构类型为钢筋砼板。荷载等级汽-15吨、挂-80吨，限载吨位20吨。抗震设防烈度8度。今桥已拓宽改造，为七车道路面。管理、养护单位为银川市市政工程管理处。

丽子园街平伏桥沟桥

兴州街平伏桥沟桥

桥梁概况

兴州街平伏桥沟桥位于兴州北街与大连西路交叉口向南720米，兴州北街跨平伏桥沟处。所在道路等级为城市主干道。2014年6月竣工。桥梁跨径组合1×16米，总宽58米，行车道宽22米，为六车道。桥梁类型为简支板桥，上部结构类型钢筋砼板，钻孔灌注桩基础。荷载等级公路-I级，限载吨位20吨。抗震设防烈度8度。桥梁设计单位为银川市规划建筑设计研究院有限公司，建设单位为银川市建瓴建设工程咨询有限公司，施工单位为宁夏方圆建设工程有限公司，管理、养护单位为银川市市政工程管理处。

兴州街平伏桥沟桥

兴州街四清沟桥

桥梁概况

兴州街四清沟桥位于兴州北街与沈阳路交会处向北370米，兴州北街跨四清沟处。所在道路等级为城市主干道。2014年11月竣工。桥梁跨径组合1×13米，总宽60.2米，行车道宽22米，为六车道。桥梁类型为简支板桥，上部结构类型砼空心板。汽车荷载等级城-A级，限载吨位20吨。抗震设防烈度8度。桥梁设计单位为银川市规划设计院有限公司，建设单位为银川市建瓴工程咨询有限公司，施工单位为宁夏视通建设发展有限公司，管理、养护单位为银川市市政工程管理处。

兴州街四清沟桥

屠家桥

桥梁概况

屠家桥位于银通公路与京藏高速相交处向西460米，银通公路跨二二支沟处，中桥。2011年建。桥梁跨径组合2×16米，长38.04米，上部结构为空心板梁，下部结构为重力式台，净空高2.8米，桥面全宽13米，桥面净宽12米。设计荷载为公路II级，管理、养护单位为银川市公路管理处。

昔日，屠家桥所在地域为燕鸽村，桥旁有屠家桥庄。因清末屠姓居民居此，由此俗称屠家庄，曾名燕鸽大队第二、第四生产队。

屠家桥下的二二支沟，是第二排水沟的第二支沟，因而得名。二二支沟1952年开建，1955年完工。由马家湖起，接黑阴沟过张家湖、杨家碱湖、昆子湖、赵家湖、燕鸽湖、北湖，汇入干沟，全长18.06公里。

屠家桥

镇北堡桥

桥梁概况

镇北堡桥位于银川市西夏区镇北堡镇，为110国道跨越旱河之桥，属大桥。全长132米，桥面宽11米，下部为桩式墩台，上部为T型梁。1987年8月建成。

镇北堡桥

银川南环城高速与西环城高速立交桥

立交展新姿

1975年8月28日建成的新城纬六路（今北京中路与西路分界处）公路、铁路分离式立交桥，是宁夏第一座立交桥。1999年11月，随着宁夏第一条高速公路——姚叶高速公路贺兰至叶盛段通车（剩余路段2000年8月通车），该高速银川境内段沿线，建成多座互通式立交桥。姚叶高速的建成，在宁夏公路建设史上写下浓墨重彩的一笔，对宁夏经济社会发展意义重大，宁夏高速公路规划建设由此起步，在高速公路桥梁的建设上，也积累下不少经验。

比如，当时的银川互通立交跨银古公路桥，为降低路基填土高度，上部结构择优选用箱梁方案，这种箱梁在宁夏是首次使用；桥梁设计结合平纵线形优化和农田水利进行了桥跨调整布置，每道涵洞都实地踏勘，结合线外工程优化布设，既满足农田灌溉需要，又节省了工程造价。还有，在修建贺兰互通立交跨109国道桥时，施工图设计完成后，在交通厅总工程师的主持下，又组织专家进行会审。设计单位对专家提出的意见，认真研究，积极采纳正确意见，进行修改完善。原设计桥台基础为单排桩，根据专家的意见，修改为双排桩；小桥采用薄壁桥台，总结实践经验，针对桥台容易产生裂缝的问题，加强了承台，增加了薄壁的横向钢筋，取得满意的效果。

2008年8月，银川市绕城高速公路全线贯通。绕城高速由已建成的京藏高速公路银川段（东绕城高速），以及南、北、西段的绕城高速公路组成，全长78.81公里，对进一步提高银川通达能力、完善交通网络，拉大区域框架、提升城市品位，优化发展环境、增强辐射功能，促进银川服务全区跨越式发展具有重大而深远的意义。同时，绕城高速沿线的15处互通立交，将城里城外的要道编织成快捷的城郊一体大交通。从绕城高速框架东北角的贺兰枢纽互通立交向西走，依次经过正源北街立交、亲水北街立交、文萃北街立交、文昌北街立交；转向南行，经过新小路立交、北京路立交、平吉堡枢纽互通立交，后东行经过植物园立交（通达南街）、亲水南街立交（正源南街）、望远互通立交到白鸽枢纽互通立交，再向北行驶还有银川东枢纽互通立交。

建成后的贺兰立交是当时宁夏最大的互通立交，上下共3层，分银川北主线收费站和银川北匝道收费站。而平吉堡立交也可谓四通八达——向西通往国道110线，向南通往乌玛高速，向东通往南绕城高速，向北通往西绕城高速。

2019年11月，宁夏“十三五”交通重点项目——京藏高速公路改扩建工程（宁夏境）平罗至四十里店段半幅（银川至石嘴山方向）及四十里店至望远段全幅路段共70.2公里试通车，这标志着京藏高速公路（宁夏境）改扩建工程银川过境段全线完工，银川境内高速公路沿线立交桥的建设又得到进一步发展。其中，途经银川市东郊的四十里店至望远段，起点位于四十里店南枢纽互通，终点位于望远枢纽互通，全线设望远、掌政、北京路、贺兰山路、四十里店南5座互通立交，架设大桥7座，中桥6座，小桥9座，涵洞99道，通道13道，分离式立交桥21座。

2020年11月，银川市首条快速通道沈阳路（宏图街至友爱街段）正式通车。快速通道东起京藏高速，西至新小线，全长约21.88公里，完善了银川市的城市干线路网，成为连接西夏区、金凤区、兴庆区和贺兰县的交通主干道；且与银川环城高速连通，有力地促进了银川经济的可持续性发展。随着这条快速通道的修建，沿线一座座立交桥也拔地而起。快速通道沿线，与京藏高速、凤凰北街、正源北街、兴州街、文昌街、宏图街交叉路口处设置6座互通式立交；与友爱街、虹桥街、丽景街、宁安北街、丽子园街及文萃街交叉路口处设置5座上跨分离式立交。

从最早的公路、铁路立交桥，到后来的过境高速立交桥、绕城高速立交桥，再到如今的城市快速通道立交桥，银川立交桥在数量上，经历了一个从无到有、从少到多的过程；在种类和建造技术上，也走过了一个日益丰富、不断完善、持续进步的过程。银川立交桥的建设与发展，不仅是宁夏交通事业发展的缩影，也折射着这片土地一路走来的进步与巨变。

北京西路立交桥

桥梁概况

北京西路立交桥位于北京西路与兴州街交叉口向东300米，包兰铁路等线跨北京西路处，北邻银川火车站。为宁夏首座立交桥。原名纬六路立交桥，1986年更名西夏路立交桥，2003年称现名。分离式立体交叉，铁路从公路上方跨越，箱涵式钢筋混凝土建筑。1975年建成，时东西宽26.5米，设三股道，列车荷载等级为中-22级；下部为公路线，南北宽31米，分三孔：中孔净高5米、宽约15米，为机动车道，两厢边孔各高3.5米，设5.5米宽非机动车道及人行道；桥南、北两侧有人行步道上、下连通。后历经改造建设，呈今貌。

桥梁故事

说起北京西路立交桥，这可不是一座普通的桥。因为在银川人的生活里，它早已为大家所熟知，并绵延成一个特有的老地名。无论是公交站点，还是当人们提起附近区域，它都成为一种名称标识和地理坐标，而在它身上融入着的，更有无数银川人的生活与记忆。

20世纪70年代初，随着银川市新市区（今属西夏区）一些工厂企业建成后，新市区和新城、城区（今分属金凤区与兴庆区）之间的交通运输量急剧增加，这让包兰铁路与当时的纬六路（今属北京路）平交道口交通常常阻塞严重，北京西路立交桥（时称纬六路公铁立交桥）正是在这种情形下应运而生。

北京西路立交桥

北京西路立交桥在当时的宁夏，是一座具有开创性质的桥梁——宁夏第一座铁路公路立交桥。立交桥于 1974 年 5 月 26 日通过设计审查，6 月初开工建设，1975 年 9 月竣工。工程中，推广应用了大口井降低地下水位的方法并取得成功。此桥是宁夏首次运用桥体箱涵预制后整体顶进工艺施工，在施工过程中保证了包兰铁路的畅通。当时施工设备简陋，实行人工开挖，付出了艰辛的努力。

如今在立交桥附近小区居住的老银川人，对当时的竣工庆典还有着深刻印象。因为对当时连三层小楼都不多见的银川市而言，这座立交桥算是非常气派的建筑了。而作为宁夏第一座公铁立交桥，这座桥对当时的宁夏来说，绝对是一项备受瞩目的大工程。

北京西路立交桥的建成，从根本上解决了这一公路、铁路交会处的阻塞问题，顺畅了银川市区的东西向交通。在给交通带来便利的同时，它的影响还辐射到其他方面，比如从 20 世纪 90 年代开始，立交桥周边的小区一个又一个相继建成。而该桥自建成后，也逐渐演化为代称附近区域的一个地名、一处城市交通站点。

1992 年 4 月 7 日，银川市政府研究，并经银川市第九届人民代表大会第十七次常务会议通过，决定将“西夏路”更名为“北京路”。北京路（今属北京西路）全长 12.4 公里，是当时银川市最长、最宽的一条道路。2003 年，东西横贯银川市区的“五十里长街”——北京路建成通车，立交桥所在路段并归于这条全长达 24.42 公里的通衢大道，桥名遂改称“北京西路立交桥”。

随着时代的变迁，城市的发展，北京西路立交桥早已不复当年的光彩，甚至显得有些陈旧和落后，但它却始终发挥着自己的作用。从 2016 年底开始，为配合高铁建设，这架承载着几代人情感的立交桥，开始了新一轮的改造整修，进行了路面加宽和改造。2017 年改造完成后，上部的铁路部分是银西和京兰两条客运专线的共用段，先期与吴忠至中卫段连通，结束了宁夏无高铁的历史；其后银西和京兰通道连通，使宁夏融入了全国高铁网络。

贺兰山路立交桥

桥梁概况

贺兰山路立交桥位于贺兰山中路与通达北街交叉口向西约 400 米，贺兰山中路跨包兰铁路、良田渠处。所在道路等级为城市主干道。2003 年开建，2005 年建成，桥梁宽 37 米，行车道宽 21 米，双向六车道，主桥跨径组合 1×66 米。2018 年拓宽改造后桥梁总长 523.8 米。桥梁类型为钢架拱桥，上部结构类型钢架拱，板式橡胶支座，桩柱式桥墩，钻孔灌注桩基础，伸缩缝类型 GQF-C40。限载吨位 20 吨。抗震设防烈度 8 度。管理、养护单位为银川市市政工程管理处。

桥梁故事

贺兰山路立交桥的修建，缘于 2004 年开始建设的贺兰山路。这条东西横穿银川市区北部的城市主干道，是当时拓展银川城市框架的重要工程之一。建成于 2005 年。

即使不算上之后一次大规模的拓宽改造，贺兰山路立交桥都称得上是一座年轻的大桥。这种“年轻”既可以说是从它本身出发，也可以说是与它所跨越之“路”的鲜明对比。

从贺兰山路立交桥下穿行的这条铁路——包兰铁路，对宁夏人而言是一条不平凡的路，一条满载着历史与记忆的路。

地处大西北的宁夏，在中华人民共和国成立之初，航空运输业已经中断，黄河水运也已衰败，宁夏与外界的交通只有公路连接，在运输工具上，仅是依靠骡马、骆驼驮运物资。

1954 年 10 月，包兰铁路开建。经过 4 年的艰苦鏖战，1958 年 8 月 1 日，在全宁夏人民的热烈期盼中，连接我国东西部的重要铁路干线——包兰铁路全线贯通。它的建成通车，是国家铁路建设路网规划的重要组成部分，也结束了宁夏没有铁路的历史。

这是一个划时代的时刻。当火车的汽笛声在这片土地上响起，多少人流下了激动的泪水。包兰铁路的建成，让更多的外地人走进宁夏，也让更多的宁夏人走出宁夏。它掀开了宁夏交通的新时代，成为宁夏经济社会发展的“大动脉”，为宁夏带来了希望，也带着宁夏的希望驶向远方。

只有了解了这段往事，才能感受到这座立交桥跨越的是怎样一段波澜壮阔的、令人感动的宁夏历史。

贺兰山路立交桥

还有，如今从宽阔而绵长的贺兰山路立交桥上经过时，不仔细看的人可能不会注意到，这座大桥除了跨越包兰铁路之外，还跨越着一条千年的古渠——良田渠。这条唐徕渠的古老支渠，由南向北逶迤穿行于银川市区，在这里，与贺兰山路完成一次“跨越古今”的邂逅。这座大桥，也是它一路上穿行过的桥梁中最大的一座。

贺兰山路立交桥的建成，使它成为这一带地标性的存在。尤其是桥面上标志性的彩色钢拱架，为这座桥定下浑厚、雄壮的风格基调，也与穿行其下的铁路大动脉形成呼应。这座大桥，还是金凤区与西夏区一个标志性的分界点。桥下的包兰铁路，划分着两区的边界；桥上的雄伟拱架，寓意着两区的蓬勃发展。

2018年，因道路在路堤、桥台处开始逐渐缩窄，根据贺兰山路当时交通承载量，该桥已成为贺兰山路上的一处交通“瓶颈”，改建工程提上日程，主要将原桥非机动车道改造为机动车道，双向六车道改为双向八车道；同时在既有桥南北两侧新建辅桥，包括5米非机动车道、5米人行道、1米防撞墙，供非机动车及行人通行。

当年6月27日，由中铁二十一局四公司银吴项目部承建的贺兰山路跨包兰铁路桥加宽改建工程第一片空心板梁成功架设到位，由此拉开了板梁铺架施工的序幕。为保证首梁的顺利架设，架梁前，项目部从梁片的预制、梁体的装车加固和运输，再到吊车的就位、试吊、支撑垫石的验收、落梁等方面都做了充分的准备，对架梁施工的全过程实施统一计划、统一管理、统一监控、统一调度。

此次贺兰山路跨包兰铁路桥加宽改建工程，包括主桥和引桥，共523.8米。2018年9月，工程完工，大大为提升了此桥的交通效能。值得一记的是，与此次桥梁拓宽一同进行的，还有贺兰山路的拓宽改造工程。原贺兰山路兴州街至文昌街段为单幅路形式，主车道宽约20米。拓宽改造工程将原主车道两侧各拓宽5米，增至双向八车道，并增设自行车道，实施机非分离，使这条道路的通行效率得到了大幅提升。

银西河立交桥

桥梁概况

银西河立交桥位于沈阳路与宏图街交会处，2020年建成。为沈阳路上跨宏图街互通式立交桥。2020年12月命现名。沈阳路与宏图街交叉口高架桥横断面布置为：60米=（2.5米非机动车道+2.5米人行道+ 11.25米辅道+ 1.5米隔离带+ 11.75米机动车道）×2+1米隔离护栏。沈阳路全断面上跨，宏图街北侧远期规划增加匝道，建设为全互通式立交。引桥采用5×30米预应力砼现浇箱梁，主桥采用（35+50+35）米预应砼现浇箱梁，桥梁总长度420米。交叉口东南象限2处匝道各布置3×10米钢筋砼实心板梁桥跨越水系。

桥梁故事

银西河立交桥，是一座上跨宏图街与银西河的大型桥梁。宏图街与银西河为近年来银川市秉持全新生态理念打造的道路与水系工程。宏图街南起六盘山路，一路与向北伸展，至沈阳路处到达它的最北端。这条景观之道，一路与银西河相伴，路分两道，银西河行于其间，可谓“水在路中行，路依水而生”。

银西河立交桥北侧，即为赛马水泥厂。2018年动工建设的银西河，是通过连通、扩挖、整治四二干沟、陈家圈沟、高家闸沟、西大沟等现有沟道，扩挖废弃的赛马水泥铁路专线及沿线低洼、滩涂等地而成的新河道。

南北向沿宏图街伸展的这段银西河，昔日为高家闸沟所行经的路线。在银西河立交桥处，南北向伸展的高家闸沟，在此有西北向的沟段与西干渠相接。而说起高家闸沟的得名，则不能不提同样在银西河立交桥西北方向的一处古迹——高家闸墩。

高家闸墩为明代宁夏右屯卫所设烽堠墩，在贺兰山山口、山脚下的平地各有一墩。其平地墩，即在今新小公路与京青线公路相交处南侧。而这处烽堠墩之所以名为“高家闸墩”，还可以追溯得更早。在银川市西部、西干渠之西，原有一条南北走向的古渠——李王渠。西夏始开，长300余里。

明弘治十三年（1500年），巡抚、都御史王珣奏浚之，更名为靖虏渠。但石坚不可凿，沙深不可浚，竟不能成，仍为废渠。至20世纪80年代，银巴公路西干渠桥西、道路两侧尚存部分残损渠摒，其一侧摒宽达26米，由此可推知当时渠之规模。

高家闸墩，即因西夏时李王渠由此地经过，设有高家闸而得名，其附近地域及村落亦由此得名。如今这处烽堠墩已毁，遗迹尚存。宏图街旁、银西河立交桥下的高家闸，地名源头即出自这段历史长河中的尘烟往事。

银西河立交桥

文昌立交桥

桥梁概况

文昌立交桥位于沈阳路与文昌北街交会处，2020年建成。为沈阳路上跨文昌北街互通式立交桥，采用十字对称型苜蓿叶互通式（截至2022年底，仅建设互通立交南侧匝道，长期规划扩建为全互通式立交）。2020年12月命现名。文昌立交桥引桥采用（3×30+3×30）米预应力砼现浇箱梁，主桥采用（40+60+40）米预应力砼现浇箱梁，桥梁总长500米，桥宽60米。匝道桥采用3×20米钢筋砼现浇梁板，桥宽13.5米，共四座。左（右）转弯匝道采用单身单车道。直连式与环形式并幅为双向分离式双车道段。

桥梁故事

2019年5月，银川市沈阳西路（满城北街—新小线）快速通道工程开工建设。沈阳路快速通道工程，是银川市“三横三纵”快速通道的首开工程，由东、西路快速通道工程两大部分组成。项目位于银川市北部，西起新小线，东至京藏高速，设计全长约21.85公里。

其中，2019年5月开工建设的沈阳西路（满城北街—新小线）快速通道工程，东起满城北街，西至新小线西环高速出入口，设计全长约11.2公里。工程由中冶建工集团有限公司负责牵头，建设内容包括沈阳西路满城北街至丽子园北街段快速化改造，在兴州街、文昌街、宏图街交叉路口处设置互通式立交，在丽子园街、文萃街交叉路口处设置为上跨分离式立交，在西环高速设置为下穿通道。

2019 年 6 月 15 日，文昌街互通式立交桥开建。沈阳路与文昌街口采用十字对称型苜蓿叶互通式立交，其中，沈阳西路主线上跨文昌北街，沈阳西路与文昌北街车辆均可实现快速化通行。整个沈阳西路主线桥设计桥宽 42.5 米，全长 425 米，上部结构为连续箱梁，下部结构桥台采用 U 台，桥墩采用花瓶墩，墩台采用桩基础。

随着文昌街互通式立交，以及其他道路及桥梁工程的完成。2020 年 11 月 20 日，银川市首条快速通道沈阳路（宏图街至友爱街段）正式通车。这条快速通道的贯通，成为连接西夏区、金凤区、兴庆区和贺兰县的交通主干道，与银川绕城高速无缝衔接，可实现快速出入京藏高速、乌玛高速等过境高速，进一步缩短银川市与石嘴山市、吴忠市、宁东等周边城市城际通行时间。同时，有效缓解贺兰山路和大连路等周边道路的交通压力。

2020 年 12 月 4 日，银川市民政局发布市区部分桥梁命名公告，其中，沈阳路上跨文昌北街苜蓿叶形互通式立交桥，被命名为文昌立交桥。

文昌立交桥的得名，自然是因这座立交桥所跨越的文昌街。与年轻的沈阳路相比，文昌街是一条“资历”颇深的街道了。它始筑于 1959 年，最开始只有今文昌北街的一段土路，后来随着城市的发展，逐渐完善和延伸，并于 1981 年被命名为文昌路。20 世纪 80 年代中期，文昌路南起铁西专用铁路与银巴公路、富平路相连，北至宁夏军区西大门接新苏公路，长约 3.8 公里，车行道宽 7 米。以当年的西夏路（现北京路）为界，分为南北路（其中南路修建于 1980 年）。

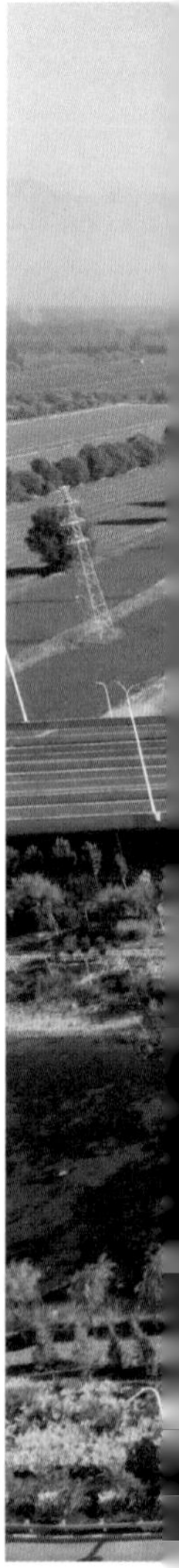

值得一记的是，在被命名为“文昌路”之前，这条街道其实另有一个名字——经五路。与这个名称关联的也是一段当年的城市建设史。自 20 世纪 60 年代初起，在今西夏区一带建设了很多街道，这些街道当年多以“经、纬”命名，南北走向为“经”，东西走向为“纬”。其中，经五路就是后来的文昌路。

查看 20 世纪 80 年代的银川市区图，在今西夏区（时称新市区）一带，南北向最长的 2 条街道，一个是文昌路，一个是文萃路（曾名经三路），其中又以文昌路为最长。同在 1981 年命名，且名称皆以“文”字打头，这两条街道的北段在当时（乃至今日），都汇聚着一些学校和文化机构，比如文昌北街的西北第二民族学院（今北方民族大学）、宁夏农业机械化学校、宁夏建筑工程学校、宁夏电影制片厂等。一文昌、一文萃，概括着当地的特点，寄寓着人们对文化教育的重视。

2019 年，文昌街北延伸工程启动。工程起点为新小线，终点为文昌街北绕城高速立交出口与镇芦路平交口，道路全长约 8.7 公里。工程全部完工后，文昌街的长度又一次大幅增加，变成全长约 16 公里的城市长街。

一路向北伸展的文昌街，文昌立交桥就像是它“征途”中的一个驿站。十字对称的苜蓿叶造型，流畅优雅，是这条长街对自己走过的 60 年风雨的一个美丽小结。

文昌立交桥

文萃立交桥

桥梁概况

文萃立交桥位于沈阳路与文萃北街交会处，2020 年建。为分离式立交，主线沈阳路高架上跨文萃北街。2020 年 12 月命现名。高架桥引桥采用（3×30+3×30）米预应力砼现浇箱梁，主桥采用（45+70+45）米预应力砼现浇箱梁，桥梁总长 520 米。高架桥梁处横断面布置为：60 米 =（2.5 米非机动车道 +2.5 米人行道 +1.5 米侧分带 +10.5 米辅道 +0.25 米路缘石）×2+25.5 米高架桥。沈阳路与文萃街交叉点高架采用双向六车道，标准横断布置为 25.5 米 =（0.5 米防撞护栏 +11.75 米机动车道）×2+1.0 米隔离护栏。

桥梁故事

文萃立交桥，得名于沈阳路上跨的文萃街。所谓“文萃”，古时指文人荟萃。用在文萃街上，可以理解为“文化荟萃”，这跟过去乃至现在，这条街道的鲜明特点有关。

20 世纪 80 年代的文萃街，沿路就有银川棉纺织厂、宁夏工人文化宫、宁夏财经学校、宁夏大学等单位。时至今日，沿着文萃街一路向北，沿途依旧分布着宁夏大学、宁夏工业职业学院、宁夏财经职业技术学院、宁夏建设职业技术学院、宁夏工商职业技术学院等众多院校，昔日只有几家学校及文化机构的文萃街，如今更像它的名字一样，荟萃着文化，云集着一批又一批学人才俊。

文萃立交桥，是文萃北街向北延伸的一个重要节点。由此开始，文萃街经过贺兰山农牧场的居民区，渐渐走出城市的繁华与喧嚣，穿行于广阔的田野之间，一路向北，直至与银川北绕城高速相接。全长 12.3 公里。这长长的伸展，与昔日文萃街的体量简直天差地别。

20 世纪 80 年代的文萃北街（时称文萃北路），南起西夏路（今北京路一段），北端至当时尚为规划道路的贺兰山路，长约 2.4 公里，宽约 9 米。原名经三路。其中，北段为通往贺兰山农牧场的公路；怀远路口至宁夏大学门前，为 1959 年所筑新苏公路一段。

1958 年 7 月，中共宁夏工委决定成立宁夏大学筹委会。1959 年建设的宁夏师范学院，就位于如今宁夏大学的怀远校区，那时候这一带还叫“西沙窝”。1960 年 8 月，宁夏师范学院搬到了西沙窝，当时除了新建的房屋外，校内外一片荒凉。从这片荒滩向西北望去，能看到远处宁夏军区新建的大楼；向南望去，是宁夏工人文化宫。校园里甚至有野生动物出没……而后来成为文萃街的这段路，当时还只是简陋的沙石路基，甚至连正规的路面都没有形成。

60 多年的沧桑巨变，如今的文萃街，南、北街的总长度已达 15 公里。其南段，有 2001 年开建的银川经济技术开发区（国家级）。广阔的区域内，云集了众多企业，许多新兴工业厂区也正在不断建设中。其北段，不仅当年尚标注为“规划道路”的贺兰山路“梦想成真”，再向北的大连路、沈阳路也已是大道如虹、车流如织。

置身于文萃立交桥旁，桥下是由时光深处伸展而来的“老街道”，桥上是代表着城市新兴发展的快速通道。老与新，昔与今，一种奇妙的时空在这里邂逅。

丽子园立交桥

桥梁概况

丽子园立交桥位于沈阳路与丽子园北街交会处，2020 年建。为分离式立交，主线沈阳路高架上跨丽子园北街。2020 年 12 月命现名。沈阳路主线上跨高架桥在道路中间 25.5 米路基宽度范围起坡，采用 3.0% 的双向纵坡，竖曲线半径为 3500 米，路基采用路肩墙收坡，路基高度达到 3.5 米时起桥。引桥采用 5×30 米预应力砼现浇箱梁，主桥采用（35+50+35）米预应力砼现浇箱梁，桥梁总长度 420 米。沈阳路与丽子园街交叉点高架采用双向六车道，标准横断布置为 25.5 米 =（0.5 米防撞护栏 +11.75 米机动车道）×2+1 米隔离护栏。

桥梁故事

丽子园立交桥，得名于沈阳路上跨的丽子园街。追究“丽子园”三个字的来历，得从一段 1000 多年前的历史故事说起。

银川地处宁夏平原中部，属河套灌区，有着悠久的历史与文化。银川市不仅被列为国家历史文化名城，亦是国家园林城市之一。其园林历史，古已有之，“丽子园”即是其一。

南北朝时期，匈奴族铁弗部首领赫连勃勃建立大夏国，以统万城（今陕西靖边北白城子）为都城，今宁夏全境隶属于大夏国，境内饮汗城（今银川市）地临黄河西岸，风光秀丽，于是赫连勃勃“以此为丽子园”，将饮汗城建成一座花园城，城内修建有行宫，作为大夏国王的别墅和皇家园林。

丽子园立交桥

唐仪凤二年（677 年），饮汗城被黄河水冲毁。于次年废城西，择高坦之地重筑新城，先后置怀远县、怀远镇，即今银川老城的前身。

由此可见，史书中大名鼎鼎的饮汗城与丽子园，与银川的建城史可谓渊源深厚。

曾经美丽的丽子园，已成陈迹。20 世纪 80 年代，在为城市建设中日渐延伸的原新城区经一路重新命名时，人们将这一历史名词“异地重生”，为此路起名——丽子园路。

如今的丽子园立交桥，是丽子园北街与沈阳路的交会之处，也是目前这条街道的最北端。由此向南，直至长城西路，是这条街道的全部体量，全长约 6.6 公里。这个长度，是昔日的整整 2 倍。

在当地人的记忆中，20 世纪 70 年代，丽子园街一带尚处在一片郊野之中，可用“荒凉”形容。除了几处工厂和仓库外，周围基本上还是农田或荒地。以今天的北京路（时称西夏路）为界，今天的丽子园南街，在当时只是一条简陋的土径，最南端一侧有几间做仓库的房子，其余路边基本都是沙窝子。而穿过西夏路向北，让人印象深刻的是一段“黑马路”——受当时生产设备所限，路旁的橡胶厂散发粉尘污染。路旁有一条水沟，同样呈污浊状。

这种情形持续了较长一段时期，直至20世纪80年代《银川市地名志》，仍这样描述：“（丽子园路）1974 年始筑南路，1978 年北延成现状。南起双渠路（今属黄河西路），沿西大沟东侧向北至宁光电工厂止，长约 3.3 公里……沿路大部为农田。”

自 20 世纪 90 年代初起，这条街道逐渐开始变了模样。诸如铁路小区等居民点开始在这一带修建和入住。郊野不再，平房也陆续被楼房所代替。丽子园街道的两旁，逐渐变得热闹起来。2003 年，在这条街道旁，一处全新的景观公园建成开放，周边居民的居住环境大为改观。这处绵延呈带状分布的景观公园，东起兴州路，西至新开渠，丽子园街从它正中纵穿而过，而公园的名字也与之一致——丽子园。

随着城市的发展，丽子园街的规模和长度也得以升级与延伸，以前它的脚步行至今学院东路的宁光电工厂处即止，如今已一路向北伸展，到达距此 3 公里外的沈阳路。一条 20 世纪 70 年代形成的街道，与全新建设的银川首条城市快速通道相逢，诞生了这座有着美丽名字的桥梁——丽子园立交桥。

兴州立交桥

桥梁概况

兴州立交桥位于沈阳路与兴州北街交会处，2020年建成，2020年12月命现名。为兴州北街上跨沈阳路全互通式立交桥，采用十字对称型苜蓿叶互通式，右转匝道采用变化型直连式，左转匝道采用环形匝道，单身匝道设计线为车行道分界线，双向匝道设计线为匝道断面中心线。兴州街上跨沈阳路，兴州街互通段宽度为44.5米，沈阳路作为地面道路纵断面起伏小，行车舒适性好。兴州立交桥引桥采用5×30米预应力砼现浇箱梁，主桥采用（45+70+45）米预应力砼现浇箱梁，桥梁总长460米，宽44.5米。

桥梁故事

兴州立交桥，得名于此立交桥中上跨沈阳路的兴州街。“兴州”，为银川古地名。

宋朝立国后，割据于陕北的党项部崛起，经过其首领李继迁、李德明和李元昊祖孙三代半个多世纪的顽强战斗，并在辽国的支持下，于1002年攻占灵州（今吴忠市利通区西北），迁党项首府于此，改灵州称西平府。1020年，再迁河西怀远镇（今银川），继迁子德明始建宫殿，定为都城，改称兴州，以为夏国都。1032年，李元昊继位，后于宋仁宗宝元元年（1038年）十月建大夏（史称“西夏”），升兴州为兴庆府。后改称中兴府。

20世纪80年代，在城市道路命名中，人们将这一历史地名用于当时的兴州街。这是一条在如今看来经历了巨大变化的街道。20世纪80年代中期的银川市区地图中，兴州街只有今北京路至贺兰山路这一段不足 2 公里的长度，路东与包兰铁路之间，基本为郊野农田与几处村庄。

就是这样一条短短的街道，在城市的发展中，尤其是在近几年银川市区北部路网的建设中，它的北端已逶迤延伸至与北绕城高速公路衔接，成为一条全长 12 公里多的南北向长路，是最初长度的六倍。经过兴州立交桥的车辆，既可南达市区中西部，又可北上直至绕城高速，大为丰富和完善了这一带的交通路网。

以“兴州”之名诞生的公元 1020 年算起，至今已整整千年。这一历史尘烟里的古名，能够在 1000 年之后，穿越时空，与一座全新的现代化立交桥“携手”，想想也是件挺奇妙的事情。

兴州立交桥

宁安立交桥

宁安立交桥

桥梁概况

宁安立交桥位于沈阳路与宁安北街交会处，2020 年建成。为沈阳路上跨宁安北街分离式立交桥，总长 375.5 米，宽 26 米（0.5 米防撞墙 +11.75 米机动车道 +1 米中间带 +11.75 米机动车道 +0.5 米防撞墙），桥面横坡为 1.5%。本桥在 0 号桥台、11 号桥台处分别设置一道 CSZ80 型伸缩缝，桥墩处设置一道 CSZ160 型伸缩缝。全桥共 3 联，上部结构第一、第三联采用现浇预应力混凝土连续箱梁，第二联采用钢 - 混凝土组合梁；桥墩采用四柱式矩形钢筋混凝土墩，钻孔灌注桩基础；承台分别采用了矩形承台与上字型承台。由中铁二十一局四公司承建。2020 年 12 月命现名。

桥梁故事

2019 年，到银川市民大厅办事的人会发现，他们熟悉的万寿路（今宁安北街）向北不远，与沈阳路的交会处，已围起一排绿色的施工围栏。围栏内，数座起重机械高高竖起长臂，起吊、挪移，一旁从地面“升起”的沈阳路下，满布密密麻麻的支撑架……人们见证的这一幕，正是当年宁安立交桥的诞生。

位于沈阳路与宁安街交叉路口处的分离式立交桥，是沈阳路快速通道工程中一个节点工程。沈阳路快速通道工程项目，是银川市“九横十九纵”城市主干路网骨架之一，项目分两段实施，由东、西路快速通道工程两大部分组成。宁安立交桥的修建，正是属于其中的东路快速通道工程。

沈阳东路（亲水大街—京藏高速）段，西起阅海湖下穿隧道（满城街），东至京藏高速延伸段，全长约 10.38 公里，由中国铁建集团西北投资有限公司负责牵头建设。建设内容包括亲水大街至京藏高速快速化改造，亲水大街下穿通道，正源北街、凤凰北街、京藏高速 3 处互通式立交工程，宁安北街、虹桥街至丽景街和友爱街主线为上跨工程。

工程实施之前，宁安北街已向北延伸穿过了沈阳路，二者为平面相交道路。随着沈阳路快速通道的建设，两条主干道之间的“邂逅”，也随之升级为分离式立交桥。宁安街初建于 2003 年，当时北端止于北京路南侧。2006 年，宁安街贺兰山路以北路段（时称万寿路）开始建设，自此，这条长街便开始了向北伸展的脚步。至 2016 年，它的北端已到达今天的哈尔滨路。

宁安街是一条有着吉祥之名的道路，它的诞生和伸展，见证着一片土地的巨变。沿着今天宁安北街伸展的路径，往前追溯 30 余年，景貌与今天相比几乎是天差地别。20 世纪 80 年代，今贺兰山路以北的宁安街沿线，还是广阔的郊野与不时出现的湖泊湿地。自南向北，沿线会经过西滩湖（今属阅海湖），大达子渠、罗家湾村、罗家湖、朱家庄……

与今天对照，一个个老村落、老地名，如今看来，竟有些“不真实”的感觉，而这种变化不过就发生在十几年之间。

2019 年 11 月 9 日，随着最后一车混凝土的入模，宁安街分离式立交桥预应力箱梁混凝土浇筑工作全部顺利完成。2020 年 7 月 30 日，宁安街分离式立交桥主体建设完成；同年 10 月 20 日，随着沈阳东路的全线贯通，立交桥投入使用。从此，宁安街这条绵延长街上有了第一座立交桥。

如今，你若从友爱街驱车上沈阳快路向西出发，不到 10 分钟，就能到达宁安立交桥。从桥上向四周望去，阅海湾中央商务区高楼林立，银川市民大厅、银川规划展示馆雄伟矗立……现代化的城市风景一览无余。今昔巨变，令人感慨。

正源立交桥

正源立交桥

正源立交桥位于沈阳路与正源北街交会处，2020 年建。为互通式立交，正源北街上跨沈阳路。桥长 918.589 米，宽 60 米。2020 年 12 月命现名。其中，主线桥长 89.24 米，车行道宽 37.5 米，人行道宽 8.5 米。主梁形式为钢混叠合梁，主跨桥下净空高 5 米。桥墩形式为四柱式钢筋砼矩形墩，桥墩标高 6.643 米。栏杆结构为汉白玉护栏。位于城市主干道，汽车设计荷载城-A 级，抗震设防烈度 9 度。建设单位为中铁建（银川）城市发展有限公司，设计单位为中铁第一勘察设计院集团有限公司，监理单位为宁夏现代建设监理有限公司，施工单位为中国铁建大桥工程局集团有限公司。

凤凰立交桥

桥梁概况

凤凰立交桥位于沈阳路与凤凰北街交会处，2020 年建。为互通式立交，凤凰北街上跨沈阳路。其中主线桥长 318.242 米，宽 50 米，车行道宽 30.5 米，人行道宽 9.5 米。2020 年 12 月命现名。

主梁形式为预应力砼连续箱梁/钢混叠合梁，主跨桥下净空高5米。桥墩形式为四柱式钢筋砼矩形墩，桥墩标高6.643米。栏杆结构为汉白玉护栏。位于城市主干道，汽车设计荷载城-A级，抗震设防烈度9度。建设单位为中铁建（银川）城市发展有限公司，设计单位为中铁第一勘察设计院集团有限公司，监理单位为宁夏现代建设监理有限公司，施工单位为中国铁建大桥工程局集团有限公司。

凤凰立交桥

桥梁故事

在银川，凤凰街是一条“有故事”的路，且不说名称中的“凤凰”二字，本来就连接着银川“凤凰城”的别名与传说，它本身的变迁以及所承载的这座城市的丰富往事，就值得人们记住和回味。

1952年，随着城市的发展，银川市沿着昔日银川古城墙外围四面，修建了四条“环城路”，凤凰街就是当时的“西环城路”，南起南薰路（南环城路），北至北京路（北环城路），长度1.8公里。

那个时候，即使银川城区内，也没有几条像样的街道，这短短的1.8公里虽然只是沙石土路，下雨天泥泞难行但却是银川市区拓展之初重要的城市骨架，经年的岁月里，随着城市的不断发展与开拓，这短短的1.8公里逐渐向两端伸展，从1.8公里到3公里，再到5公里、10公里……随着城市的“生长”，这条街道也变得宽阔、平坦，一路记录着银川的发展与壮大。

2002年，凤凰街向北延伸至康平路附近；2008年，凤凰街向北延伸至贺兰山路，向南延伸至治平路；2011年，凤凰南街治平路至六盘山路段建成通车；2014年，凤凰街向南已可与双庆路连通，连接起兴庆区与永宁县望远镇；2018年，凤凰街向北打通至大连路，典农河上建起了凤凰桥，唐徕渠上有了凤仪桥……

2020年，银川市首条城市快速通道——沈阳路东段全线贯通。凤凰街上跨沈阳路的互通式立交桥——凤凰立交桥也正式落成通车。立交桥宏伟壮观、四通八达。从空中俯瞰，立交桥造型优美流畅，延伸至此的凤凰街，像是在这里画出一个美丽的音符，奏出这城市全新发展的韵律。

至2022年6月，随着凤凰北街大连路至沈阳路段的道路打通工程竣工，向北伸展的凤凰街与已建成的凤凰立交桥正式连通，一条南北纵贯整个银川市区的长街，将继续演绎属于这座城市的“凤凰”传奇。

德胜立交桥

德胜立交桥

德胜立交桥为沈阳路上跨虹桥街、丽景街分离式立交桥，2020年建。总长975.5米，总宽25.5米，车行道净宽23.5米。2020年12月命现名。梁式桥，主梁形式为预应力砼连续箱梁/钢混叠合梁，主跨桥下净空高5.5米，桥梁跨数30跨。桥墩形式为四柱式钢筋砼矩形墩，桥墩数量116座，标高7.545米。栏杆结构为混凝土防撞墙。所在道路为城市快速通道，汽车设计荷载城-A级，抗震设防烈度9度。建设单位为中铁建（银川）城市发展有限公司，设计单位为中铁第一勘察设计院集团有限公司，监理单位为宁夏现代建设监理有限公司，施工单位为中国铁建大桥工程局集团有限公司。

桥梁故事

这座沈阳路上跨虹桥街、恒安街的立交桥，其“德胜”之名，源于其所行经的德胜工业园区。

这片位于银川市区和贺兰县之间，占地面积43.2平方公里的新型工业化示范园区，自2002年建设以来，经过20年的发展，已形成食品加工、机械电气、家具制造和装饰材料等四大主导产业，培育了“厚生记”“百瑞源”“西夏嘉酿”等知名品牌。

德胜工业园区的得名，源于昔日此地的德胜村。而这一名称，又可追溯至原银川古城北城门——德胜门。清（乾隆）《宁夏府志》记载，德胜门始筑于西夏时期。清乾隆三年十一月二十四日（1739年1月3日）毁于地震，五年（1740年）重修，并在原址基础上将城门和城墙向内移动近20米。20世纪60年代被拆除。德胜门中的“德胜”这两个字，意为“以德取胜”“道德胜利”，在银川的地名中一直被沿用下来。

20世纪80年代，银川市城区东北部有4条巷子，因靠近德胜门，取名“德胜一巷”“德胜二巷”“德胜三巷”“德胜四巷”，这些巷子在20世纪90年代后，随着城市的发展，逐渐消隐于新建的小区中。1992年，在德胜门旧址向南200米的地方，建成一个小区，建设之初的名字叫德胜一村和德胜二村，后改名为如今的德胜一区和德胜二区。

如今的德胜工业园区，在20世纪五六十年代，还只有几处村庄，以及大片的湖泊和盐碱地。据当地人回忆，这片区域里曾有4个寨子（村庄），东边是唐家寨，西边是罗家寨，南边是朱家寨，北边是马家寨。这里还有2个大湖，一个是夏家湖，一个是朱家湖。后来，寨子拆除、消失，逐渐出现了现在的德胜村。

从昔日的老寨子、满地芒硝的盐碱地，后来的新兴国家新型工业产业示范基地。如今，银川首条城市快速通道也穿过这片蓬勃发展的园区。长近1公里的德胜立交桥，横跨虹桥街、恒安街，一座高桥，飞架东西……看着眼前的这些巨变，怎能不令人心生感慨！

友爱立交桥

桥梁概况

友爱立交桥位于沈阳路与友爱街交会处，2020 年建。为分离式立交桥，沈阳路上跨友爱街。总长 393.5 米，总宽 25.5 米，车行道净宽 11.75 米。2020 年 12 月命现名。梁式桥，主梁形式为预应力混凝土连续箱梁 / 钢混叠合梁，主跨桥下净空高 5.5 米，桥梁跨数为十二跨。桥墩形式为四柱式矩形钢筋砼桥墩，桥墩数量 44 座。所在道路为城市快速通道，汽车设计荷载城 -A 级，抗震设防烈度 8 度。建设单位为中铁建（银川）城市发展有限公司，设计单位为中铁第一勘察设计院集团有限公司，监理单位为宁夏五环建设咨询监理有限公司，施工单位为中铁二十三局集团有限公司。

友爱立交桥

白鸽立交桥

桥梁概况

白鸽立交桥位于银川市兴庆区南端，银川南环高速公路与东环高速公路相交处。为互通式立交桥。

白鸽立交桥

桥梁故事

白鸽立交桥是南环高速公路与东环高速公路的交接点，同时也是国家公路交通主干道京藏高速公路与银青高速公路通往银川市区最南边的出口，通过这个出口可以直接到达银川城区，也可以由这个出口进入绕城高速公路南环段，快速到达银川市金凤区、西夏区。

白鸽立交桥得名来自其所在地域——白鸽村。白鸽村属永宁县望远镇，曾名白鸽大队。“白鸽”，说起来却是一个有着国际意义的名字，带着鲜明的时代特点。相信不少上了岁数的中国人都记得，20 世纪 50 年代，和平鸽的图案是当时许多宣传画、年画里经常出现的一个主题。令人印象深刻的，比如有一幅摄影作品，图像中是两个可爱的孩子，怀中各抱着一只和平鸽，笑得天真而灿烂。

20 世纪 50 年代流行的和平鸽图像是保卫世界和平运动的产物，具有国际主义色彩，也成为新中国塑造现代民族国家形象，参与构建战后国际秩序，捍卫抗美援朝正义性不可或缺的视觉主题。在这一时期，“和平鸽”以图像的方式被大量地创作、传播，艺术家们乐此不疲地进行着创作，广大群众也对此喜闻乐见、熟悉无比。

银川白鸽村，其得名正是在这一时期，并一直沿用至今。正因为有这一地名的存在，这一带也派生出不少以“白鸽”命名的地名。白鸽村村委会驻地为王家寨，其南侧有一条东西向的渠道——白鸽渠，自附近的唐徕渠支渠大新渠引水，灌溉着白鸽村一带的田地。在这条小渠的末端有村庄名为白鸽渠稍，自然是因此渠而来。此外，还有东西向贯穿此地的白鸽公路，以及我们这篇文字的主角——白鸽立交桥。

今天的白鸽村的地域，也发生了巨大的变化。这里坐落着规模颇大的现代物流园、装饰材料市场，楼宇林立的农产品批发市场、居民小区等等，书写着现代的繁华。

如今，带着鲜明时代印记、寓意和平的“白鸽”之名，与白鸽立交桥这座造型舒展的高速公路桥相得益彰。在这里，横向而来的银川南环高速公路，与纵贯南北的京藏高速大动脉美丽“邂逅”、互为连通，交织出一幅和谐美丽的图案，仔细看去竟也颇像一只面朝东南方的鸟儿，正展开双翅翱翔在这片美丽的土地上。

正源南街绕城高速立交桥

桥梁概况

正源南街绕城高速立交桥位于正源南街与亲水南大街交叉口西南约 300 米，正源南街上跨银川绕城高速公路处。为互通式立交桥。该立交桥使银川绕城高速公路南段与正源南街、亲水南大街相互连通。绕城高速上的车辆可由此处驶出，经由正源南街或亲水南大街进入银川城区；从城区驶来的车辆，亦可由此进入绕城高速。

桥梁故事

正源南街绕城高速立交桥，是银川市的一座“南大门”。

南绕城高速上的车辆经由此桥驶下，进入城区道路，视野前方，正源南街与亲水南大街交会处，是一组高大而精美的白色石牌坊。石坊雕刻精美，龙、凤、狮、鼓、水波、云纹等中国传统雕刻元素分布其上，细腻逼真，赏心悦目。石坊最引人注目处，莫过于上面的题字。位于正中的石坊，匾额上书“妖娆塞上”，左右两侧匾额则分别为“凤翔贺兰”“龙腾大河”。三组题字，大气古朴，苍劲有力，饱含寓意，生动地概括出脚下这片土地的深厚底蕴。

石坊处于正源南街与亲水南大街相交之处，与绕城高速相接的城市道路由此分道而驰，像立交桥分出的两条飘带，一路向北延伸至这座城市繁华的腹地。桥的北侧，除了这两条美丽的“飘带”，还有几处同样美丽的湖泊。路西有大雁湖，路东有小雁湖，在典农河水系的串联下，灵动而富有生机。

如今的胜景，哪怕只往前追溯 10 余年，也还远不是如此。

20 世纪 80 年代的银川市地图中，这一带属郊区良田乡地域。彼时，正源街、亲水街、绕城高速还没有半点踪影，在这里唯一称得上正式的路，是一条乡间小土路，蜿蜒穿行于一片湖沼之间，经过杨家庄、孙家寨，过良田渠上的魏家桥，再沿高渠（良田渠支渠）一路向北。

多滩涂湖沼，是这一带典型的地貌，其北侧不远处的羊房桥庄，早年间就因处于湖滩地易迷途，而俗称“杨家转湾子”。今天的大雁湖、小雁湖，在当年的地图中也可以找到对应，不过名称却“大相径庭”。今天的大雁湖，那时叫大盐湖；今天的小雁湖，当时叫东湖。而东湖再往南，还有北盐池、南盐池。

进入 21 世纪后，城市的建设与扩展开始加快步伐。2003 年，典农河水系连通工程启动。2008 年，银川市绕城高速公路全线通车。2013 年，正源南街（宝湖路—南绕城高速）段完成改扩建……昔日郊野之中的“盐湖”，今日立交桥与城市大道旁的“雁湖”，名称改变的背后，藏着一座城市变化发展的深刻轨迹。

正源南街绕城高速立交桥

植物园立交桥

植物园立交桥

桥梁概况

植物园立交桥位于通达南街与银兴路交叉口向南约300米，通达南街上跨银川南绕城高速处。为互通式立交桥。绕城高速上的车辆可由此处驶出高速，经由通达街进入银川城区，或经银兴路向南去往附近的银川植物园等地。

桥梁故事

此处互通式立交，因地近银川植物园，故俗称植物园立交桥。银川植物园始建于1986年，园区立足西北地区特色沙旱生植物种质资源，开展种质资源收集、保存与开发利用和植物园建设。现已发展成为集科学研究、科技示范、科普教育、产业化生产和生态观光旅游为一体的现代农业高新技术科普示范园。园内分别建有沙旱生植物专类园，芳香植物专类园，六盘山植物专类园，园林景观植物专类园区，丁香、海棠等专类园，已成为西北地区珍稀濒危植物种质源保存基地和半荒漠地区植物引选育的基因库。

植物园立交桥南侧，银兴路旁，还有因银川植物园而得名的植物园村，隶属于金凤区良田镇。这是良田镇辖域内距银川城区最近的行政村之一，交通便利。近年来，植物园村在新农村建设中，努力打造草莓小镇休闲采摘示范园区和农夫集市，打造特色餐饮街区，建设庭院农家乐乡村民宿，推进乡村休闲旅游观光产业发展，是一个比较有特色的美丽村落。

炼油厂立交桥

桥梁概况

炼油厂立交桥位于西夏区南部，文昌南街与南绕城高速交会处向东约400米处。为互通式立交桥。因位于原宁夏炼油厂附近，俗称炼油厂立交桥、炼油厂匝道桥。来往车辆可由此处，经由文昌南街出入银川市区。

桥梁故事

时间往前追溯40年。20世纪80年代，文昌街的最南端还止步于今文昌公园一带，再往南跨过当时的铁西铁路，是继续向南延伸的一段道路——富平路。道路不宽，7米左右的样子，一开始是简陋的炉渣路面，也仅通至银川灰砂砖厂。1985年，这条路改建为铺装路面，并延伸至建设中的宁夏炼油厂。而今天炼油厂立交桥在当时的地图中，还是“一片空旷”，银川绕城高速公路的修建是20年后的事情了。

炼油厂立交桥，正是因位于原宁夏炼油厂附近而得名。它不仅是银川南绕城高速上的重要节点之一，而且其名称所关联的也是一段宁夏石油炼制业从无到有的发展历程。

宁夏的石油炼制工业起步较晚。1969年3月，石油部批准银川石油勘探指挥部建造年加工5万吨的炼油厂，以解决油田自用油。1969年施工建设，1970年9月建成宁夏第一家石油加工企业——马家滩炼油厂。至1985年，马家滩炼油厂形成5万吨的年生产能力，能生产70号汽油、灯用煤油、柴油、机油、沥青和石油液化气等产品。

炼油厂立交桥

马家滩炼油厂的规模仅属小型，而宁夏的中型石油炼制则起始于“六五”期间曾在中宁渠口筹建的炼油厂，设计 50 万吨 / 年的炼油装置，后由于国家经济建设萎缩，该项目未能实施。1985 年，又开始重新论证异地建设炼油厂。1991 年，在银川市新市区建成拥有第一套 75 万吨 / 年原油常减压蒸馏装置的炼油厂，亦即如今炼油厂立交桥的得名之源——宁夏炼油厂。

1998 年，宁夏炼油厂改组为有限责任公司，并更名为宁夏大元炼油化工有限责任公司，是宁夏最大的集石油炼制、化工生产、氯碱加工为一体的现代化综合石油化工企业。2002 年，公司整体划归中国石油天然气集团公司，2005 年 4 月正式纳入中国石油天然气股份有限公司管理。时光荏苒，宁夏炼油厂已隐入时代发展的洪流之中，而这座立交桥，却依旧留下一段岁月的记忆。

平吉堡枢纽立交桥

桥梁概况

平吉堡枢纽立交桥位于银川绕城高速公路南段与西段交会处，为互通式立交桥。是绕城高速西南端的重要交通枢纽，可谓四通八达：向西通往国道110线，向南通往乌玛高速，向东通往南绕城高速，向北通往西绕城高速。

平吉堡枢纽立交桥

桥梁故事

平吉堡枢纽主线站是银川绕城高速公路西段与南段的连接点，向西与国道 110 线和省道 201 线连接，向南与乌玛高速公路连接，是银川城市西南端一个重要的进出口。自从绕城高速公路南环段建成通车后，从这个枢纽站经过的车辆越来越多，尤其是从内蒙古阿拉善左旗进入银川的车辆，以及由阿拉善左旗经过银川去往呼和浩特或包头、延安、太原、青岛等城市的车辆，大多数都选择由绕城高速公路南环段进入银川市，或者由南环段进入京藏高速公路、银青高速公路等出行。同时，去往阿拉善左旗或需要到国道 110 线的车辆，也都选择由平吉堡立交出入。

平吉堡枢纽立交桥不仅交通位置关键，而且它名称中的“平吉堡”也是银川历史画卷中一抹底蕴丰富的组成。

平吉堡是明代宁夏右屯卫所领十八屯堡之一，在银川市城区西南，银巴公路西侧。始建年代不详，原名平羌堡。1949 年后更现名。

因平吉堡得名的，除了平吉堡枢纽立交桥，还有银川人更熟悉的平吉堡奶牛场。平吉堡奶牛场位于平吉堡立交桥南侧，始建于 1963 年。1965 年，与平吉堡农场合并归兰州军区生产建设兵团，为农建十三师一团。1974 年，改属宁夏农垦局。平吉堡牛奶是银川市的牛奶生产基地。1963 年，宁夏自产的第一杯牛奶正是从这里走上银川人的餐桌。

北京西路绕城高速立交桥

桥梁概况

北京西路绕城高速立交桥位于北京西路与银川西绕城高速交会处。为互通式立交桥。地近银川市园林场、中国石油宁夏化工厂，是银川市西部市区道路与绕城高速的重要连接点之一。

桥梁故事

20 世纪 70 年代，在今北京西路上诞生了宁夏第一座公路铁路立交桥——北京西路立交桥。如今，走过这座公铁立交桥，沿着北京路一路向西，人们便会与北京西路绕城高速立交桥邂逅。两座立交，一老一新，一小一大，一为简洁的分离式，一为互通式。它们映照的是城市的发展，是时代前行的脚步。

若从空中俯瞰北京西路绕城高速立交桥，便会呈现出一幅美妙的画卷。这座连接市区道路与高速公路的互通式立交，其形状宛如两枚尾部相接的玉如意，镶嵌于田野之间，造型流畅，线条舒展。

北京西路绕城高速立交桥，邻近原宁夏化工厂以及宁华园居民区。关于这座老工厂，它的历史和故事也不少。1978 年，宁夏开始筹建第一座大型合成氨厂——中国石油化学工业总公司宁夏化工厂。1985 年 5 月工厂破土动工。1988 年 8 月正式投产，结束了宁夏没有大型化肥生产企业的历史。历经多年发展，至 2005 年，中石油宁夏石化公司（前身为宁夏化工厂），在化肥生产方面，拥有 2 套大化肥装置和 1 套复合肥生产装置，设计生产尿素 130 万吨，复合肥 40 万吨。

宁华园是围绕宁夏化工厂而形成的职工生活区，曾称宁化新村。1981 年后陆续建成，1987 年以宁夏化工厂简称命名为宁化新村。20 世纪 80 年代，这处居民区占地约 800 亩，除家属住宅楼之外，还有俱乐部、商场、公园、招待所、运动场、医院、中小学等，居民区有友谊路、西园巷、东园巷、红泉巷等巷道，俨然一座功能齐备的城市新“村落”。

如今，在宁化新村一带，不仅有宁华园小区，还有圆缘小区、澳海澜庭小区等，与北京路南侧的化工厂厂区隔路相望，银川西绕城高速从一侧笔直穿过，立交桥将城市道路与高速便捷连接，共同织就着这一片区域的烟火繁华。

北京西路绕城高速立交桥

文萃北街绕城高速立交桥

桥梁概况

文萃北街绕城高速立交桥位于文萃北街与银川绕城高速北段交会处。为菱形互通式立交桥。立交桥向北可与同庄村公路、同庄公路等相连，向南分别与文萃北街、兴州北街相连，并通过此二路与城区路网融为一体，是银川市区西北部一处重要的交通节点。

桥梁故事

文萃北街绕城高速立交桥东北邻近屯庄村与犀牛湖。屯庄村因辖域内屯庄（今名西店庄）而得名。《银川市地名志》记载：“清末，为安置满民务农在此（西店庄）建‘屯庄’。”“后安徽、甘肃移民迁入。1941年，庄内曾开设车马店，俗称西店庄。”成书于1926年的《朔方道志》中，也可以找到相关的记载：“宣统元年（1909年），都统志锐请帑接长渠身，引水以溉沿贺兰山陂一带新垦之地（系满营马厂地所开），以便旗民学习农业。”

至于犀牛湖，则位于西店庄东侧。此湖西侧曾有始建于1957年的银川市机砖厂。探究犀牛湖的成因，据当地村民回忆，这里地理位置低洼，多年集存积水。今天的犀牛湖，至少有一部分（南部）是因为当年机砖厂在此长期挖土制砖，形成大面积水坑，逐渐演变成为湖泊。

文萃北街绕城高速立交桥

犀牛湖原名牛毛湖。20世纪50年代，人们开挖了西大沟，牛毛湖被一分为两半，沟东的湖域被当地人称为东牛毛湖，沟西的则为西牛毛湖。时间一长，人们便将西牛毛湖简称作西牛湖，后来又演变为今天的犀牛湖。

如今的犀牛湖，已是银川市一处重要的生态湿地，水域面积约2700亩，越来越多的候鸟在这里栖息、繁殖，生态环境越来越好，人鸟和谐，生机勃勃。

亲水北街绕城高速立交桥

桥梁概况

亲水北街绕城高速立交桥位于亲水北街与银川绕城高速北段交会处。为互通式立交桥。立交桥向南与亲水北街连通，并通过此路与城区路网融为一体，是银川市区北部一处重要的交通节点。

亲水北街绕城高速立交桥

桥梁故事

亲水北街绕城高速立交桥，本是一处结构并不复杂的菱形互通式立交桥，但在它的周边，却有着众多生机盎然的水意美景。立交桥的西侧，有阅海国家湿地公园的广阔水域，东南侧则有近年来越来越引人关注的元宝湖。

旖旎的阅海湿地，前文做过介绍，这里说说元宝湖，该湖位于银川市金凤区丰登镇联丰村，据当地人称，早时因其所在位置为附近地势低洼地，而被称作“锅底湖”。随着生态环境改善，锅底湖的湖心岛及沿岸植被日渐浓密，大量鸟类栖息于此，俨然一块生态“宝地”，且形状更似“元宝”，便更名为元宝湖，俗称宝湖。

宝湖东西长1230米，南北宽560米，湖泊面积1250亩。它是金凤区除阅海国家湿地公园外，一处最重要的候鸟繁殖地。以2018年为例，银川市湿地鸟类监测专家李志军，曾在宝湖监测到迁徙、栖息的候鸟20余种，数量有2000多只。其中包括国家二级保护动物白琵鹭200多只。

随着宝湖生态环境的整治，宝湖湿地公园的规划统将一进行。未来，宝湖在绿化美化方面将遵循低干扰的设计原则，将宝湖原生湿地保护起来，在保留场地原有树木及野生芦苇的基础上，种植乡土乔木、灌木、水生植物，修复和营造水生动物、鸟类的繁衍、觅食和庇护场所。同时，还将适当修复临岸浅滩植被，加强湿地植物的合理配植，集中展现各种湿地环境下的多种湿地群落类型，为更多动植物营造良好的生存环境，打造一处“候鸟的天堂”。

绕城高速正源街立交桥

桥梁概况

绕城高速正源街立交桥位于银川绕城高速公路北段与正源街交叉处。全苜蓿叶型互通式立交。原为半苜蓿叶型互通式立交，2016 年 3 月开始改扩建，2018 年 12 月完成。主线 MK53+400~MK54+630 段，长 1.23 公里，采用高速公路标准建设，双向四车道，主线路基宽度 26 米；新建 A、B、C、D、E、F 匝道共长 1.979 公里，立交对向分隔式双车道匝道路基宽度 15.5 米，单向单车道匝道路基宽度 8.5 米，集散车道 N1、N2 共长 0.842 公里。

本次立交改扩建工程中，新建 26.04 米中桥 1 座，加宽利用 66.06 米中桥 1 座，共设置涵洞 7 道。改扩建工程设计单位为宁夏公路勘查设计院有限公司，建设单位为宁夏公路建设管理局，施工单位为山东泰和公路工程有限公司，监理单位为宁夏公路工程监理咨询公司。

桥梁故事

绕城高速正源街立交桥位于正源街最北端。见证银川这座城市的开拓与发展，正源街是一个最佳的“样本”。

如果在今天的银川市区图上，沿着北京路、清和街、南薰路、凤凰街这 4 条街道围成的区域，勾画出银川“老城”（亦即银川古城）的范围。然后再将目光西移，看看在它一旁南北纵穿整个银川市区的正源街，可以最直观地体会到，这座城市近年来迈出的壮阔步履。

绕城高速正源街立交桥

正源街之名源自银川古城西门——镇远门，1985年时，还只是一条长度不过2.3公里的短弧——西二环路。其后30多年里不断拓建，尤其是2000年后，一次次向两端延伸，一次次改造升级。如今的正源街，已经北至北绕城高速，与贺兰县广源街相接；南至南绕城高速，与永宁快速通道相连。整条长街近20公里，几乎是当初长度的10倍。

沿着今日的正源街自北向南走上一遭，它所行经的区域，既有众多大规模新、老城市居住区，亦有诸多蓬勃发展的新兴大型商业街区、楼宇。这些区域，汇集于一条街道之上，串联起的自然是繁华。同时，随着银川市区的不断发展，正源街的交通功能日益凸显，它南北贯穿银川市区中心地带，而其两端的拓展和延伸，又使之成为银川城区连接南北各地的一条交通枢纽，将贺兰县、银川城区、永宁县的交通串联于一线。

如今绵延伸展的正源街上，从南至北，已有3座大型互通式立交，是一条真正的交通大“动脉”。一座城市也像一个肌体，脉搏可察身体之情，道路亦可窥知城市之况。事实上，日新月异的正源街也正是这样一个上佳的“样本”，观察它、贴近它，你可以感知这座城市蓬勃的心跳。

银川东枢纽立交桥

桥梁概况

银川东枢纽立交桥位于孔雀湖东南银川东绕城高速公路上。为互通式立交桥，与银川的城市道路、青银高速立交互通。银川东枢纽立交桥占地300余亩，匝道长度13公里，采用双喇叭型。银川市车辆由此桥出入，并与青岛至银川高速公路立交、互通。设计荷载为汽-20吨、挂-120吨，抗震设防烈度8度。

银川东枢纽立交桥

桥梁故事

银川东绕城高速公路属京藏高速公路过境银川段。京藏高速公路是北京连接西北及西藏的战略运输大通道，在宁夏境内长约 353 公里，途经宁夏沿黄城市带石嘴山、银川、吴忠、中卫 4 个地级市，是我国西部第二条南北综合运输通道与亚欧大陆桥复线两大交通走廊交汇点，是华北、东北连接青藏高原的重要通道，不仅是宁夏公路交通网的脊柱和主动脉，也是宁夏经济发展的“黄金通道”。

银川东枢纽立交桥，即处在其中途经银川市区东部的四十里店至望远段，位于兴庆区大新镇境内。依托此枢纽，立交桥北侧和东侧，分别坐落着银古物流中心与掌政物流中心。除提供便捷的道路连通功能之外，京藏高速银川立交桥还称得上是一座风光之桥。

立交桥坐落于水域宽广、风景秀丽的孔雀湖与章子湖之间，车行其上，旁边即是水意盎然的湖城风光。立交桥双喇叭形的互通设计，让这座有着优美曲线的桥梁，既像一枚传统中国结样式的美丽盘扣，又像两支柄尾相连、对称摆放的玉如意，串联起两处风光旖旎的银川生态湿地。

位于桥北的孔雀湖，从卫星地图来看，湖域颇有几分孔雀的形状，头向西北尾在东。这处湖泊名称的得来，未找到明确记载。其近旁有孔雀村（曾名孔雀大队），是因湖名而派生，自然不能为凭。比对1936年《宁夏省水利专刊》所附《夏朔两县各渠退水沟道形势图》，在这一带，自北向南分布有西湖、燕池湖、崆峒湖、长湖。其中的燕池湖，与今天的燕鸽湖所在位置可以对应，而位于此湖南侧的崆峒湖，位置与今天的孔雀湖大致相当，联系到《银川市地名志》中有记录：孔雀湖，曾名孔通湖。那今天的孔雀湖，很可能是由“崆峒湖”音转而来。时光久远，银川周边湿地在这些年月里经历的变迁也比较大，今天也只能做一些推断。

不过近年来孔雀湖的治理和变化却是有明确记录的，比如2007年，这处湖泊就经历过一次大规模的治理和扩挖，将治理之前300亩的“废水滩”，扩大到600亩的湖域面积，恢复和打造银川城东的这处湿地景观。

至于立交桥北的章子湖，是一处面积比孔雀湖更大的湖泊。《银川地名志》中记载，因湖中常栖落章鸽水鸟而得名。银川平原历来湖泊密布，与早年间地图比较，虽然名称变迁，但这处湖泊“古已有之”的身份是没有疑问的。

章子湖近年来的变化，也是越来越好。在20世纪80年代的记录里，其面积为300亩，而今却达到2058亩，是过去近7倍。章子湖的治理，始于2009年。这一年，这处湖泊拓宽了水域，在周边修建步道，安装路灯和休闲设施。现在的章子湖可分为东、西两域，中间的两座小山，就是由当年浚挖时的土堆积起来的。此后，又经过2014年和2016年的2次改造，章子湖变得越来越美，作为一处湿地公园，为周边生态的向好，附近居民的休闲游玩，创造了极好的条件。

一处重要的交通枢纽，镶嵌在广阔的清清湖水间，其“组合”本身就是一幅美景。同时，也让从这处高速立交桥进入银川的人们，第一眼便能看到这座城市的水意画卷，体会到塞上湖城的生态之美。这样的桥，怎能不令人印象深刻呢！

掌政立交桥

桥梁概况

掌政立交桥位于鸣翠湖国家湿地公园西约 2 公里处，银川段新京藏高速公路上。为互通式立交桥，与青银高速立交互通。由中国铁建大桥局西北公司承建。

桥梁故事

2019 年 11 月 1 日，经过工程建设者 3 年的不懈努力，宁夏“十三五”交通重点项目——京藏高速公路改扩建工程（宁夏境）平罗至四十里店段半幅（银川至石嘴山方向）及四十里店至望远段全幅路段共 70.2 公里，正式通车。这标志着京藏高速公路（宁夏境）改扩建工程银川过境段全线完工。

京藏高速（宁夏境）改扩建工程项目路线起自石嘴山以北的宁蒙省界麻黄沟，止于同心县桃山口，接福银高速公路，全长约 284 公里，其中宁蒙界至滚泉段 212 公里为双向八车道，滚泉至桃山口段 72 公里为双向六车道，是宁夏最大的交通基础设施建设项目之一。

掌政立交桥

此次建成通车的平罗至四十里店段为双向四车道改扩建为双向八车道高速公路。途经银川市东郊的四十里店至望远段，为新建双向八车道高速公路，路线全长42.5公里。该段从四十里店南枢纽互通与原京藏高速公路分离，途经贺兰山路、北京路、青银高速公路，在望远枢纽互通与原京藏高速公路合流。全线设望远、掌政、北京路、贺兰山路、四十里店南5座互通立交和贺兰东1处服务区，架设大桥7座，中桥6座，小桥9座，涵洞99道，通道13道，分离式立交桥21座。

作为上述改扩建工程的一个重要控制点工程，掌政枢纽互通式立交桥即于此背景下建设完成。

掌政枢纽互通工程所在的修建段落，位于银川市东郊，项目全长6.9公里，起于兴庆区掌政镇春林村，终于永宁县望远镇通桥村，总体呈南北走向。主线上跨青银高速，设有变形苜蓿叶式掌政枢纽互通立交，是青银高速公路与本项目的重要控制点工程。

2019年2月下旬，为完成主线及匝道桥梁施工，交管部门对青银高速在掌政互通范围内实施交通导改，采取主线封闭式交通管制，过往车辆经由便道通行。开车走高速公路的人，常会遇到桥头跳车的情况，这不仅影响行车安全，还会加大对桥梁和路面的伤害。在项目施工过程中，建设方通过创新技术，有效地解决了桥头跳车现象的发生，保证了行车的舒适度和安全性。

不仅如此，作为交通运输部品质工程“微创新”攻关试点工程，京藏高速改扩建工程通过大胆革新，打破传统施工和管理模式，推行工业化模式，实现小预制件生产方式由“作坊式”向“工厂化、流水化”成功转变，管理手段由“人工式”向“信息化、智能化”突破。同时，项目自主设计的混凝土预制设备、自动滚轴式托盘叉车等“微创新”获国家实用新型专利授权。品质工程的实施，有效地保障了施工质量和建设进度。

石坝立交桥

石坝立交桥位于银川黄河大桥东侧青银高速公路上。为互通式立交桥，与211国道、202省道、银川至横城公路、河东机场高速公路立交并互通。呈喇叭、苜蓿叶型。设计荷载汽-20吨、挂-120吨，抗震设防烈度8度。2014年建成。

桥梁概况

桥梁故事

石坝立交桥以所在地域石坝而得名。石坝村为灵武市临河镇下辖村，曾名横山公社石坝生产队，在黄河东岸，北靠明长城和古城堡（横城），隔岸与兴庆区掌政镇相望，是古代的一个重要渡口。

灵武市地处河东灌区，该灌区南抵牛首山，北达横城，东依鄂尔多斯高原，西临黄河。在灵武市，体现这种灌溉文化的地名不胜枚举，特别是临河西部地区，可谓沟渠遍布，此外还有闸、坝等和水利设施有关的地名。石坝之名，即是其一。

喇叭、苜蓿叶状造型的石坝立交桥，不仅是一座四通八达的高速交通枢纽，同时也像一朵盛开在黄河之滨的美丽的花朵。立交桥位于河东机场之北，苏银产业园区横城片区与横山片区之间，有着重要的经济地理位置。

苏银产业园位于银川市黄河以东区域，南临白芨滩自然保护区，西贴黄河，东离宁东化工基地 22 公里，西距银川主城区 25 公里。青银高速、S103 省道、S203 省道从规划区穿过。南侧靠近银川河东国际机场、银西高铁站，交通优势明显。园区规划总面积约 53 平方公里，包括景城、横城和横山三大片区。

苏银产业园是江苏、宁夏两省区党委、政府，苏州、银川两市市委、市政府在银川市黄河东岸合作共建的产业园。2008 年 11 月，正式挂牌开园。2019 年 1 月，获批成为自治区级高新技术产业开发区。经过三年多的建设和努力，苏银产业园综合实力日益增强，园区已逐步成为东部企业家投资的首选区。苏州工业园的“园区经验”走出苏州，在塞上银川开花结果。

一座石坝立交桥，承担着南来北往、东西通达的重要交通枢纽作用，同时也见证着这片土地的今昔之变，见证着它生机勃勃的现在与充满希冀的未来。

北阳墩立交桥

北阳墩立交桥

桥梁概况

北阳墩立交桥位于银川市西夏区北部，宁夏农林科学院枸杞所一队西侧。是跨西干渠、乌玛高速公路的分离式立交桥。1960年始建，为木面桥。因其西北3公里的北阳墩（测量三角点，贺兰县境内）而得名。1974年改建为简支梁钢筋混凝土板桥，长12米，宽7米。后历经改造建设呈今貌。

桥梁故事

北阳墩桥始建于 1960 年，与西干渠同龄，在西干渠沿线桥梁中，也是一座有年头的桥了。北阳墩桥所在地域，原为芦花台园林试验场。芦花台园林试验场的历史更早，始建于 1952 年，时称芦花台园艺场，因地近芦花台（原芦花乡乡政府驻地）而得名。1955 年，芦花台园艺场改名为“芦花台农场”；1959 年，芦花台农场与芦北农场合并，改称芦花台园林试验场，为宁夏农林科学院实验基地。今宁夏农林科学院枸杞所在此。

经过北阳墩桥的公路，向东与新南公路相接。新南公路也是条银川人熟悉的老公路了。其最南端的起点，原在上海路跨良田渠永青桥西侧，经原芦花乡地域，向北一直到南梁农场场部。中途另于南梁农场四队西侧，析出一条西行公路，可连接芦花台试验场与沿山公路（京青线）。途经北阳墩桥的公路，即为此路。

最初的北阳墩桥，仅为小木桥。1974 年改建为钢筋混凝土板桥，长 12 米。今天的北阳墩桥，已是一座横跨乌玛高速与西干渠的现代化立交桥。行过北阳墩桥，西南侧即为近年来蓬勃发展的镇北堡镇。团结村、德林村、华西村……错落有致的民居、现代化的校园，与周边的农田交相映衬。2016 年，镇北堡镇入选首批 127 个“中国特色小镇”名单。2021 年，镇北堡镇入选宁夏高标准重点小城镇建设项目之列。高标准重点小城镇，不再是传统意义上的“镇”，而是产业、文化、旅游和一定社区功能叠加的发展空间平台，成为连城带乡经济增长的新引擎。

新小路立交桥

桥梁概况

新小路立交桥位于新小路（X103 道）与银川西绕城高速交会处。为互通式立交桥。沿新小路由西向东，跨越银西河再行约 1.3 公里，即可到达新小路立交桥。此处立交桥地近银川市城市苗圃、宁夏农业机械化学校、红玛瑙枸杞观光园景区等。经此桥从绕城高速公路驶出的车辆，通过新小路向东可至银川市区，向西可达贺兰山滚钟口风景区等地，是银川市西部一处重要的交通节点。

新小路立交桥

贺兰枢纽立交桥

桥梁概况

贺兰枢纽立交桥位于银川市贺兰县境内，银川绕城高速北段与东段交会处。为互通式立交桥，上下共 3 层。2008 年建成通车，时为宁夏最大互通式立交桥。经此处立交枢纽可以出入京藏高速公路、银川绕城高速公路，经匝道立交可通往 109 国道、贺兰县桃源路等。2008 年 8 月，随着银川市绕城高速公路的全线贯通，自 1999 年姚叶高速公路建成时，就一直被视为银川城市北门户的贺兰收费站光荣“退役”， 取而代之的便是其北边 3 公里处新建的贺兰枢纽立交。

贺兰枢纽立交桥

恒安街绕城高速立交桥

恒安街绕城高速立交桥

桥梁概况

恒安街绕城高速立交桥位于银川市贺兰县境内，银川绕城高速公路东段与恒安南街交会处。为互通式立交桥。恒安街为109国道贺兰县城区过境段，恒安街绕城高速立交桥将银川绕城高速公路与109国道以及贺兰城区的怡园路、利民路、丰庆路互为连接，是银川绕城高速公路东段一处重要的交通节点。

贺兰山东路绕城高速立交桥

桥梁概况

贺兰山东路绕城高速立交桥位于兴庆区北部，贺兰山东路与银川绕城高速东段交会处。为互通式立交桥。立交桥将银川绕城高速公路与贺兰山路互为连接。经贺兰山路，向西可连接银川城区，向东可由兵沟黄河大桥连接黄河以东区域。

与银古公路连接的银川收费站，一直以来都是银川人通向东、南方向的门户，通行压力比较大。通过这座立交桥，贺兰山东路与绕城高速公路东段连通后，京藏高速公路从北京、内蒙古等地进入银川的车辆，可以经由此处进入银川市区，或进入绕城高速公路到达金凤区、西夏区。这处立交节点在建成通车后，分流了银川东出口的一部分车辆，缓解了银川银古路收费站车辆进出的压力。同时，由河东机场去往银川城区的旅客，可通过贺兰山东路出口出高速，直接驶入贺兰山路，快速到达金凤区、西夏区。

贺兰山东路绕城高速立交桥

新干路绕城高速立交桥

桥梁概况

新干路绕城高速立交桥位于银川市西夏区，新干公路跨银川绕城高速西段立交桥。为分离式立交桥。2015 年 6 月建。桥梁上部结构为连续箱形梁，桥跨组合 18.65 米 +2 × 24.45 米 +18.65 米，桥梁全宽 21 米，桥面净宽 20 米，桥长 94.02 米，设计荷载公路 -II 级。管理、养护单位为银川市公路管理处。

上海路立交桥

上海路立交桥

桥梁概况

上海路立交桥位于兴庆区大新镇，上海东路（此段原为银佐路）上跨银川绕城高速东段处。为分离式立交桥。1999年建成通车，桥长61.7米，桥面宽24.5米，行车道宽21.5米，设双向4车道。上部为空心板梁，下部为桩柱式墩台，桥下净高5.5米。

银通路立交桥

桥梁概况

银通路立交桥位于兴庆区大新镇燕鸽村南侧，银川绕城高速公路东段上跨银通公路处。为分离式立交桥，1999 年 7 月建成通车。桥长 45.7 米，桥面宽 24.5 米，行车道宽 21.5 米，设双向四车道。下部为桩式墩台，上部为空心板梁，桥下净高 4.5 米。

银通路立交桥

兴庆路立交桥

桥梁概况

兴庆路立交桥位于兴庆区掌政镇孔雀村东，孔雀村至司家桥公路上，兴庆路（原孔司路）上跨银川绕城高速公路东段处。为分离式立交桥。1998 年 12 月建成通车。桥长 67.4 米，桥面宽 9.5 米，行车道宽 7 米。下部为桩柱式墩台，上部为空心板梁，净空高 5 米。

兴庆路立交桥

银横路立交桥

银横路立交桥

桥梁概况

银横路立交桥位于银横公路西段，上跨银川绕城高速公路东段。为分离式立交桥。2011 年 7 月建成。桥长 67.04 米，桥梁全宽 10.75 米，桥面净宽 9.75。桥跨组合 13 米 +2 × 18 米 +13 米，主孔跨径 18 米。桥梁上部结构为空心板梁。设计荷载公路 -I 级。管理、养护单位为银川市公路管理处。

永通路立交桥

桥梁概况

永通路立交桥位于永通公路南段。上跨青银高速公路，为分离式立交桥。上部结构为空心板梁，下部为双柱式桥墩。桥梁共 6 孔，跨径组合为 2×16 米 + 2×20 米 + 2×16 米，总长 123 米，总宽 12 米，桥面净宽 11 米，行车道宽 11 米，净空高 5.8 米。桥两端引道长 610 米，路面宽 7.5 米。设计荷载汽 -20 吨、挂 -100 吨。2003 年 10 月竣工。

永通路立交桥

望远立交桥

望远立交桥

望远立交桥位于兴庆区与永宁县望远镇交界处，徕龙公园东北侧，为互通式立交桥。望远立交桥使银川绕城高速南段与109国道、白鸽公路相互连通，是出入银川城区及永宁县的一处重要交通节点。住在金凤区、西夏区的居民，如果要往南出行，可经绕城高速公路南段，由望远立交路口驶出，直接到达109国道。

街市天桥，见证市井烟火

街市有天桥

过街天桥是现代城市中协助行人穿过道路的桥梁建筑，可以使穿越道路的行人和道路上的车辆实现完全分离，保证交通的通畅和行人的安全。

银川历史上首座过街天桥，是20世纪90年代初建于鼓楼南街（俗称步行街）上的一座人行天桥。位置在今步行街老凤祥银楼那里，北距鼓楼约80米。这座天桥呈东西走向，连接着步行街东西两侧的二层店铺，宽度大约两三米，为方便市民购物通行而建，后随城市建设而拆除。

银川首座用于实现“人车分离”功能的过街天桥，为2005年修建于北京中路与福州街十字路口西侧15米处的烟台桥。该桥上跨八车道的北京中路，全长59.55米，后拆除，其主体钢结构于2012年用于在正源街万达广场东侧修建的过街天桥。该桥完工投入使用后，依旧命名为烟台桥。

自2005年起，随着城市交通建设的快速发展，银川过街天桥的建设也逐渐增多。尤其近年来，随着银川市城区人口增多和车辆保有量的增加，过街天桥建设更是呈现科学规划、多处开“花”、各具特色的态势。通过建设立体行人过街设施、下穿式通道等，打通道路微循环，从立体交通着手，使人车分离，确保行人安全以及道路通行效率。此外，无障碍直梯逐渐成为“标配”之一，这也较大地提升了过街天桥的使用效率。

商城天桥

桥梁概况

商城天桥位于南薰东路与玉皇阁南街交叉口向西280米，上跨南薰东路。所在道路等级为城市次干道。2008年4月竣工，2013年10月改造。2019年6月命现名。桥梁跨径组合1×34米，长40米，宽10米，高4.5米。桥梁类型为钢架梁桥，上部结构类型钢梁，混凝土柱桥墩。限载吨位20吨。抗震设防烈度8度。桥梁设计单位为银川市规划建筑设计研究院有限公司，建设单位为银川市建瓴建设工程咨询有限公司，施工单位为宁夏水利水电工程局，管理、养护单位为银川市市政工程管理处。

2013年，此桥在原有基础上进行了加宽，并加装了4部自动扶梯及1部垂直电梯。施工单位为宁夏凯元建筑有限公司，建设单位为银川市市政建设综合开发有限公司。

桥梁故事

商城天桥坐落于繁华商圈，它的修建，与两座银川人熟悉的商城密切相关。

银川商城原名银川市工业品批发市场，1992年开始营业，是当年银川市较综合、全面的大型商业市场。2003年，银川市改造新华街商业中心区，实施步行街打通工程，批准对银川商城进行全面改造。2005年12月28日，一座现代化的银川商城盛装开业，以崭新的姿态喜迎八方来客。此时，建成于2003年，和银川商城仅一路之隔的温州商城，也已开门营业。2座商城集聚了超高人气，新建一座过街天桥，迫在眉睫。

2008年4月，跨南薰路的银川商城过街天桥落成。当时这座天桥长20米，宽6米，高4.5米，玻璃钢架结构，有防雨顶棚。后来，天桥又和银川商城、温州商城联通，分别在2座商城的外墙上开了门，将天桥直接与商城相连，使天桥除方便行人过街外，还为人们在两边的商城购物提供了很大的方便。

凤还桥

桥梁概况

凤还桥位于怀远路与文萃北街交叉口处。2022 年 4 月 30 日投入使用。桥体为钢结构，环形八跨设计，主桥长 235.305 米，桥面宽 5.0 米，桥梁底部距离地面高 5.7 米。为方便行人上桥，天桥在 4 个路口转角处设置人行梯道 8 个，观光电梯 3 部，其中，人行梯道宽 3.3 米，结构形式为钢结构；观光电梯为弧形透明玻璃形式，承重为 1050 公斤。桥护栏高 1.18 米，结构形式为拉丝不锈钢 + 钢化夹胶玻璃。

凤还桥

桥梁故事

怀远路与文萃北街交叉口的这处天桥，是银川首座环形过街天桥，也是目前银川市单体最大的人行过街天桥。此天桥的建设，是银川城投公司经过对本市主要道路人流量实地勘测测算之后，根据交通压力迫切程度研究并制定的。天桥从开工建设之初，便因其在银川“独一无二”的环形造型，吸引着众多市民的目光。

天桥于2021年9月开建，其间历经春节假期，2022年2月8日恢复施工，至3月1日，天桥顺利合龙，步梯部分和箱体部分的安装已经完成。焊接部分完成约50%，总进度完成约85%。由于圆环形天桥施工难度较大，施工方采取了全过程质量管控措施。施工现场每日都会有专门的负责人，对所有的工序进行现场临时抽检，以减少施工误差，确保工程保质保量地完成。

天桥采用圆环形结构，横跨怀远路与文萃北街十字路口，连通起此地四处路口的人流通行。主桥建筑面积1176.55平方米，步梯长235.305米。环形八跨的结构，在每个转角都有2座步梯，共8个梯道，梯道宽5米，这种设计也是出于此处人流量大的考虑。天桥主桥采用钢箱梁结构，梯道为钢结构，下部结构均为钻孔灌注桩基础。此外，环形过街天桥桥面采用了陶瓷颗粒，优点是防滑性和排水性都比较好，对行人安全起到很好的保护作用。

3月26日，怀远路—文萃街天桥项目达到试运行条件，向市民开放，红色鲜艳的陶瓷防滑路面显得很有活力，非常符合怀远夜市年轻人聚集地的预设。4月30日晚，随着灯光的亮起，“凤还桥”正式投用。

该天桥所处地带人流量大，怀远夜市、宁阳广场等西夏区繁华的商业场所，日均客流量两三万人，同时周边小区居民和高校众多，总的人流量在节假日能达到每天4万人。天桥建成后，实现人车分流，有效改善和提升了这一带的道路通行效率和行人通行安全。同时，优美的环形造型，也让这座天桥成为银川市区西部一座新的地标性建筑。走在桥上，行人可以拥有“望得见巍巍贺兰山自然景观，触得到繁华都市人间烟火”的美好体验。

附院天桥

桥梁概况

附院天桥位于兴庆区胜利南街，宁夏医科大学总医院东门。2018 年建成对公众开放。长 24 米，宽 5.8 米，高 5.3 米，设计最大通行量为每小时 2400 人次。该天桥全部采用铝合金构筑桥体，安全等级达到一级。值得一提的是，为方便前往宁医大总院的就医患者，该天桥设计了无障碍电梯，行动不便的人士可以乘坐直梯上下天桥。2022 年 6 月命现名，因宁夏医科大学总医院曾名宁夏医科大学附属医院，老百姓习称“附院”，故名。

附院天桥

海宝天桥

桥梁概况

海宝天桥位于海宝公园南门，上海路与进宁街交叉口。该桥建设项目属于银川市 2019 年“疏堵提畅”工程之一，主体采用中承式铝合金结构，桥面总长 49.44 米，过街天桥桥面标高 6.4 米，共设计了 2 个梯道和 2 部无障碍垂直升降客梯，梯道宽 3.5 米。天桥建成后，有效地改善了上海东路与进宁北街路口的交通环境，缓解该路段交通拥堵情况，为上海东路、进宁北街、北塔巷、民族街等周边居民出行提供了安全与方便。2022 年 6 月命现名。

海宝天桥

烟台桥

烟台桥位于正源北街与育安巷交叉口北侧，金凤万达广场东。2012 年建。天桥总长 81.82 米，主桥宽 3.2 米，长 51 米，踏步宽度 2.5 米，南北设 4 个楼梯。

2005 年，在北京中路与福州街十字路口西侧 15 米处，建设了一座过街天桥，跨度 32.5 米，全长 59.55 米，净高 5 米，是当时银川市第一座横跨八车道、采用新材料建设的人行过街天桥，是当年北京路上一处标志性的建筑。因此桥当年由山东省烟台市赠资建设，为纪念烟台与银川两市人民的深厚友谊，此过街天桥被命名为“烟台桥”。

2012 年，金凤万达广场建成后，正源北街人流量、车流量增加，决定于此处修建一座过街天桥。天桥采用了当时已拆除的原福州街天桥烟台桥的主体钢结构，故建成后依旧命名为烟台桥。新的烟台桥建成投入使用后，极大地便利了该路段车辆行人的往来通行。

烟台桥

双悦天桥

桥梁概况

双悦天桥位于阅彩城西侧。上跨正源北街。2018 年修建。2019 年 6 月命现名。天桥长 50 米，桥面宽 3.5 米。天桥采用三跨连续梁桥，主跨跨径 36 米，边跨跨径 11.6 米。根据国家相关规范要求，天桥桥下净空高度不小于 4.5 米，为了减少桥下空间的压抑感，同时增加通过性，该桥桥下净空采用 5.0 米。

双悦天桥设计通行能力为每小时通行 1 万人次。天桥配置电动扶梯和直梯，除正常通行外，也能满足使用轮椅等特殊人群的通行需要。电动扶梯设于桥梁北侧，上下扶梯的总宽度为 2 米。桥梁南侧设置步行扶梯，扶梯的宽度为 4 米。扶梯的坡度为 1∶2，并根据规范要求设置休息平台。

天桥栏杆采用简洁大方的金属栏杆，桥面以及梯道部分采用暖色调的防滑石材铺装，天桥侧面采用广告或者油画灯箱装饰。顶棚采用轻型钢结构骨架，铝合金面板。照明采用 PLC 可编程控制器编程控制，设置一般照明、值班照明、疏散照明及应急照明。双悦天桥的建成，一方面解决了周边居民安全、顺利通行的问题，同时美观的桥体也为周边环境增添了一道桥之风景。

双悦天桥

宁大桥

桥梁概况

宁大桥位于贺兰山路宁夏大学A校区南门西侧，横跨贺兰山路，联通宁夏大学A（贺兰山校区）、B校区（怀远校区）。2005年6月建成。总长60.6米，总高6.17米，桥身距地面空间高4.66米，桥面宽3米，两侧引桥分别长38米，整个桥梁为全钢结构。由宁夏建筑设计研究院有限公司设计，北京鑫诚监理公司监理，湖南长沙路桥公司施工。天桥的建成，使宁夏大学师生员工于两个校区间的往来通行更加安全和便利。

一座小小的过街天桥，将宁夏大学的两个校区联结起来。通过一座天桥，也能看到宁夏大学一路走来的发展与壮大。这座因宁大这一高等学府而生的过街天桥，称得上是宁夏“学历”最高的天桥了。

宁大桥

北民大天桥

北民大天桥

北民大天桥位于宁朔街北方民族大学新、老校区间。天桥结构形式为中承式铝合金结构，桥面宽 4.5 米，设 2 个梯道、2 个无障碍垂直升降梯，梯道宽 3 米，桥面总长 73.2 米。

北民大过街天桥的建设，有效改善了宁朔街北方民族大学路段的交通环境，提高了来往机动车通行效率，减少了交通隐患。

长庆桥

桥梁概况

长庆桥位于南薰东路与燕庆街交叉口东侧，南北向跨南薰路天桥。2019 年底建成，2020 年 1 月投入使用。钢结构简支桥梁，跨径 29 米，全长 33.1 米，净空高度 ≥5 米，两端各设一部钢结构梯道。因桥梁由中国石油天然气股份有限公司长庆油田分公司方面建设，且地近长庆油田基地及居民区，故名长庆桥。该天桥简单实用，建成后保障了南薰东路与燕庆街交叉口附近行人的通行安全。

长庆桥

行远桥

行远桥

桥梁概况

行远桥位于贺兰山西路与同心北街交叉口向西200米，跨贺兰山西路，连接宁夏大学新华学院中心区和北校区。

浙江商城天桥

浙江商城天桥位于同心街与东塔巷交叉口。长 43 米，宽 5 米，二跨钢结构梁，全桥呈 Z 字形布置，主桥建筑面积为 215 平方米。2022 年 6 月命现名。

桥梁概况

浙江商城天桥

实验学校天桥

实验学校天桥

实验学校天桥位于宝湖中路，银川外国语实验学校门前。长 35 米，宽 3 米，三跨钢结构梁，全桥呈工字形布置，主桥建筑面积 209 平方米。2022 年 6 月命现名。

金阳天桥

桥梁概况

金阳天桥位于金波街和沈阳路交叉口东侧。金阳花园小区北侧，呈南北向跨沈阳路，长70米。2022年6月命现名。

金阳天桥

红河谷天桥

桥梁概况

红河谷天桥位于沈阳路红河谷小区西门西侧 100 米处。呈南北向跨沈阳路。

红河谷天桥

海宝公园内桥水相依、和谐秀美

公园多丽桥

从古至今，桥的首要功能都是跨水行空、沟通两地，修建于重要的交通地理位置，使人们可以畅通无阻，让两地可以相互交流。而公园里的桥就相对特殊许多，它不仅连通两地、供人通行，更讲究美观漂亮、匠心独运、富有个性。这时，实用的功能便退于其次，美观与造型上升为更高的追求。在这里，桥是整个园林景观的一部分，而它本身，也是一道美丽的风景。

公园的桥，讲究美观，讲究特色，讲究诗情画意，要能让游园的人们眼前一亮、心情愉悦。“五步一楼，十步一阁……长桥卧波，未云何龙？复道行空，不霁何虹？”（《阿房宫赋》）从古至今，中国人的园林山水观里，少不了桥的元素；文人墨客的诗歌画作里，同样少不了园林之桥的身影。

古城银川，园林历史也很悠久。早在秦汉之际，京都的达官贵人们就在“河上塞”一带圈占土地，修建了许多“苑囿园池”。南北朝时期，大夏国首领赫连勃勃以银川前身饮汗城（今兴庆区掌政镇洼路村一带）为丽子园，在城内建行宫、修园林。西夏时期，李元昊在兴庆府（今银川）建有元昊宫，贺兰山中建有避暑宫等林苑。有明一代，银川园林的内容更为丰富，不仅城内有庆王府，城外还有丽景园、南塘等等。

时光来到当代，银川人最熟悉、建成最早的公园，莫过于像生活中“老朋友”一样的中山公园。当代银川的园林史正是由此翻开新的篇章，并逐步走向“遍地开花”的繁盛的。20世纪80年代建设了唐徕公园、宁园、西夏公园，90年代起开始建设一系列城市小游园。经过多年的积淀与努力，银川园林迎来了一个繁荣时期。阅海公园、鸣翠湖国家湿地公园、宝湖公园、丽景湖公园……以及“国家园林城市”“全国绿化模范城市”……一串串园名与称号背后，是银川园林带给银川人的安居与幸福。

而这“遍地开花”的城市园林中，桥的身影自然多不胜数、各具特色，一同构织出银川园林的美丽胜景。我们从这众多的园林桥梁中，选出的一些具有代表性的“公园丽桥”，分述如下。

中山公园

中山公园位于银川市兴庆区老城墙内西北角，明代为“马营”地，故俗称西马营。1929年，为追念孙中山先生而建。经过多年来的发展与建设，如今的中山公园占地面积48.46公顷，其中水域面积7.17公顷，绿化面积27.75公顷。园中有一山两岛、三湖一榭、六桥八亭等众多景点。

中山公园不仅是广大群众娱乐休闲的地方，同时也是宁夏举办庆祝、文化等各种公众活动的一个重要场所。中山公园的桥规模都不太大，建造技术也称不上多么先进，但因为置身于时光悠远、底蕴深厚的中山公园，这些桥不仅为银川人所熟悉，也留驻着太多人的人生记忆。

中山公园

玉带桥

玉带桥

玉带桥横跨中山公园中湖与荷花湖，高度拱形水泥玉带桥。建于 1978 年，系中山公园中最宏伟的一座园林景观桥。桥下为石料桥基，扶手系白水泥制作，桥面为阶梯形，由拱顶向两侧各分布 20 级台阶。

桥梁概况

中山公园

红星桥

桥梁概况

红星桥位于中山公园南大门内主干道银湖路北部，跨东湖、中湖连接处。单孔跨径 4 米。1955 年建，时为水泥栏杆轻度拱形石桥。1987 年坍塌，当年重修，改为汉白玉栏杆。

红星桥

中山公园

海鸥桥

桥梁概况

海鸥桥位于中山公园红星桥北，银湖路东侧。1978 年建，钢筋水泥结构，金属桥栏。曲折穿行于银湖水域，通往烈士亭岛（旧称蓬莱岛）。

海鸥桥

中山公园

曲桥

桥梁概况

曲桥位于中山公园银湖中部。1978年建。钢筋水泥结构，金属桥栏。曲折穿行于银湖水域，连接烈士亭岛与鸣钟亭。

曲桥

荡桥

荡桥位于中山公园园区办公楼南侧，中湖之上。2000 年建，钢索结构，长约 20 米。向南通往中湖湖心岛（又名钓鱼岛，系 1959 年挖中湖之土堆成的小土山）。

荡桥

中山公园

拱桥

桥梁概况

拱桥位于中山公园园区办公楼西南侧，跨中湖水域。2000年建，钢架结构。向西通往公园文化广场。

拱桥

海宝公园

海宝公园以海宝塔为中心，南起上海路，北至贺兰山路，东起民族北街，西至北塔临湖路，总面积约 216 公顷。其中绿化面积近 120 公顷、水域面积近 97 公顷。海宝公园原为北塔湖区。中华人民共和国成立初期，湖区内碧水连天，芦荡丛生，鱼虾成群。20 世纪 60 年代，因“填湖造田”导致湖区开始萎缩，后大搞农田基本建设，修建排水沟，湖水逐渐被排走，湖面也逐年缩小。至 2000 年前后，北塔湖已几近枯竭。

2001 年，北塔湖被列入银川市城市生态建设工程，海宝公园也日益成形和完善。公园从规划建设之初就注重保护、利用和恢复湖泊的自然景观，将地方特色、传统和现代风格、人造景观与自然景观融为一体，突出绿化，营造市民休闲、娱乐、社交、文化的空间。如今的海宝公园，湖光水色，绿意盎然，已经成为一处银川人的“生态福地”。

海宝公园

晴虹桥

桥梁概况

晴虹桥位于海宝公园南部，海宝公园游乐场附近。桥呈拱形，长56米，宽6米，共五孔。2009年建，2010年命现名。该桥是海宝公园里最高的一座拱桥。

晴虹桥

五福亭桥

五福亭桥位于海宝公园东北部，东临民族北街与沙渠路交叉口。为曲折组合式平桥。2009 年建，2010 年命现名。

五福亭桥是海宝公园内非常有特色的一座园林景观桥，桥梁曲折迂回于北塔湖水面，桥中包括五座仿古中式方形亭，这也是它得名的由来。中国人关于“五福”的说法，源于《书经・洪范》：“一曰寿，二曰富，三曰康宁，四曰攸好德，五曰考终命。”也就是说，第一福是“长寿”，第二福是“富贵”，第三福是“康宁”，第四福是“好德”，第五福是“善终”。

走在古香古色、寓意美好的五福亭桥，看着眼前的湖光水色、草木青青，不禁让人感慨，昔日这片银川城郊的湖沼盐碱之地，如今已是繁华都市里的“城市绿肺”、休闲福地。

五福亭桥

海宝公园

观荷桥

观荷桥位于海宝公园西部。为海宝公园通往康平路拱形桥。桥长75米，宽13米，共五孔。建于2015年，建成之初称康平路桥。2019年6月命现名。

在观荷桥未建成前，海宝公园与康平路并不连通，西侧这一带市民要想进入公园，需得绕至南门才能进入。观荷桥场建成后，康平路附近的居民便可直接经由此处桥梁进入公园腹地。观荷桥位于海宝塔和祥云广场之间，再往西去就是繁华的康平路。西边市井喧嚣，东边禅音缭绕。以桥为界，两个截然不同的地方，被一座桥联系在了一起。观荷桥，因此处北塔湖面上众多的荷花而得名。夏日时节，这里荷花盛开，柔风拂过，岸柳依依，水面上的荷花与荷叶相互映衬，一旁雄伟矗立的海宝塔，身影倒映水中，拱桥、绿树、荷花、塔影……北塔湖的美丽风情，在这一刻展现得淋漓尽致。

观荷亭

三元桥

三元桥为三座相连的微拱桥。2009 年建。三桥均长 32 米，宽 7 米。2010 年命现名。

三元桥

海宝公园

雨霁桥

雨霁桥位于公园东北角，临民族北街。为拱桥。2009 年建。长 68 米，宽 6.5 米。2010 年命现名。

桥梁概况

雨霁桥

阅海湾水上公园

阅海湾水上公园规划面积500亩，主要建设一带（小西湖滨水景观步行带）、两园（运动公园、文化公园）、一广场（动感广场），建成楼台亭阁、小品雕塑、栈桥流水、沙滩戏水、田径运动等设施，打造具有生态风景、户外运动、文化展示、商务经济功能的综合型城市景观休闲公园。

水上公园于2012年3月开始建设，2014年6月面向市民开放，是银川市民钟爱的一处休闲美景之地。水上公园里的桥梁众多，各有韵致，建成于2012年7月至2013年6月之间。

阅海湾水上公园

烟柳桥

桥梁概况

烟柳桥位于阅海湾水上公园东岛，文明峡谷北侧。跨阅海湾水上公园景观水系，桥梁走向为南北向。建于2013年。钢筋砼单孔人行、车行拱桥，跨度16米，长30米，桥面宽6.5米。

烟柳桥

步云桥

桥梁概况

步云桥位于阅海湾水上公园东岛，岩画园东侧。跨阅海湾水上公园景观水系，桥梁走向为东西向。建于 2013 年。人行钢索吊桥，跨度 22 米，长 28.24 米，桥面宽 2.85 米。

步云桥

阅海湾水上公园

秋容桥

桥梁概况

秋容桥位于阅海湾水上公园东岛，华夏码头北侧。跨阅海湾水上公园景观水系，桥梁走向为东西向。建于2013年。钢筋砼三孔人行、车行拱桥，跨度32米，长48米，桥面宽10米。

秋容桥

翠秀桥

桥梁概况

翠秀桥位于阅海湾水上公园东岛，阅海阁西侧。跨阅海湾水上公园景观水系，桥梁走向为东西向。建于2013年。钢筋砼三孔人行拱桥，跨度24.3米，长35.3米，桥面宽3.6米。

翠秀桥

阅海湾水上公园

龙门桥

桥梁概况

龙门桥位于阅海湾水上公园东岛，如意岛北侧。跨阅海湾水上公园景观水系，桥梁走向为南北向。建于2013年。钢筋砼单孔人行、车行拱桥，跨度15米，长25.5米，桥面宽5米。

龙门桥

呈祥桥

桥梁概况

呈祥桥位于阅海湾水上公园东岛，如意岛中。跨阅海湾水上公园景观水系，桥梁走向为南北向。建于2013年。钢筋砼三孔人行、车行拱桥，跨度23米，长33米，桥面宽5米。

呈祥桥

阅海湾水上公园

飞花桥

桥梁概况

飞花桥位于阅海湾水上公园中心广场南侧。跨阅海湾水上公园景观水系，桥梁走向为南北向。建于2013年。钢筋砼三跨人行、车行板桥，跨度46米，长49.6米，桥面宽8.2米。

飞花桥

阅海湾水上公园

流润桥

桥梁概况

流润桥位于阅海湾水上公园西岛，七彩广场南侧。跨阅海湾水上公园景观水系，桥梁走向为南北向。建于 2013 年。钢筋砼单孔人行、车行板桥，跨度 30 米，长 46.5 米，桥面宽 6.3 米。

流润桥

阅海湾水上公园

渔歌桥

桥梁概况

渔歌桥位于阅海湾水上公园西岛，银川园东侧。跨阅海湾水上公园景观水系，桥梁走向为45° 南北向。建于2013年。钢筋砼单孔人行拱桥，跨度10米，长21米，桥面宽3.6米。

渔歌桥

摇红桥

摇红桥位于阅海湾水上公园西岛，银川园南侧。跨阅海湾水上公园景观水系，桥梁走向为南北向。建于 2013 年。钢筋砼单孔人行拱桥，跨度 12 米，长 22 米，桥面宽 3 米。

桥梁概况

摇红桥

阅海湾水上公园

晚翠桥

桥梁概况

晚翠桥位于阅海湾水上公园西岛，沙滩西侧。跨阅海湾水上公园景观水系，桥梁走向为东西向。建于2013年。钢筋砼单孔人行、车行板桥，跨度30米，长46.5米，桥面宽6.3米。

晚翠桥

跨虹桥

跨虹桥位于西夏公园湖中心，西夏公园景观桥。建于1983年，长20米，宽4.5米。

西夏公园位于银川市西夏区中部，东对同心街市场，西邻银川第十四中学，南为宁夏石化公司家属区，北临怀远西路。全园占地12公顷，其中水域面积2.4公顷，绿地面积7公顷，是西夏区一处集绿化、休闲、娱乐、服务为一体的综合性公园。

西夏公园整体采用古代传统山水园的布局手法，以水为中心，沿周边布置景点，突出了湖波荡漾、重檐叠楼的景致，游人既可泛舟湖上，也可上园中南山一览公园全景。园中的跨虹桥，为汉白玉护栏，青石基座，势若彩虹，水中倒影显得富丽、幽雅、别致。

跨虹桥

宝湖公园

宝湖景观拱桥

桥梁概况

宝湖景观拱桥位于宝湖公园D区，宝湖水域东部。为高度拱形桥，汉白玉质地桥栏。

宝湖公园位于银川市金凤区东南部，东邻唐徕渠。2007年经建设部批准设立银川市宝湖国家城市湿地公园，成为西北地区第一个国家级城市湿地公园。宝湖公园总面积1239亩，其中绿地面积669亩，水域面积570亩，属于典型的城市湖泊。

宝湖景观拱桥是该园“荷花栈桥”景观的重要节点，游人从长而曲折的木制栈桥上款款走来，登上这座高度拱桥，拾级而上，周边水域的景色尽收眼底。拱桥东侧水面之上，广植荷花、睡莲。夏日时节立于拱桥之上，莲叶田田，荷花朵朵，眼前美景如画，桥上清风徐徐，令人心旷神怡。

移目拱桥西侧，水面更为宽广，茂密的苇丛点缀其间，鸟声啾啾。水面上，时而有鱼儿探出水面，激起一圈圈涟漪。景观拱桥通体呈白色，矗立于碧水之上，鲜明而美观。汉白玉质地的桥栏上，刻有精美的花纹。细细观之，每一幅都以荷花为主体，或伴以碧波、水草，或“邀来”灵动水鸟，与周边水域的景观紧密呼应、融为一体。

宝湖景观拱桥

附录·历史桥梁补遗

小渠引唐来渠飛槽跨壕入新城西北

橋渡　紅花橋　赤欄橋俱清和門外　永通橋南薰門外以上三橋

俱跨紅花渠　永通橋記　橋距夏城之南僅里許

舊名永通相傳創自　國初惜作者無文字可稽

前人疏黄河水灌田分派其下即紅花渠是也厥

地勢就卑每夏秋之交加以流潦漱湍與路傍明

水湖混為巨匯舊以土木架梁不任浸漫尋就傾

圮經行甚病之且歲歲而修之糜費不貲蓋徒劳

而無益於事也成化乙巳余奉　命巡撫寧夏日

激乃弊亟圖易以石為經久計適　饑饉薦臻邊事

孔殷欲為而未暇也越丁未歲既熟邊方亦無事

一日余與　欽差鎮守太監韋公敬前總兵官周

公玉副總兵官劉公文議及修橋事僉謂鎮之迎

制勅出軍旅四民作息咸由於斯誠地方急務不

明（嘉靖）《宁夏新志》卷一《桥渡》

明（嘉靖）《宁夏新志》记载，银川地区有桥梁 15 座，其中，红花渠上有桥梁 3 座，唐徕渠上有桥梁 6 座，新渠上有桥梁 2 座，良田渠上有桥梁 2 座，汉延渠上有桥梁 2 座。

清《甘肃新通志》记载，银川地区有桥梁 61 座，其中，宁夏县境内汉延渠上有桥闸 26 座，惠农渠上有桥 13 座；宁朔县境内汉延渠上有桥 4 座，唐徕渠上有桥 7 座，大清渠上有桥 11 座。

民国《朔方道志》记载，宁夏县境内汉延渠上有桥 17 座，惠农渠上有桥 13 座，唐徕渠上有桥 4 座；宁朔县境内唐徕渠上有桥 7 座，汉延渠上有桥 4 座。

●永通桥

明代石拱桥，在宁夏镇城南薰门外，今银川市兴庆区南门广场之南 500 余米，南北向跨红花渠，为古驿道进出城所必经。原有土木简支梁桥，旧名“永通”，始建年代无考，经常倾圮，加之周边湖水浸漫，经年阻病交通。明成化二十一年（1485 年），由都御史崔让主持建石桥一座。系单孔石拱桥，长 5 丈，约合 16.7 米。宽度未记载，估算在 12 米左右。桥上用石栏分为 3 个通道，每个通道净宽近 4 米：中间为重要官员通道；西面为出城通道；东面为进城通道。4 道石栏，每道石栏的 4 个石柱上，各雕凿石狮 1 尊，共 32 尊小石狮。石栏的南北端，各置放大石狮 1 尊，共 8 尊。桥南立牌坊 3 道，雕龙绘凤，以油漆着色，视之金碧辉煌。南牌坊上书金字“迎恩”。中间牌坊题黑字书桥名“永通桥”。桥梁采用中国古代独特的建桥技术，“凿石铸金，炼灰刊木，券砌一大孔”。用木模、石料、石灰砌拱；相邻石料衔接处凿成燕尾形缺口，以生铁熔汁灌入缺口，将石料连接锁固。这种技术叫“腰铁连接法”。有人做过试验，孔隙中灌进 1000 多度的高温生铁汁，石料马上就会炸裂。古人到底用什么工艺确保石料不至开裂，至今仍是个谜。

明（嘉靖）《宁夏新志》卷一《桥渡》附有崔让的《永通桥记》，全文较长，现摘录如下：

桥距夏城之南仅里许，旧名永通，相传创自国初，惜作者无文字可稽。前人入疏黄河水溉田，分流其下，即红花渠是也。厥地势就卑，每夏秋之交，加以流潦激患，与路旁明水湖混为巨汇。旧以土木架梁，不任浸漫，寻就倾圮，经行甚病之。且岁岁而修之，靡费不赀，盖徒劳而无益于事也。成化乙巳，余奉命巡抚宁夏，目激乃弊，亟图易以石为经久计……爰命工调役，凿石铸金，炼灰刊木，券砌一大空。上分为三衢，界以石槛，柱端饰以小石狮三十有二，两末各翼大石狮八。南北长五丈，广称之，高下裁其半。桥之南，构坊牌三盈，上榜以金字二，曰“迎恩”；中匾墨字三，曰“永通桥”。牌之南舆土垫路……障湖水于道右……（此处略去约300字）都御史崔让记。

●宁化寨桥　宁化桥

在今永宁县李俊镇宁化村，跨唐徕渠，两岸自唐代皆为良田，居民较多，必有桥梁，明（嘉靖）《宁夏新志》始有文字记载，因地处宁化寨而名宁化寨桥。清雍正九年（1731年）通智重修，清（乾隆）《宁夏府志》、民国《朔方道志》皆有记载，称宁化桥。桥长22.5米，共七孔，宽5米，为石砌桥墩、简支木梁结构。有东西向大车道经此，东通李俊堡、王鋐堡，西经“大井头关”（今贺兰山三关口）至贺兰山外。桥中心设水文测量标尺。1936年的《宁夏水利专刊》在《各渠考述唐徕渠》一文中记载：“宁化桥，在宁化乡，此桥立有木标尺，最大水不过十五分二。”（编者注：民国时各渠水文标尺规定：以5寸为1分。唐徕渠水深最大不超过15分，合今2.5米。其中春灌、冬灌不得过十三分三，夏灌不得过十四分二。）

●大东方桥

民国年间有大车道经此跨唐徕桥，东接王鋐堡，西北通新城、贺兰山以西，在今永宁县望洪镇增岗村。《宁夏水利专刊》：“大东方桥，在曾刚乡，八孔，完全木桥，长二十米半，宽四米，为去任家寨子大道，并由此寨可去后山及新城。”

●杨显桥

民国年间跨唐徕桥，在今永宁县胜利乡杨显村，为石砌桥墩、简支木梁结构，七孔，设水文标尺。《宁夏水利专刊》：“杨显桥，在杨显乡，此桥附水标尺，最大水量不过十六分。七孔，石柱桥腿，木梁盖土桥面。长二十六米，宽四米八，[道路]去向同大东方桥。”

●社稷桥

明清至民国年间桥梁，始见于明（嘉靖）《宁夏新志》，在今兴庆区东南郊上前城造林站西，有大车道经此跨唐徕渠，东接宁夏镇南路驿道，西通丰盈堡、平羌堡。民国年间连接前城、宁城二乡。系木梁桥，长 27.3 米。《宁夏水利专刊》载：“（社稷桥）在前城乡，六大孔，两小孔，共八孔，完全木桥。长二十七米三，宽四米六，为上前城、宁城之东西大道，交通不繁。”

●保安桥　保伏桥

始建年代不详。清雍正九年（1731 年）通智重修，并写入《唐来渠碑记》（见《朔方道志》卷二十五《艺文志二》），名保安桥。位于府城西南，即今银川市长城路跨唐徕渠处。有大车道经此跨唐徕渠，西通五里台、烟囱墩、良田渠各地。民国后期更名保伏桥，系木梁桥，七孔，长 20 米。今宝湖之名盖取其谐音。《宁夏水利专刊》载：“保安桥，在前城乡，七孔，长二十米，宽四米六，完全木桥，为由省城往西南乡之要道。”

●贺兰桥　西门桥

银川市最早的古桥之一，始建于唐代前期，即仪凤三年（678 年）怀远县城西迁至今银川老城之后、唐徕渠竣工前，为怀远县城西向大道所必经。西夏定都兴庆府后，通河西走廊的丝绸之路，连接黑水镇燕监军司、白马强镇监军司、贺兰军的驿道，以及前往贺兰山沿线行宫、佛寺、陵墓，都要经过此桥，交通繁忙，但桥名缺载。明（弘治）《宁夏新志》卷一《桥渡》始有确切记载，“在古城西，唐来渠上”，因山而名“贺兰桥”。清代至当代称西门桥，因这段唐徕渠从未改线，故桥址亦固定 1500 多年，具体位置在银川老城西门（明清叫镇远门）外约 500 米唐徕渠上，即今解放西路西端与黄河路交接处。此桥历经无数次改建，通智《唐来渠碑记》记录有清雍正九年（1731 年）改建概况：清理淤澄；渠底布埋底石 12 块，作为疏浚的基准和水文测量标尺的“0”点；桥柱刻画水文（水深）测量分数。1936 年，桥长 16.2 米，宽 6.6 米，共五孔，为石柱桥墩木梁桥，桥中心设水文测量标尺。《宁夏水利专刊》载：“西门桥，在中前城乡，省城西门外。此桥有标尺，最大不过十五分三。五孔，石柱腿，土木面，有栏杆。长十六点二米，宽六米六，为出省西要道。”

●新立桥　新桥

明代跨唐徕渠桥，明（嘉靖）《宁夏新志》称“新立桥”。清代废。民国再建，改名为新桥，桥址在海宝塔西北的塔湖西侧，即今贺兰山路跨唐徕渠桥稍北，贺兰县至新城大车道经此，又有道路通丰登乡。桥长 15.6 米，宽 4.3 米，五孔。《宁夏水利专刊》载：“新桥，在丰登南乡，五孔，石柱及木桩桥腿，长十五米六，宽四米三，为省城往西北要道。”

●满达喇桥　满达桥

跨唐徕渠桥，清雍正九年（1731 年）通智重修，所撰《唐来渠碑记》中称满达喇桥，上游距保安桥二十一里七分。有省城至丰登堡、虞祥堡、洪广营的大车道经此。民国年间地属丰登北乡，桥上游开口引水入老满达渠、新满达渠，故改桥名称满达桥。桥与唐徕渠水闸相连，故属闸带桥。桥长 16.5 米，共五孔，宽 5 米，下部为石柱桩，上部为木梁。《宁夏水利专刊》载：“在丰登北乡，五孔，石柱腿，长十六米五，宽五米，为由省城至玉 [虞] 祥、洪广两营一带之要道……”

●站马桥

清代至民国跨唐徕渠之桥，清雍正九年（1731 年）通智重修，所撰《唐来渠碑记》中称“站马桥”，上游距满达桥二十三里一分零一十一丈，在宁夏城西北 40 里，今贺兰县常信乡安渠村内。桥长 12.9 米，宽 4 米，分三孔。有大车道经此，东通谢保堡（今贺兰县城）、李刚堡（今立岗镇），西经常信堡至贺兰山一带。《宁夏水利专刊》载：“站马桥，在常信乡。此桥附有标尺，最大水分数不过十四分二，三孔，中间石柱腿，两边木柱腿，长四丈三尺，宽一丈三，为谢保、张亮、李岗各乡去西山要道。”

●独木桥

民国年间唐徕渠上之桥，有 2 处：一在谢保乡（今贺兰县城）东，五孔；一在北常信乡，三孔。结构相同：各用独木为桥桩，横架梁木，覆以树枝、草土，故名独木桥，仅供人畜通行。《宁夏水利专刊》载：“覆洞台独木桥，在谢保乡，五孔，长五丈五尺，宽四尺，桥腿用两根木柱架一横梁，上铺柴土，仅能走人畜……独木桥，在北常信乡，三孔，长四丈……”

●天生桥　天字桥　张明桥

清代跨唐徕渠桥。清雍正九年（1731年）通智重修，所撰《唐来渠碑记》称“天生桥”，民国改作“天字桥”，又名“张明桥”，在今贺兰县洪广镇高荣村内，是银川市境惠农渠最北之桥。《宁夏水利专刊》载：“天字桥，又名张明桥，在高荣乡。三孔，木桥，长二丈七，宽一丈二，为李岗及姚伏二堡往来大道。”

●赤栏桥

明代桥名。明（弘治）《宁夏新志》已记有此桥，在宁夏镇城清和门（东门）外，即今兴庆区解放东街跨红花渠之桥。明清时宁夏城东向交通，均须出清和门过此桥。因渠两岸尽种红花，远视桥栏亦为赤色，故名。

●官桥　达观桥

跨汉延渠桥。自古为银川向南的驿道所经，故名官桥。明（弘治）《宁夏新志》卷一《桥渡》记为“元[朝]故桥名”。明代宁夏八景之“官桥柳色”即此。清代称小官桥。公路出现后，更名大官桥。1941年8月下旬改名达观桥。1949年后复称大观桥。今永宁县杨和镇观桥村109国道上之大观桥，系1965年公路裁弯取直移建之新桥。老桥址在其东北约500米。《宁夏水利专刊》载：“大官桥，为宁兰汽车路必经之桥，长四丈四，宽二丈一尺，两旁作有木栏杆。亦为[公路养护]二三段之分界桥。”

●张济桥　张政桥

宁夏省城至横城大道所跨汉延渠桥，在今兴庆区掌政镇政府东侧。清代名张济桥，民国称张政桥。

●通春桥　徐家桥

清雍正七年（1729年）通智所修惠农渠竣工，此为渠上第四桥（叶盛龙门桥为第一桥），因有道路由李俊通仁春乡，故名通春桥。民国时属任存乡，名徐家桥，传至当代称许家桥，后沿用为乡名。其地今属永宁县李俊镇许桥村，桥长19.8米，宽3.63米，五孔，石砌桩柱，简支木梁。清（乾隆）《宁夏府志》“卷五”载桥梁：

“龙门桥……跃浪桥，去城南九十里；正闸桥，去城南八十二里；通春桥，去城南七十五里。”《宁夏水利专刊》中《各渠考述·惠农渠》载：“徐家桥，在任存乡，五孔，长六丈，宽一丈一，石柱木梁，无栏杆，为李俊、王洪两乡交通之要道。”

●王家桥

清代无此桥。民国初始建，在宁兰公路西侧，即今永宁县望洪镇南方村四队（今109国道），北距望洪桥约1公里，为便利农耕往来而设。当地王姓农户较多，故名。桥长20米，宽3.3米，简支木梁桥，可供单驾畜力小车及人畜往来。

●跨虹桥　王洪桥

清雍正七年（1729年）通智所修惠农渠竣工，此为渠上第五桥，以其地名王鋐堡谐音称“跨虹桥”，民国前期改称“王洪桥”，1941年8月下旬，宁夏省政府以旧桥名为人名“鄙俚不堪”，下令更名望鸿桥。桥址在今永宁县望洪镇政府南侧，

注：此照为1945年9月庆祝抗日战争胜利时摄

控扼宁夏府、宁夏省南向交通，1933 年后宁兰、宁平、宁盐等干线公路均经行此桥。桥长 23.3 米，共四孔，下部为石砌墩台，上部为简支木梁，宽仅 4 米，可供 1 辆汽车单行。《宁夏水利专刊》中《各渠考·述惠农渠》载："王洪桥，在王洪乡，四孔，石墩，长七丈，宽一丈二，有栏杆，为宁兰汽车往来之要道。" 1945 年 9 月为庆祝抗日战争胜利，在此桥南北桥头建牌坊，分别书"望鸿桥""复兴桥"。当代为兰包公路、109 国道所经，更名"望洪桥"，多次重修。

●通泰桥　施家桥

清雍正七年（1729 年）通智所修惠农渠竣工，此为渠上第六桥，以其地名王泰堡称"通泰桥"。桥址在今永宁县望洪镇东和村。民国时更名"施家桥"，有道路跨渠通东和渡口至灵武县。桥长 21 米，宽 3.66 米，五孔，为石砌桥墩，简支木梁。《宁夏水利专刊》中《各渠考述·惠农渠》载："施家桥，在王太乡，五孔，石礅，长六丈三，宽一丈一，无栏杆，为去河边渡口之要道。"

●通和桥　东岳庙桥

清雍正七年（1729 年）通智所修惠农渠竣工，此为渠上第七桥，称"通和桥"。民国时因庙更名为"东岳庙桥"，在今永宁县杨和镇王太村东。桥长 21 . 6 米，宽 4 米，六孔，为石砌桥墩，简支木梁。《宁夏水利专刊》中《各渠考述·惠农渠》载："东岳庙桥，在王太乡，六孔，长六丈五，宽一丈二，石柱木梁，无栏杆。"

●惠农渠桥

1935 年新建，在今永宁县杨和镇东惠农渠上，有大道通往新浚的云亭渠两岸。《宁夏水利专刊》中《各渠考述·惠农渠》载："惠农渠桥，在杨和乡，为新建之大桥。三墩四孔，修法同正闸 [桥]，长七丈，宽一丈三，有栏杆，并设有水标尺，为去云亭渠上游之大道。"

●大庙孙家桥

民国惠农渠上桥，在河西寨乡（今永宁县望远镇永清村东），2003 年以前属通桥乡，旋划属望远镇。桥长 16 米，宽 3.66 米，五孔，为木桩木梁桥。《宁夏水利专刊》中《各渠考述·惠农渠》载："大庙孙家桥，在河西寨乡，五孔，长四丈八尺，宽一丈一，完全木桥，无栏。"

●魏家桥

民国年间建，跨惠农渠，称"魏家桥"，在河西寨乡（今永宁县望远镇永清村）。《宁夏水利专刊》中《各渠考述·惠农渠》载："魏家桥，在河西寨乡。四孔，长四丈七尺，宽一丈一，完全木桥，无栏。"

●南桥

民国惠农渠上桥。在李祥乡，今址待考，疑为清代南通宁桥。清（乾隆）《宁夏府志》卷五载："南通宁桥，去城东三十五里。"《宁夏水利专刊》中《各渠考述·惠农渠》载："南桥，在李祥乡。五孔，长五丈二尺，宽一丈一，完全木桥，无栏。"

●永固桥　北通宁桥　夫子桥

清雍正七年（1729 年）通智所修惠农渠竣工，此为渠上第九桥，称"永固桥"，又名"北通宁桥"。当代复名永固桥。在今兴庆区掌政镇东永固村，西至银川市南门广场 12 公里。系省城至横城渡车马大道所经孔道。桥长 17.3 米，宽 5 米，六孔，桥下设水文标尺。《宁夏水利专刊》中《各渠考述·惠农渠》载："兼夫子桥，又名永固桥，在通宁乡。六孔，长五丈二，宽一丈五，全木无栏。附有标尺，最大水位不得过十二分。为由省城去横城渡口之孔道。"此处"兼夫子"系"碱湖"误。此桥西旧有碱湖，兴庆区掌政镇碱富村得名于此湖。

●镇河桥

清代至民国年间跨惠农渠桥梁。在今兴庆区通贵乡东南，东临黄河，欲镇黄河水患，故名。《宁夏水利专刊》中《各渠考述·惠农渠》载："镇河桥，在通朔乡，四孔，长五丈二，宽一丈二，石柱木梁，无栏杆。"

●思家桥

清代至民国年间惠农渠桥梁。在今兴庆区掌政镇东北镇河村。清雍正七年（1729

年）惠农渠疏浚，招外地民众在两岸耕垦，并于渠上建桥，名“思家桥”，以表思乡之情。今司家桥村之名源于此桥。《宁夏水利专刊》中《各渠考述·惠农渠》载：“思家桥，在通贵乡，五孔，长五丈，宽一丈，石柱木梁，无栏。”

●通贵桥

清代至民国年间惠农渠桥梁。在今兴庆区通贵乡。清雍正七年（1729年）惠农渠疏浚后，募民耕垦，并将耕垦之地命名为“通贵堡”，因堡而名桥。

后记

银川自古湖泊众多、沟渠纵横，历史上的桥梁就多不胜数。中华人民共和国成立后，随着银川经济社会的健康发展、城乡建设的快速推进、生态环境的持续改善，“塞上湖城”——银川的桥梁建设也是突飞猛进、蔚为大观，从总体数量、建造技术、风格种类等方面都取得了前所未有的进步。

银川因水而美丽，因桥而精彩，长桥卧波，小桥流水，立交恢宏……银川的桥，是银川深厚历史文化底蕴的集中展示，是愈加注重生态环境的生动写照，是日新月异发展进程的真实见证。为全面记录银川桥梁建设发展的历史和现状，以桥为纽带展现银川加快现代化发展的历程，2021年，银川市档案馆（市地方志研究室）启动《银川的桥》编纂工作。2022年5月，《银川的桥》初稿形成，在专家会审后又进行了数次修改、调整、充实，最终于2022年9月底定稿，送交宁夏人民出版社审校出版。

《银川的桥》是一本具有开创意义的书，在此之前尚无专门记载银川桥梁的书籍，可以说此书是第一部专门记载银川桥梁的地情类书籍。该书对银川市桥梁建设史进行了系统梳理，收录银川自古至今各类桥梁255座，按照“大河有大桥、湖城有湖桥、新水有新桥、渠桥有故事、沟桥映今昔、立交展新姿、街市有天桥、公园多丽桥”的结构，对收录的现存桥梁地理位置、建造年代、桥型结构等方面做了简要介绍，重点记述了桥梁的诞生过程、历史沿革及桥梁故事，为社会各界人士了解、欣赏银川桥梁，研究、交流桥梁文化提供重要参考。

本书编纂过程中，需对过往庞杂的资料与海量的数据进行细致的梳理、归类，严谨的鉴别、考证以及实地考察。对于在书中占相当大比例的资料、数据缺失的桥梁，更是需要进行“从无到有”的实地调查。为了掌握准确、翔实的第一手资料，本书执笔人李振文与编辑部工作人员踏访银川各地的渠水沟道、湖泊河流、城乡街区，深入各相关管理单位、档案馆、图书馆等地，核查了大量档案数据、设计图纸等资料。此外，在写作过程中，交通史专家鲁人勇、地名专家郑济洧、文史专家胡迅雷、地名专家王洪江等在书稿的审核中提出了中肯的意见和建议；银川市地名办、银川市公路管理局、银川市市政管理局桥梁所等有关单位和负责同志在资料、信息、专业知识等方面给予热忱帮助……《银川的桥》的编纂出版，凝聚了所有工作人员的心血和劳动。在此，谨向对本书的编写出版给予帮助和做出贡献的所有单位和各位同志，表示衷心的感谢！

最后需说明的是，虽然全体编者力求为广大读者呈上一部资料翔实、内容全面的地情读本，但囿于编者水平有限，资料有所取舍，最终呈现的内容难免存在疏漏、不足之处，恳请各位同仁和广大读者朋友批评指正。

编辑部

2023 年 5 月